MEDINDO O RISCO DE CRÉDITO

Novas abordagens para *value at risk* e outros paradigmas

Tradução:
Bazán Tecnologia e Lingüística Ltda.

Supervisão
João Carlos Douat

QUALITYMARK

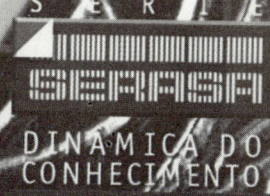

SÉRIE SERASA
DINÂMICA DO CONHECIMENTO

MEDINDO O RISCO DE CRÉDITO

Novas abordagens para value at risk e outros paradigmas

Anthony Saunders

SÉRIE SERASA
DINÂMICA DO CONHECIMENTO

Copyright © 1999 by Anthony Saunders

Todos os direitos reservados.
Tradução autorizada do original em inglês Credit Risk Measurement
publicado pela John Wiley & Sons, Inc.

Copyright © 2000 by Qualitymark Editora Ltda.

Todos os direitos desta edição reservados à Qualitymark Editora Ltda.
É proibida a duplicação ou reprodução deste volume ou parte do mesmo,
sob qualquer meio, sem autorização expressa da Editora.

Direção Editorial	Produção Editorial
SAIDUL RAHMAN MAHOMED	EQUIPE QUALITYMARK
editor@qualitymark.com.br	
Capa	Editoração Eletrônica
LUIS BARBUDA	UNIONTASK
Revisor Técnico	Tradução
LUIZ AFONSO CERQUEIRA	BAZAN TECNOLOGIA E LINGÜÍSTICA LTDA.

CIP-Brasil. Catalogação-na-fonte
Sindicato Nacional dos Editores de Livros, RJ

Saunders, Anthony

Medindo o Crédito de Risco: Novas abordagens para value at risk e outros paradigmas / Anthony Saunders; tradução Bazan Tecnologia e Lingüística; revisão técnica Luiz Afonso Cerqueira / João Carlos Douat – Rio de Janeiro: Qualitymark Editora, 2000.

Tradução de: Credit Risk Measurement
Inclui apêndices

200p.

ISBN 85-7303280-4

1. Créditos – Administração. 2. Medindo o Crédito de Risco. Economia. Título.

00-1421

CDD 334-8
CDU 336-88

2000
IMPRESSO NO BRASIL

Qualitymark Editora Ltda.
Rua Teixeira Júnior, 441
São Cristóvão
20921-400 – Rio de Janeiro – RJ
Tel.: (0XX21) 3860-8422

Fax: (0XX21) 3860-8424
www.qualitymark.com.br
E-Mail: quality@qualitymark.com.br
quality@unisys.com.br
QualityPhone: 0800-263311

Prefácio à Edição Brasileira

Com este livro de Anthony Saunders, Medindo o Risco de Crédito — Novas Abordagens para Valuet at Risk e outros Paradigmas, a Serasa está dando continuidade à Série Dinâmica do Conhecimento — inaugurada o ano passado com o livro Gestão do Risco de Crédito — O Próximo Grande Desafio Financeiro, de Caouette, Altman e Narayanan.

Neste momento em que o Brasil está imerso em duas grandes discussões — o novo acordo de Basiléia, que deverá ser homologado em junho de 2001, e a implementação das regras de provisionamento e controle de riscos estabelecidas recentemente pelo Banco Central do Brasil —, o livro de Saunders trará, sem dúvida, novas visões para a Administração do Risco de Crédito, assunto que é hoje um dos maiores desafios das Instituições Financeiras, em todo o mundo.

No decorrer do livro, Saunders faz uma verdadeira viagem ao mundo dos modelos utilizados na Administração de Carteiras de Empréstimos, analisando de maneira didática a fundamentação conceitual e as características de cada um, sempre destacando a sua utilização prática.

Como destacado por Altman na edição americana, o livro de Anthony Saunders passa a ser leitura obrigatória para os profissionais de crédito, reguladores da atividade bancária e pesquisadores de Instituições e mercado financeiros. Considerando a realidade brasileira, acrescentaria ainda que, pela sua abordagem avançada, o livro deve constituir-se em indutor do desenvolvimento do estudo de crédito nos meios acadêmicos.

Consoante ao seu propósito de promover iniciativas que contribuam para a evolução da cultura de crédito no Brasil, a Serasa se sente honrada de estar participando deste lançamento.

ELCIO ANIBAL DE LUCCA
Presidente da Serasa

Prefácio

Em anos recentes, enormes passos têm sido dados na arte e ciência da medição e gestão de risco de crédito. Grande parte da energia nessa área resulta da insatisfação com as abordagens tradicionais à medição de risco de crédito e com o atual modelo regulamentar do Banco para Compensações Internacionais (BIS). Especificamente, sob a atual estrutura regulamentar, estabelecida pelo BIS em 1988 em cooperação com os principais bancos centrais do mundo, e implementada em janeiro de 1993, praticamente todos os empréstimos no setor privado estão sujeitos a uma exigência de capital de oito por cento sem que seja levado em conta: (1) as diferenças de qualidade de crédito entre tomadores do setor privado nem (2) o potencial para a redução do risco de crédito através da diversificação de carteiras de empréstimos.

Os novos modelos — alguns de domínio público e alguns parcialmente proprietários — procuram oferecer abordagens alternativas de "modelos internos" para a medição do risco de crédito de um empréstimo ou de uma carteira de empréstimos. Assim como no caso do risco de mercado em 1993, há um acalorado debate atualmente em andamento quanto a até que ponto modelos internos podem substituir modelos regulamentares — e em que áreas da medição e da gestão de risco de crédito.

Grande parte da pesquisa nesta área tem sido bastante técnica e pouco acessível aos profissionais, estudantes, economistas ou reguladores interessados. O objetivo deste livro é levar o debate sobre o "valor" dos novos modelos internos de risco de crédito a uma platéia mais ampla. Ao fazê-lo, procurei simplificar os detalhes técnicos e dados analíticos que cercam estes modelos, ao mesmo tempo me concentrando em seus aspectos econômicos e na intuição econômica subjacentes.

Em muitos casos, a descrição completa dos novos modelos foi prejudicada devido a sua natureza semiproprietária e porque apenas partes da abordagem da modelagem têm sido disponibilizadas para o público através de *papers* de trabalho, *papers* publicados e outras fontes. Assim, muitos detalhes dos modelos se apresentam "translúcidos" em vez de transparentes.[1] Procurei ser o mais preciso possível na descrição dos diferentes modelos. Quando os detalhes completos da abordagem

---

[1] Gostaria de agradecer a Stuart Turnbull, da CIBC, por esta descrição.

de um modelo são incertos ou pouco claros, utilizei a descrição "tipo", como em modelo "tipo KMV". Esta é uma indicação de (1) meu entendimento da abordagem geral utilizada ou (2) que uma abordagem similar tem sido acompanhada na literatura publicamente disponível por outros pesquisadores.

Esta literatura é muito nova. No momento em que escrevo estas palavras, ela pode ser considerada como estando no estágio semelhante à da modelagem de risco de mercado quando o RiskMetrics da J. P. Morgan apareceu pela primeira vez em 1994.

O livro segue uma abordagem de "tijolos de construção". O Capítulo 1 oferece a motivação para o recente crescimento dos novos modelos de medição de risco de crédito. O Capítulo 2 dá uma rápida visão geral dos modelos tradicionais de medição de risco de crédito. Os Capítulos 3 a 8 examinam as abordagens dos novos modelos à avaliação do risco de crédito do tomador individual (ou contraparte) e à valoração de empréstimos individuais. Uma das principais características dos modelos mais novos é que consideram o risco de crédito em um contexto de carteira; conseqüentemente, os Capítulos 9 a 12 examinam a aplicação dos conceitos da teoria moderna de carteiras à avaliação de risco de carteiras de empréstimos. Por fim, muitos dos novos modelos são igualmente aplicáveis à avaliação de risco de crédito tanto fora do balanço patrimonial quanto no balanço patrimonial. Assim, os Capítulos 13 e 14 examinam a aplicação dos novos modelos na avaliação de contratos de derivativos e a utilização de tais contratos na gestão de risco de crédito.

Agradeço a várias pessoas pelo seu encorajamento, seus insights e comentários. Incluem, sem qualquer ordem específica: Mark Carey, Lazarus Angbazo, Frank Diebold, Larry Wall, Jim Gilkeson, Kobi Boudoukh, Anthony Morris, Sinan Cebonoyan, Marti Subrahmanyam, Ranga Sundaram, Anil Bangia, Anand Srinivasan, Sreedhar Bharath, Alex Shapiro e Til Schuermann. Por fim, gostaria de agradecer a meu colega, Ed Altman, por ter me encorajado a investigar esta área e por ter mantido o "archote" da análise de risco de crédito aceso ao longo dos últimos 30 anos. Não obstante, no final de tudo, assumo inteira responsabilidade por quaisquer erros de omissão ou comissão que possam ser encontrados aqui.

ANTHONY SAUNDERS
New York, New York
Maio de 1999

Sumário

	Lista de Abreviações	XI
1	Por Que Novas Abordagens à Medição e à Gestão do Risco de Crédito?	1
2	Abordagens Tradicionais à Medição do Risco de Crédito	7
3	Empréstimos como Opções e o Modelo KMV	17
4	A Abordagem VAR: O CreditMetrics do J.P. Morgan e Outros Modelos	31
5	A Abordagem de Simulação Macro: O Modelo McKinsey e Outros Modelos	47
6	A Abordagem de Valoração Neutra ao Risco: O Loan Analysis System (LAS) da KPMG e Outros Modelos	55
7	A Abordagem de Seguros: Modelos de Mortalidade e o Modelo Credit Risk Plus da CSFP	69
8	Um Resumo e uma Comparação de Novas Abordagens de Modelos Internos	83
9	Uma Visão Geral da Moderna Teoria de Carteiras e Sua Aplicação a Carteiras de Empréstimos	89
10	Seleção e Medindo o Risco de Carteiras de Empréstimos	95
11	Testes Retroativos e Testes de Estresse de Modelos de Risco de Crédito	115
12	Modelos RAROC	125
13	Risco de Crédito Extrabalanço (OBS)	135
14	Derivativos de Crédito	153
	Bibliografia	167
	Índice	173

Lista de Abreviações

AE	exposição média (*average exposure*)
BIS	Banco para Compensações Internacionais
BSM	Modelo Black-Scholes-Morton
CAPM	modelo de precificação de ativo de capital (*capital asset pricing model*)
CIBC	Canadian Imperial Bank of Commerce
CLNs	títulos ligados a crédito (*credit-linked notes*)
CLOs	títulos de empréstimos garantidos por hipotecas (*collateralized lending obligations*)
CMR	taxa de mortalidade acumulada (*cumulative mortality rate*)
CSFP	Crédit Suisse Financial Products (Produtos Financeiros do Crédit Suisse)
CYC	curva de rendimento corrente (*current yield curve*)
DM	Modo ou Modelo de Inadimplência (*Default Mode or Model*)
EC	CE — Comunidade Européia
EDF	freqüência esperada de inadimplência (*expected default frequency*)
EVA	valor econômico adicionado (*economic value added*)
FV	valor futuro (*future value*)
FX	moeda estrangeira (*foreign exchange*)
IDR	classificação implícita de debêntures (*implied debenture rating*)
IFs	instituições financeiras (*financial institutions*)
LAS	Sistema de Análise de Empréstimos (KPMG) (*Loan Analysis System*)
LGD	perda dada a inadimplência (*loss given default*)
LIBOR	Taxa Interbancária de Londres (*London Interbank Offered Rate*)
MD	duração modificada (*modified duration*)
MMR	taxa de mortalidade marginal (*marginal mortality rate*)
MPT	moderna teoria de carteiras (*modern portfolio theory*)
MRC	contribuição de risco marginal (*marginal risk contribution*)
MTM	Modelo de Reajuste a Preço de Mercado (*Mark-to-Market Model*)

NASD	National Association of Securities Dealers (Associação Nacional de Corretoras de Valores)
NPV	valor presente líquido (*net present value*)
OAEM	outros ativos especificamente mencionados (*other assets specifically mentioned*)
OBS	fora do balanço patrimonial (*off-balance-sheet*)
OCC	Office of the Comptroller of the Currency
OECD	Organização para Cooperação e Desenvolvimento Econômico (*Organization for Economic Cooperation and Development*)
OPM	modelo de precificação de opções (*option pricing model*)
OTC	mercado de balcão (*over-the-counter*)
RAROC	retorno sobre capital ajustado para risco (*risk-adjusted return on capital*)
RBC	capital baseado em risco (*risk-based capital*)
Repo	contrato de recompra (*repurchase agreement*)
RHS	lado direito (*right-hand side*)
RN	risco neutro (*risk neutral*)
ROA	retorno sobre ativos (*return on assets*)
ROE	retorno sobre o patrimônio líquido (*return on equity*)
RORAC	retorno sobre capital ajustado para risco (*return on risk-adjusted capital*)
SBC	Swiss Bank Corporation
SPV	veículo para finalidades especiais (*special-purpose vehicle*)
VAR	valor em risco (*value at risk*)
WACC	custo médio ponderado de capital (*weighted-average cost of capital*)
WARR	coeficiente de risco médio ponderado (*weighted-average risk ratio*)
ZYC	curva de rendimento zero (*zero yield curve*)

CAPÍTULO 1

Por Que Novas Abordagens à Medição e à Gestão do Risco de Crédito?

INTRODUÇÃO

Nos anos recentes, uma revolução tem fervilhado relativamente à maneira pela qual o risco de crédito é medido e gerido. Contradizendo a história relativamente entediante e rotineira do risco de crédito, novas tecnologias e idéias têm emergido em meio a uma nova geração de profissionais de engenharia financeira que está aplicando suas habilidades em construção de modelos e na análise desta área.

Surge a pergunta: Por que agora? Há pelo menos sete motivos para este súbito surto de interesse.

AUMENTO ESTRUTURAL DE FALÊNCIAS

Embora a recessão mais recente tenha atingido diferentes países em momentos diferentes, a maioria das estatísticas de falências mostrou um significativo aumento de sua ocorrência em comparação à recessão anterior. Considerando que tem havido um aumento permanente ou estrutural de falências em todo o mundo — possivelmente devido ao aumento da competição global — a análise precisa do risco de crédito torna-se ainda mais importante hoje do que foi no passado.

DESINTERMEDIAÇÃO

Como os mercados de capitais se expandiram e se tornaram acessíveis a pequenas e médias empresas (ex.: estima-se que até 20.000 empresas norte-americanas têm acesso efetivo ou potencial ao mercado de commercial papaer* dos EUA), as empresas ou tomadores "deixados para trás" para levantar recursos junto a bancos e outras instituições financeiras tradicionais (doravante IFs) são cada vez mais prováveis de serem menores e possuir classificações de crédito mais fracas. O crescimento do mercado de capitais tem produzido um efeito de "maldição do vencedor" nas carteiras de crédito das IFs tradicionais.

---

* N.R.: Nota promissória de curto prazo (2 a 270 dias) de grandes empresas. São instrumentos negociáveis no mercado secundário.

Margens Mais Competitivas

Quase que paradoxalmente, apesar de um declínio na qualidade média dos empréstimos (devido ao segundo motivo, Desintermediação), as margens de juros, ou spreads, especialmente em mercados de empréstimos por atacado, têm-se tornado muito estreitas — ou seja, a compensação de risco-retorno advinda de empréstimos piorou. Várias razões podem ser citadas, mas um fator importante tem sido a competição por tomadores de menor qualidade, intensificada por parte de empresas financeiras, grande parte da atividade de empréstimos das quais tem-se concentrado na ponta de risco mais elevado e de menor qualidade do mercado.

Valores Declinantes e Voláteis de Garantias Reais

Concomitantemente com a recente crise asiática, crises bancárias em países altamente desenvolvidos como a Suíça e o Japão têm mostrado que valores de imóveis e de ativos físicos são muito difíceis de prever e de realizar através de liquidação. Quanto mais fracos e incertos forem os valores das garantias reais, mais arriscada se torna a concessão de empréstimos. Com efeito, preocupações atuais com a "deflação" em todo o mundo acentuaram as preocupações com o valor de garantias reais como imóveis e ativos físicos.

O Crescimento de Derivativos Extrabalanço

O crescimento da exposição do crédito, ou risco de contraparte, devido à fenomenal expansão de mercados de derivativos, estendeu a necessidade de análise de crédito para além dos registros contábeis de empréstimos. Em muitos dos maiores bancos dos EUA, o valor teórico (não de mercado) de sua exposição extrabalanço a instrumentos como swaps e futuros de mercado de balcão (OTC) é mais do que dez vezes o montante em seus registros contábeis de empréstimos. Com efeito, o crescimento do risco de crédito fora do balanço patrimonial foi um dos principais motivos da introdução, pelo Banco para Compensações Internacionais (BIS), das exigências de capital baseado no risco (RBC), em 1993. Sob o sistema do BIS, os bancos são obrigados a manter uma exigência de capital baseada no valor atual reajustado a preço de mercado de cada contrato de derivativos OTC (a assim chamada exposição corrente) além de um acréscimo para expansão futura potencial.[1]

Tecnologia

Avanços em sistemas de computadores e avanços relacionados em tecnologia da informação — como o desenvolvimento de bases de dados de históricos de empréstimos da Loan Pricing Corporation e por outras empresas — têm dado aos

---

[1] Ver a discussão em Saunders (1997) e no Capítulo 13

bancos e às IFs a oportunidade de testar técnicas sofisticadas de modelagem. Por exemplo, além de ser capaz de analisar funções de perdas com empréstimos e distribuição de valor e (especialmente) a cadeia de tais distribuições, podem passar à gestão ativa de carteiras de empréstimos com base nos modelos e técnicas da moderna teoria de carteiras (MPT).[2]

As Exigências para Capital Baseados no Risco do BIS

Apesar da importância dos seis motivos abordados anteriormente, o maior incentivo para bancos desenvolverem novos modelos de risco de crédito provavelmente seja sua insatisfação com a imposição pós-1992 de exigências de capital para empréstimos, pelo BIS e por bancos centrais. A abordagem atual do BIS tem sido descrita como uma política de "tamanho único"; virtualmente todos os empréstimos a contrapartes do setor privado estão sujeitos ao mesmo coeficiente de capital de 8 por cento (ou exigência de reserva de capital), independentemente do montante do empréstimo, seu vencimento e, mais importante, da qualidade do crédito da contraparte tomadora (ver Apêndice 1.1). Assim, empréstimos concedidos a uma empresa à beira da falência são tratados (em termos de exigência de capital) da mesma maneira que empréstimos a um tomador com classificação AAA. Além disso, a exigência de capital atual é aplicável a todos os empréstimos; não há possibilidade de exigências de capital mais baixas devido a um maior grau de diversificação em uma carteira de crédito.

Nos Estados Unidos no início de 1998 (1997 na Comunidade Européia), regulamentadores concederam a certos grandes bancos poder discricionário para calcular exigências de capital para seus registros comerciais — ou exposições a risco de mercado — através da utilização de "modelos internos" em vez do modelo regulamentar alternativo ("padronizado"). Modelos internos têm sido submetidos a certas restrições a eles impostas pelos reguladores e são sujeitos a verificação retroativa;[3] não obstante, potencialmente permitem que (1) o "Value at Risk" (VAR) de cada instrumento negociável seja mais precisamente medido (ex.: com base em sua volatilidade de preço, seu vencimento, etc.) e (2) correlações entre ativos sejam levadas em conta. No contexto de risco de mercado, o VAR mede a exposição do valor de mercado de um instrumento financeiro caso amanhã seja um "dia ruim", estatisticamente definido. Por exemplo, sob os regulamentos de risco de mercado do BIS, quando bancos calculam suas exigências de capital baseadas no VAR utilizando seus modelos internos, são obrigados a medir um dia ruim como o 1 dia ruim que ocorre em cada 100 dias úteis.

---

[2] É possível argumentar que a tecnologia e a liquidez aumentada no mercado secundário de empréstimos (juntamente com o desenvolvimento de derivativos de crédito) ajudaram a afastar o "paradigma de empréstimo" de uma estratégia de "compra e retenha" em direção a uma na qual empréstimos e risco de crédito são ativamente gerenciados em uma estrutura de carteira [veja, por exemplo, Kuritzkes (1998)].

[3] Para uma discussão, veja Lopez e Saidenberg (1998).

As questões para banqueiros e reguladores, e que constituem algumas das principais questões analisadas por este livro, são:

1. A abordagem de "modelo interno" pode ser usada para aferir o VAR ou exposição de capital de empréstimos (não-negociáveis)?
2. Modelos internos têm flexibilidade e precisão suficientes para suplantar o atual e padronizado coeficiente de capital baseado em risco de 8 por cento para virtualmente todos os empréstimos ao setor privado?

Mesmo que se considere que modelos internos ainda têm muito caminho pela frente antes que possam substituir a regra de 8 por cento — especialmente devido à inegociabilidade de empréstimos em comparação a instrumentos negociáveis, e à falta de bases de históricos dados profundos de inadimplência em empréstimos — os novos modelos ainda assim podem ser de significativo valor para banqueiros, gerentes de risco de IFs, reguladores e tesoureiros corporativos.[4] Mais especificamente, modelos internos potencialmente oferecem meios melhores para valorar empréstimos e instrumentos expostos a riscos de créditos pendentes como bonds (corporativos e de mercados emergentes), além de melhores métodos para prever a exposição de tomadores e contrapartes secundários a riscos de inadimplência. Além disso, modelos internos (1) permitem (em muitos casos) que o risco de crédito de carteiras de empréstimos e de instrumentos sensíveis a risco seja mais bem avaliado e (2) podem ser utilizados para melhorar a precificação de novos empréstimos, dentro do contexto do retorno de capital ajustado para risco (RAROC) de uma IF, e de instrumentos relativamente novos nos mercados de derivativos de crédito, como opções de crédito, swaps de crédito e futuros sobre crédito. Por fim, os modelos oferecem uma oportunidade para a determinação do montante mais favorável de capital ou do montante econômico de capital que um banco (ou IF) deve manter como parte de sua estrutura de capital.

Antes de examinarmos algumas dessas novas abordagens à medição de risco de crédito, uma breve análise das abordagens mais tradicionais realçará o contraste entre as novas e as tradicionais abordagens à medição de risco de crédito.

---

[4] Quando este livro estava sendo escrito, o Comitê do BIS estava prestes a divulgar um documento considerando mudanças na atual exigência de capital para risco de crédito. Espera-se que seja sugerido um plano de três estágios. O primeiro estágio envolverá mudanças menores nas regras do BIS, o segundo estágio envolverá uma maior utilização de sistemas de classificação de bancos, enquanto o terceiro envolverá um potencial deslocamento para o uso de modelos internos dos bancos.

APÊNDICE 1.1

Exigências de Capital Baseadas no Risco (RBC) Para Carteiras de Risco Selecionadas

Percentual da perda máxima de crédito possível

Tipo de Instrumento	*Exigência Total Efetiva de RBC*
Todos os empréstimos:	
Sem garantias reais/fidejussárias	8,0 por cento
Com garantias reais/fidejussárias	
OECD* governos	0,0
OECD bancos/distribuidores de valores	1,6
Outras garantias	8,0
Compromissos com empréstimos**:	
Um ano ou menos	0,0
Mais de um ano	4,0
Contratos de opções de venda (empréstimos ou bonds)	0,0
Garantias financeiras (incluindo derivativos de crédito):	
Garantias através de "Confort Letters" cartas de crédito, aceitos ou endossos	8,0
Empréstimos por renegociação ou recomposição de dívida	de 8,0 a 100 (geralmente 100 por cento sob a regra do "low-level recourse")

*OECD = Organização para Cooperação e Desenvolvimento Econômico.
**N.T.: Tratam-se de empréstimos ou financiamentos já contratados e ainda não desembolsados pelo IF, ou linhas de crédito disponíveis para saque, pelos tomadores, com ou sem aviso.
Fonte: Conselho Diretor do Federal Reserve.

APÊNDICE 1

Exigências de Capital Baseadas no Risco (PBC)
Para Carteiras de Risco Selecionadas

Capítulo 2

Abordagens Tradicionais à Medição do Risco de Crédito

Introdução

É difícil distinguir entre abordagens tradicionais e abordagens novas, especialmente porque muitas das melhores idéias dos modelos tradicionais são utilizadas nos modelos novos. Vejo três classes de modelos como compreendendo a abordagem tradicional: (1) sistemas especialistas, (2) sistemas de classificação, e (3) sistemas de pontuação de crédito. Para uma discussão mais completa destes modelos, veja Caouette, Altman e Narayanan (1998).

Sistemas Especialistas

Em um sistema especialista, a decisão de crédito fica a cargo do gerente de crédito e/ou de negócios local ou da agência. O conhecimento especializado desta pessoa, seu julgamento subjetivo, e sua atribuição de peso a certos fatores-chave são, implicitamente, as mais importantes determinantes na decisão de conceder crédito, ou não. Os fatores potenciais e os sistemas especialistas que um gerente de crédito poderia examinar são infinitos; entretanto, um dos sistemas especialistas mais comuns, os cinco "C" do crédito, oferecerá compreensão suficiente. O especialista analisa estes cinco fatores-chave, atribui peso a cada um subjetivamente, e chega a uma decisão de crédito:

1. *Caráter* — uma medição da reputação da empresa, sua disposição para repagar ou quitar, e seu histórico de repagamento. Em especial, estabeleceu-se empiricamente que a idade da empresa é uma boa substituta para sua reputação de repagamento.
2. *Capital* — a contribuição ao capital próprio realizada pelos proprietários e o índice de endividamento da empresa (alavancagem). Estes são vistos como bons prognosticadores da probabilidade de falência. Uma alavancagem elevada sugere maior probabilidade de falência do que um baixo índice de alavancagem.

3. *Capacidade* — a capacidade de repagar, que reflete a volatilidade dos ganhos do tomador. Se os repagamentos de contratos de dívida seguirem um fluxo constante ao longo do tempo, mas os ganhos foram voláteis (ou tenham um alto índice de desvio-padrão), poderão haver períodos em que a capacidade da empresa de repagar obrigações de dívidas seja restringida.
4. *Garantia real (Collateral)* — no caso de inadimplência, um banqueiro tem direitos sobre a garantia real dada pelo tomador. Quanto maior a prioridade destes direitos, e maior o valor de mercado da garantia real subjacente, menor o risco de exposição do empréstimo.
5. *Ciclo ou Condições (Econômicas)* — o estado do ciclo de negócios; um elemento importante na determinação de exposição a risco de crédito, especialmente para setores que dependem de ciclos. Por exemplo, setores de bens duráveis tendem a ser mais dependentes de ciclos do que os setores de bens não-duráveis. Da mesma forma, setores que têm exposição a condições competitivas internacionais tendem a ser sensíveis a ciclos. Taylor (1998), em uma análise de dados sobre falências da Dun and Bradstreet por setor industrial (desvios tanto médios quanto padrão), verificou algumas diferenças bastante significativas nos índices de falência nos EUA durante o ciclo de negócios.

Além destes cinco "C", um especialista poderia levar em conta o nível das taxas de juros. Como se sabe muito bem na teoria econômica, a relação entre o nível das taxas de juros e o retorno esperado sobre um empréstimo é altamente não-linear [ver Stiglitz e Weiss (1981)]. A "baixos" níveis de taxas de juros, o retorno esperado pode aumentar se as taxas subirem. Entretanto, a "altos" níveis de taxas de juros, um aumento nas taxas pode reduzir o retorno sobre um empréstimo. Esta relação negativa entre taxas de empréstimos altas e os retornos esperados sobre empréstimos deve-se a dois efeitos: (1) seleção adversa e (2) deslocamento de risco. Quando as taxas de empréstimos excedem determinado ponto, os bons tomadores saem do mercado de empréstimos, preferindo autofinanciar seus projetos de investimentos (seleção adversa). Os tomadores remanescentes, que têm capacidade limitada e capital limitado em jogo, passam a ter incentivos para entrarem em projetos mais arriscados (deslocamento de risco). Em tempos bons, poderão repagar o banco. Se os tempos ficarem ruins, e se ficarem inadimplentes, terão uma perda patrimonial limitada.

Embora muitos bancos ainda utilizem sistemas especialistas como parte de seus processos de tomada de decisões de crédito, estes sistemas têm dois problemas principais:

1. *Consistência*: Quais os fatores comuns importantes a serem analisados em diferentes tipos de tomadores?
2. *Subjetividade*: Quais os pesos ótimos a serem atribuídos aos fatores escolhidos?

Potencialmente, os pesos subjetivos atribuídos aos cinco "C" por um especialista podem variar entre um tomador e outro se o especialista assim decidir. Isto torna a comparabilidade de classificações e decisões muito difícil para um indivíduo que esteja monitorando a decisão de um especialista e para outros especialistas em geral. Como resultado, padrões bastante diferentes podem ser aplicados por gerentes de crédito em um dado banco ou IF, para tipos semelhantes de tomadores. Pode-se argumentar que comitês de crédito ou alçadas de vários níveis são mecanismos para se evitar tais problemas de consistência, mas não fica claro o quão eficazmente impõem padrões comuns, na prática.[1]

SISTEMAS DE CLASSIFICAÇÃO

Um dos sistemas de classificação para empréstimos mais antigos foi desenvolvido pelo U.S. Office of the Comptroller of the Currency (OCC). O sistema tem sido utilizado por banqueiros e reguladores nos Estados Unidos (e no exterior) para avaliar a adequação de suas reservas para perdas decorrentes de empréstimos. O sistema de classificação do OCC enquadra uma carteira de empréstimos existente em uma de cinco categorias: quatro classificações de baixa qualidade e uma classificação de alta qualidade. Na relação abaixo, a reserva para perdas decorrentes de empréstimos exigida aparece ao lado de cada categoria:

Reservas para Perdas

Classificações de baixa qualidade:

Outros ativos especificamente mencionados (OAEM)	0%
Ativos abaixo do padrão	20
Ativos duvidosos	50
Ativos de perdas	100

Classificação de alta qualidade:

Aprovado/de bom desempenho	0[2]

Ao longo dos anos, banqueiros têm estendido o sistema de classificação do OCC através do desenvolvimento de sistemas de classificação internos que subdividem a classificação Aprovado/de bom desempenho de forma mais acurada. Por exemplo, em qualquer dado momento, há sempre a possibilidade de que alguns empréstimos classificados como aprovado/de bom desempenho fiquem inadimplentes, e de que algumas reservas, mesmo que muito baixas (ex.: 0,2 por cento) devam ser mantidas para estes empréstimos. Atualmente, estima-se que cerca de

---

[1] Treacy e Carey (1998) argumentam que departamentos de crédito são mecanismos adicionais através dos quais padrões comuns podem ser aplicados por gerentes de empréstimos.

[2] Tecnicamente falando, as reservas para perdas de 0 por cento para empréstimos OEAM e aprovados são os limites mínimos. Na prática, os índices de reservas para estas categorias são determinados pelo banco após consulta a auditores, dependendo de algum tipo de "análise histórica" dos índices de baixa contábil do banco.

60 por cento de holdings de bancos nos EUA tenham desenvolvido sistemas internos de classificação de empréstimos com escalas de 1 a 9 ou de 1 a 10 [Ver Fadil (1997), incluindo os 50 maiores (Treacy & Carey (1998)].[3] Um exemplo de um sistema de classificação de empréstimos com escala de 1 a 10 e seu mapeamento em classificações equivalentes para bonds é mostrado na Tabela 2.1.

A classificação de aprovado do OCC se divide em seis categorias (classificações de 1 a 6). As classificações de 7 a 10 correspondem às quatro classificações inferiores do OCC. Estes sistemas de classificação de empréstimos não podem ser transformados exatamente em sistemas de classificação de bonds, especialmente no caso do extremo de qualidade inferior. Um dos motivos é que sistemas de classificação de empréstimos deveriam classificar empréstimos individuais [incluindo suas condições ("covenants") e sua garantia real]; sistemas de classificação de bonds são mais orientados à classificação do tomador de forma geral. Esta falta de mapeamento de um para um entre classificações de bonds e classificações de empréstimos suscita um questionamento quanto aos méritos daqueles modelos mais novos que dependem de dados de bonds (spreads, matrizes de transição, e assim por diante) para valorar empréstimos e atribuir-lhes preços.

Dada esta tendência em direção a uma classificação interna de empréstimos mais afinada, o Task Force Report do Federal Reserve System (1998) e Mingo (1998) dão algum suporte ao uso tentivo da abordagem de modelos internos "baseados em classificações" como alternativa ao modelo do OCC, para o cálculo de reservas de capital para perdas inesperadas, e de reservas de perdas decorrentes de empréstimos para perdas esperadas decorrentes de empréstimos. Por exemplo, utilizando o valor pendente em dólares dos empréstimos em dada categoria interna de classificação (1 a 10), um banco poderia calcular sua exigência de capital para perdas inesperadas decorrentes de empréstimos como segue:

Exigência de capital = [empréstimos totais na classe 1 × 0,2 por cento]
+
•
•
•
+
[Empréstimos totais na classe 10 × 100 por cento]

O percentual de 0,2 para a classe 1 é apenas uma sugestão para um índice de perda inesperado e deve ser baseado na probabilidade histórica de perdas de um empréstimo de classe 1 passar para a classe 10 (prejuízo) ao longo do próximo ano.[4]

---

[3] Organizações bancárias menores tendem a ter menos graus de classificação em suas escalas, ou a não ter quaisquer sistemas de classificação.

[4] Para calcular a reserva para perdas de empréstimos em relação a perdas esperadas, seria utilizada uma abordagem semelhante, exceto que os índices de perda substituiriam os coeficientes de perdas inesperadas.

ABORDAGENS TRADICIONAIS À MEDIÇÃO DO RISCO DE CRÉDITO

Entretanto, permanece um problema importante, semelhante ao atual coeficiente de capital baseado no risco, de 8 por cento: não é levada em conta qualquer diversificação de carteira de empréstimos. O risco de crédito de cada classe é simplesmente somado para derivar em uma exigência total de capital (em dólares).

Tabela 2.1 Um Exemplo de Sistema de Classificação de Empréstimos e de Mapeamento de Bonds

Classificação de Bonds	Classificação	Nível de Risco	Descrição
AAA	1	Mínimo	Excelente crédito comercial, qualidade de ativos superior, excelente capacidade de endividamento e cobertura; excelente gestão, com profundidade. A empresa é líder de mercado e tem acesso a mercados de capitais.
AA	2	Modesto	Bom crédito comercial, qualidade de ativos e liquidez muito boas, forte capacidade de endividamento e cobertura, gestão muito boa em todos os cargos. A empresa goza de reputação muito boa no setor e tem uma fatia de mercado muito forte.
A	3	Médio	Crédito comercial médio, dentro dos padrões normais de crédito comercial; qualidade de ativos e liquidez satisfatórias, boa capacidade de endividamento e cobertura; boa gestão em todos os cargos críticos. Empresa de porte e posição médios no setor.
BBB	4	Aceitável	Crédito comercial aceitável, mas com risco maior que a média; qualidade de ativos aceitável, pequeno excesso de liquidez, capacidade de endividamento aceitável. Pode ou não ser altamente ou totalmente alavancada. Requer níveis acima da média de supervisão e atenção do credor. A empresa não é forte o bastante para suportar reveses importantes. Empréstimos são transações altamente alavancadas devido a restrições regulamentares.
BB	5	Aceitável com cautela	Crédito comercial aceitável, mas com risco considerável; qualidade de ativos aceitável, base de ativos menor e/ou menos diversificada, muito pouca liquidez, capacidade de endividamento limitada. Requer condições ("covenants") estruturadas para assegurar proteção adequada. Pode ou não ser altamente ou totalmente alavancada. Pode ser de porte abaixo da média ou concorrente de segunda linha. Requer supervisão e atenção significativas por parte do credor. A empresa não é forte o bastante para suportar grandes reveses. Empréstimos são transações altamente alavancadas devido à situação financeira do devedor.
B	6	Atenção	Crédito na *watch list*, merecedora de observação especial da gerência; qualidade de ativos aceitável de forma geral, liquidez um tanto forçada, totalmente alavancada. Alguma fraqueza de gestão. Requer supervisão e atenção contínuas por parte do credor.

(Continua)

Tabela 2.1 (Continuação)

Classificação de Bonds	Classificação	Nível de Risco	Descrição
CCC	7	Menção especial (OAEM)	Crédito comercial marginalmente aceitável; alguma fraqueza. Negócio de forma geral indesejável que constitui um risco de crédito desnecessário e indevido, mas não a ponto de justificar seu enquadramento como abaixo dos padrões. Embora o ativo esteja atualmente protegido, é potencialmente fraco. Não se prevê perda de juros ou de principal. Fraquezas potenciais poderiam incluir uma condição financeira enfraquecida; um programa de repagamento não-realista; fontes inadequadas de recursos financeiros ou falta de garantias reais, informações de crédito ou documentação adequadas. A empresa é insossa e medíocre.
CCC	8	Abaixo do padrão	Crédito comercial inaceitável; repagamento normal em risco. Embora não se preveja perda de principal ou de juros, uma fraqueza clara e bem-definida coloca em risco o recebimento da dívida. O ativo é inadequadamente protegido pelo atual patrimônio líquido tangível e pela capacidade de pagamento do devedor ou garantia real oferecida. Poderá já ter havido uma perda parcial de juros.
CC/C	9	Duvidoso	Repagamento total questionável. Existem problemas sérios que indicam a probabilidade de uma perda parcial do principal. As fraquezas são de tal forma pronunciadas que, com base em informações, condições e valores correntes, o recebimento é altamente improvável.
D	10	Prejuízo	Perda total esperada. Um ativo incobrável ou de tão pouco valor que não justifica sua classificação como ativo efetivo. Tal ativo, entretanto, poderá ter algum valor de recuperação, marginal mas, não ao ponto em que uma baixa contábil seria postergável, mesmo que uma recuperação parcial possa ocorrer no futuro.

Uma segunda utilização, relacionada, para classificações internas foi sugerida por Fadil (1997). Calcule uma classificação de risco média ponderada (WARR) com base nos empréstimos alocados a cada uma das classes:

$$\text{WARR} = \sum_{i=1}^{n} r_i x e_i \bigg/ \sum_{i=1}^{n} e_i$$

onde: r_i = classe de risco ($i = 1,...n$)
e_i = total dos empréstimos naquela classe

Fadil (1997) sugere um sistema de atribuição de peso baseado na proporção de perdas inesperadas em cada classe. Utilizando os tipos de modelos discutidos nos Capítulos 3 a 8, calcule um "coeficiente de perdas inesperadas" para um empréstimo típico em cada classe, e utilize estes coeficientes como sendo o sistema apropriado de atribuição de peso no cálculo de um WARR agregado para um banco. O WARR poderia ser rastreado ao longo do tempo e comparado com os de bancos equivalentes.[5]

Sistemas de Pontuação de Crédito (Credit Scoring)

Sistemas de pontuação de crédito podem ser encontrados em praticamente todos os tipos de análises de crédito, desde crédito ao consumidor até empréstimos comerciais. A idéia é essencialmente a mesma: A pré-identificação de certos fatores-chave que determinam a probabilidade de inadimplência (em contraste com o repagamento), e sua combinação ou ponderação para produzir uma pontuação quantitativa. Em alguns casos, a pontuação pode ser literalmente interpretada como uma probabilidade de inadimplência; em outros, a pontuação pode ser utilizada como um sistema de classificação: designa um tomador potencial em um grupo bom ou um ruim, com base em uma pontuação e um ponto limite. Análises completas da abordagem tradicional à pontuação de crédito e suas várias metodologias podem ser encontradas em Caouette, Altman e Narayanan (1998) e em Saunders (1997). Uma boa análise da aplicação mundial de modelos de pontuação de crédito pode ser encontrada em Altman e Narayanan (1997).

Porque este livro é voltado para modelos mais novos de medição de risco de crédito, um exemplo simples deste tipo de modelo bastará para levantar algumas das questões supostamente abordadas por muitos dos modelos mais novos.

Considere o modelo de pontuação Z de Altman (1998), que é um modelo classificatório para tomadores corporativos (mas que também pode ser utilizado para fins de previsão de probabilidades de uma inadimplência). Com base em um exemplo comparativo (por ano, porte e setor) de empresas falidas e solventes, e utilizando análise discriminatória linear, o modelo de pontuação que melhor se encaixa a empréstimos comerciais tomou a forma de:

$$Z = 1,2X_1 + 1,4X_2 + 3,3X_3 + 0,6X_4 + 1,0X_5$$

onde X_1 = coeficiente entre capital de giro/ativos totais;

X_2 = coeficiente entre lucros acumulados/ativos totais;

X_3 = coeficiente entre lucro antes de impostos e juros/ativos totais;

X_4 = coeficiente entre valor de mercado do capital/valor contábil do passivo total;

X_5 = coeficiente entre vendas/ativos totais.

Da forma pela qual são utilizados pelo gerente de crédito, se os coeficientes contábeis de um tomador (os X_i), quando ponderados pelos coeficientes na função Z, resultarem em uma pontuação Z abaixo do valor crítico (no estudo inicial de

---

[5] Embora permaneçam as dúvidas quanto a aspectos relacionados às carteiras e tomadas de decisões de empréstimos dos modelos de classificação de crédito.

Altman = 1,81), o tomador seria classificado como "ruim" e o empréstimo seria recusado.

Uma série de questões deve ser levantada aqui. Primeiro, o modelo é linear, enquanto o caminho para a bancarrota pode ser altamente não-linear (o relacionamento entre os X_i provavelmente será não-linear, também). Segundo, com exceção do termo relativo a valor de mercado do capital na razão de alavancagem, o modelo é essencialmente baseado em coeficientes contábeis. Na maioria dos países, dados contábeis aparecem apenas em intervalos regulares (ex.: trimestralmente) e de forma geral se baseiam em princípios contábeis históricos ou de registros. Também é questionável se tais modelos podem detectar uma empresa cuja condição esteja em rápida deterioração (ex.: como na recente crise asiática). Com efeito, à medida que o mundo se torna mais complexo e competitivo, a previsibilidade de modelos simples de pontuação Z pode piorar. Um bom exemplo é o Brasil. Quando surgiu em meados da década de 70, o modelo de pontuação Z realizou um bom trabalho de prever inadimplência até mesmo dois ou três anos antes da falência [Altman, Baidya e Dias (1977)]. Entretanto, mais recentemente, mesmo com inflação baixa e maior estabilidade econômica, este tipo de modelo tem se desempenhado com menos eficácia, à medida que a economia brasileira se tornou mais aberta [Sanvicente e Bader (1996)].

É possível argumentar que a recente aplicação de métodos não-lineares como redes neurais à análise de risco de crédito promete uma melhoria sobre os modelos mais antigos de pontuação de crédito. Em vez de presumir existir apenas um efeito linear e direto das variáveis X_i sobre Z (a pontuação de crédito) ou, na linguagem de redes neurais, da camada de entrada para a camada de saída, redes neurais permitem poder explicativo adicional através de complexas correlações e interações entre as variáveis X_i (muitas das quais são não-lineares). Assim, por exemplo, as cinco variáveis do modelo de pontuação Z de Altman podem ser aumentadas por uma soma transformada não-linearmente de X_1 e X_2, como variável explicativa adicional. Um bom exemplo da extensão do modelo de pontuação Z de Altman nesta direção é oferecido por Ciates e Fant (1993). Na terminologia de redes neurais, as complexas correlações entre as variáveis X_i formam uma "camada oculta" que, quando explorada (ou seja, incluída no modelo), pode melhorar o encaixe e reduzir a incidência de erros dos tipos 1 e 2.[6]

Entretanto, redes neurais apresentam muitos problemas a economistas ou especialistas em finanças. Quantas correlações ocultas adicionais devem ser incluídas? Na linguagem das redes neurais, quando a experimentação deve parar? É bem possível que uma grande rede neural, que inclua grandes transformações N de somas das variáveis X_i, possa reduzir erros dos tipos 1 e 2 de uma base de dados histórica de empréstimos para próximo de zero. Entretanto, como é bem sabido, isto cria o problema de "excesso de encaixe": um modelo que explica bem em termos de amostragem pode apresentar um desempenho bastante ruim numa previsão que

---

[6] Um erro do tipo 1 é a classificação errada de um empréstimo ruim como sendo bom. Um erro do tipo 2 é a classificação errada de um bom empréstimo como ruim.

não a de amostragem. De forma mais geral, a questão é: Quando parar de adicionar variáveis — quando o erro remanescente for reduzido a 10 por cento, a 5 por cento, ou menos? Aquilo que se pensa ser um erro global mínimo de projeção pode acabar por ser apenas um mínimo local. Por fim, a questão do significado econômico é provavelmente aquilo que mais preocupa os economistas e especialistas em finanças. Por exemplo, qual o significado econômico de uma soma exponencialmente transformada do coeficiente de alavancagem com o coeficiente de vendas para ativos totais? A natureza *ad hoc* desses modelos e suas tênues ligações à teoria econômica existente os separam de alguns dos modelos mais novos que discutiremos nos Capítulos 3 a 8.

Capítulo 3

Empréstimos como Opções e o Modelo KMV

Introdução

A idéia de se aplicar a teoria de precificação de opções à valoração de empréstimos e bonds de alto risco tem constado da literatura pelo menos desde Merton (1974). Em anos recentes, as idéias de Merton têm sido estendidas em muitas direções. Um exemplo é a geração, pela KMV Corporation de San Francisco, de um modelo de previsão de inadimplência (o Modelo Credit Monitor) que produz (e atualiza) previsões de inadimplência para todos os principais bancos e empresas com ações negociadas em bolsa. Neste capítulo examinaremos em primeiro lugar a ligação entre empréstimos e opções e depois investigaremos como esta ligação pode ser utilizada para derivar um modelo de previsão de inadimplência.

A Ligação Entre Empréstimos e Opcionalidade

A Figura 3.1 mostra a função de pagamento de um empréstimo simples a um banco credor. Suponha que este seja um empréstimo de um ano, e que o montante 0B é tomado com base em desconto. Tecnicamente, fórmulas de opções (discutidas mais adiante) modelam empréstimos como "Bonds" de cupom zero com vencimentos fixos. Ao longo do ano, a empresa tomadora investirá os recursos em vários projetos ou ativos. Suponha que ao final do ano o valor de mercado dos ativos da empresa tomadora seja $0A_2$. Os donos da empresa têm um incentivo para repagar o empréstimo (0B) e reter o valor residual como "lucro", ou retorno sobre investimento ($0A_2 - 0B$). Com efeito, para qualquer valor dos ativos da empresa que exceda 0B, os proprietários da empresa terão um incentivo para quitar o empréstimo. No entanto, se o valor de mercado dos ativos da empresa for menor que 0B (ex.: $0A_1$ na Figura 3.1), os donos terão um incentivo (ou opção) de não pagar e entregar os ativos restantes da empresa ao credor (o banco).

Para valores de mercado de ativos que excedam 0B, o banco realizará um retorno positivo fixo sobre o empréstimo; essencialmente, juros e principal serão pagos em sua totalidade. Para valores de ativos menores que 0B, o banco sofre prejuízos sucessivamente maiores. No caso extremo, o recebimento do banco é zero: principal e juros serão totalmente perdidos.[1]

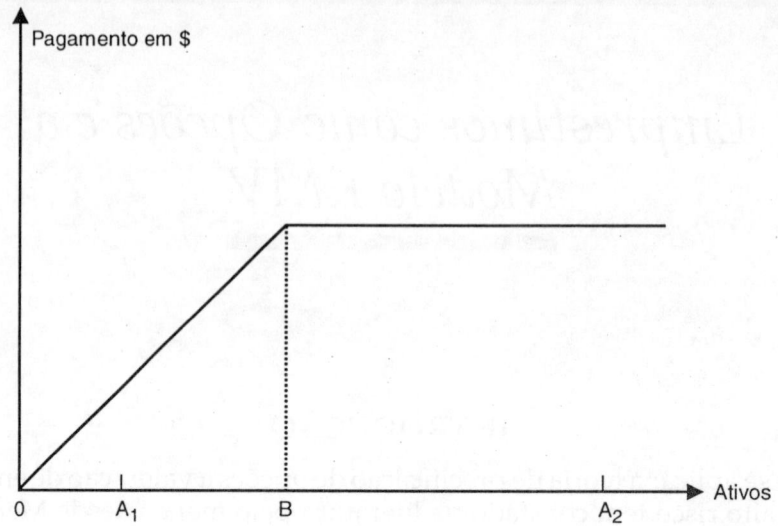

Figura 3.1 O Pagamento a um Banco Credor.

A função de pagamento do empréstimo mostrado na Figura 3.1 — um pagamento fixo positivo e um considerável risco de decréscimo de valor — pode ser imediatamente reconhecida por um teórico de opções. Compare isto ao pagamento a um subscritor de uma opção de venda sobre uma ação, mostrado na Figura 3.2. Se o preço da ação (S), exceder o preço de exercício (X), o subscritor da opção reterá o prêmio de venda. Se o preço da ação cair para abaixo de X, o subscritor perderá montantes sucessivamente maiores.

Merton (1974) observou esta equivalência formal de pagamentos; ou seja, quando um banco concede um empréstimo, seu pagamento é isomórfico em relação à subscrição de uma opção de venda sobre os ativos da empresa tomadora. Além disso, assim como cinco variáveis compõem o clássico modelo Black-Scholes-Merton (BSM) de valoração de opções de venda sobre ações, o valor da opção de inadimplência (ou, mais comumente, o valor de um empréstimo de risco) também dependerá do valor de cinco variáveis semelhantes.

De forma geral:

Valor de uma opção de venda sobre uma ação = $f(\bar{S}, \bar{X}, \bar{r}, \bar{\sigma}_s, \bar{\tau})$ (3.1)

Valor de uma opção de inadimplência de um empréstimo de risco = $f(A, \bar{B}, \bar{r}, \sigma_A, \bar{\tau})$ (3.2)

---

[1] Na verdade, se houver custos de falência diretos e indiretos, (ex.: custos legais), o prejuízo dos credores sobre um empréstimo poderá exceder o principal mais os juros. Isto torna o pagamento na Figura 3.1 ainda mais semelhante ao mostrado na Figura 3.2 na próxima página (ou seja, o empréstimo poderá ter um pagamento em dólares negativo).

onde S, X, A e B são definidos acima (um traço sobre uma variável significa que é diretamente observável); r é a taxa de juros de curto prazo; σ_s e σ_A são, respectivamente, as volatilidades do valor do patrimônio líquido da empresa e do valor de mercado de seus ativos, e τ é o prazo até o vencimento da opção de venda ou, no caso de empréstimo, o horizonte de tempo (horizonte de inadimplência) do empréstimo.

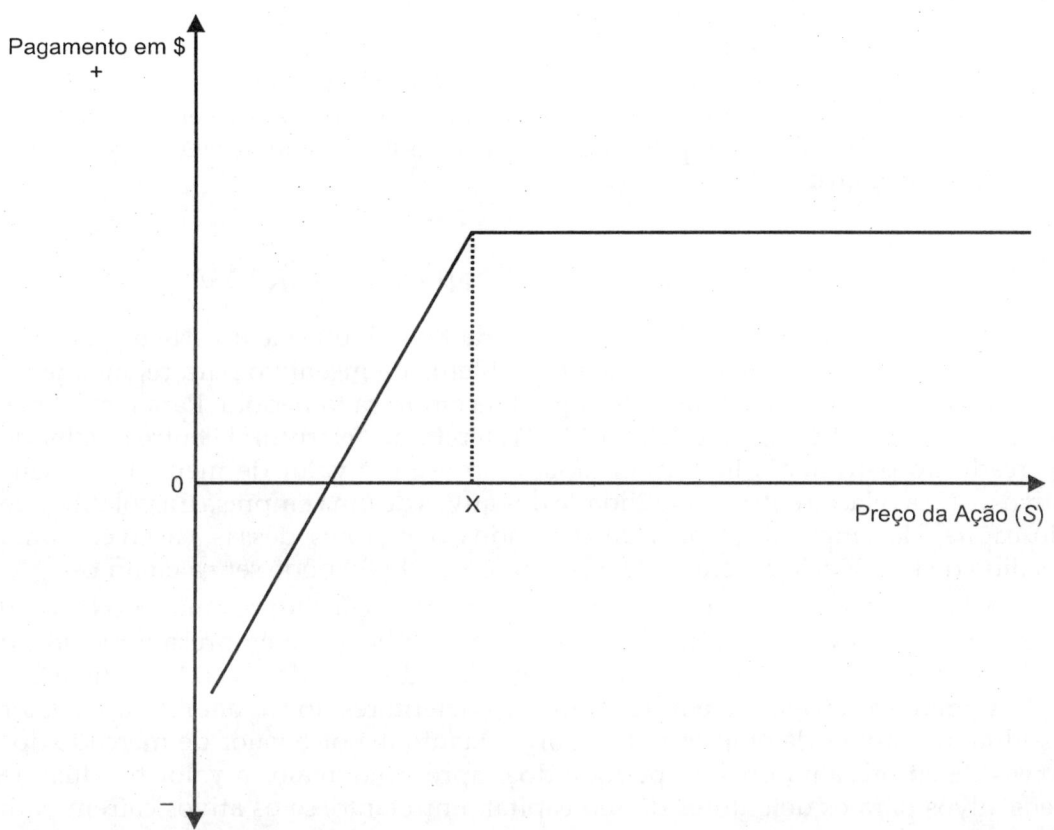

Figura 3.2 Pagamento ao Subscritor de uma Opção de Venda sobre uma Ação.

De modo geral, para opções sobre ações, todas as cinco variáveis do lado direito da equação (3.1) são diretamente observáveis; entretanto, isto é verdadeiro apenas para três variáveis no lado direito da equação (3.2). O valor de mercado dos ativos de uma empresa (A) e a volatilidade do valor de mercado dos ativos de uma empresa (σ_A) não são diretamente observáveis. Se A e σ_A pudessem ser diretamente medidos, o valor de um empréstimo de risco, o valor de uma opção de inadimplência e o spread de equilíbrio de um empréstimo de risco acima da taxa de risco zero poderiam todos ser calculados. [Ver Merton (1974) e Saunders (1997) para exemplos; ver também o apêndice a este capítulo.]

Alguns analistas substituíram o valor de mercado observado da dívida de risco no lado esquerdo da equação (3.2) (ou, onde apropriado, o spread de juros observado entre os bonds de risco de uma empresa e da taxa de risco zero de títulos do Tesouro equivalentes) e partiram do pressuposto de que o valor contábil dos ativos é igual ao valor de mercado dos ativos. Isto permite que a volatilidade implícita dos ativos (σ_A) seja eliminada da equação. [Ver, por exemplo, Gorton e Santomero (1990) e Flannery e Sorescu (1996).] Entretanto, sem suposições adicionais, é impossível imputar dois valores inobserváveis (A e σ_A), exclusivamente com base em uma só equação (3.2). Além disso, o valor de mercado do endividamento corporativo de risco é difícil de ser estabelecido, exceto no caso de umas poucas empresas. Informações sobre preços de bonds corporativos não são, de modo geral, facilmente disponível para o público, e preços de bonds cotados freqüentemente são preços artificiais "de matriz".[2,3]

O Modelo Credit Monitor da KMV[4]

A inovação no Modelo Credit Monitor da KMV é que ele inverte o problema de empréstimos do banco e considera o problema de incentivo para repagamento do ponto de vista dos detentores do capital da empresa tomadora. Para resolver as duas incógnitas, A e σ_A, o modelo utiliza (1) a relação "estrutural" entre o valor de mercado do patrimônio líquido de uma empresa e o valor de mercado de seus ativos, e (2) a relação entre a volatilidade dos ativos de uma empresa e a volatilidade do capital da empresa. Depois de derivados os valores dessas variáveis, uma medida de freqüência esperada de inadimplência (EDF) pode ser calculada.

A Figura 3.3 mostra o problema de repagamento de empréstimos do lado do tomador (o detentor do capital da empresa). Suponha que a empresa tome 0B e o valor de mercado dos ativos da empresa no final do período seja $0A_2$ (onde $0A_2 > 0B$). A empresa repagará o empréstimo, e os detentores do capital reterão o valor residual dos ativos da empresa ($0A_2 - 0B$). Quanto maior o valor de mercado dos ativos da empresa no final do período do empréstimo, maior o valor residual de seus ativos para os detentores de seu capital. Entretanto, se os ativos caírem para

---

[2] Especificamente, a maioria dos bonds corporativos são negociados no mercado de balcão. Informações sobre preços são extremamente difíceis de obter porque a maioria das negociações são entre distribuidoras. Em setembro de 1998, a Securities and Exchange Commission (SEC) (equivalente à Comissão de Valores Mobiliários) anunciou uma iniciativa especial conjunta com a National Association of Securities Dealers (NASD) (Associação Nacional de Distribuidoras de Valores), para melhorar a qualidade das informações sobre preços de bonds corporativos ao longo dos dois anos seguintes.

[3] Jarrow e van Deventer (1999) testaram um modelo tipo Merton utilizando cotações (spreads) de bonds para um banco (Interstate Bankcorp) durante o período de 3 de janeiro de 1986 a 20 de agosto de 1993. Observaram uma instabilidade considerável nas probabilidades implícitas de inadimplência. Isto pode ser devido, em parte, ao uso de cotações de bonds ao invés de preços de transações. Ver também Saunders, Srinivasan e Walter (1998) para uma discussão da formação de preços em mercados de bonds corporativos OTC.

[4] Ver Bibliografia para referências a publicações da KMV.

menos de 0B (ou seja, sejam iguais a $0A_1$), os detentores do capital da empresa não poderão repagar o empréstimo.[5] Estarão economicamente insolventes e entregarão os ativos da empresa ao banco. Observe que o risco de perda patrimonial dos detentores do capital é diminuído independente do quão baixos sejam os valores dos ativos, em comparação com o montante tomado. Especificamente, a "limitação de responsabilidade" protege os detentores do capital contra perder mais do que 0L (a participação original dos proprietários na empresa).

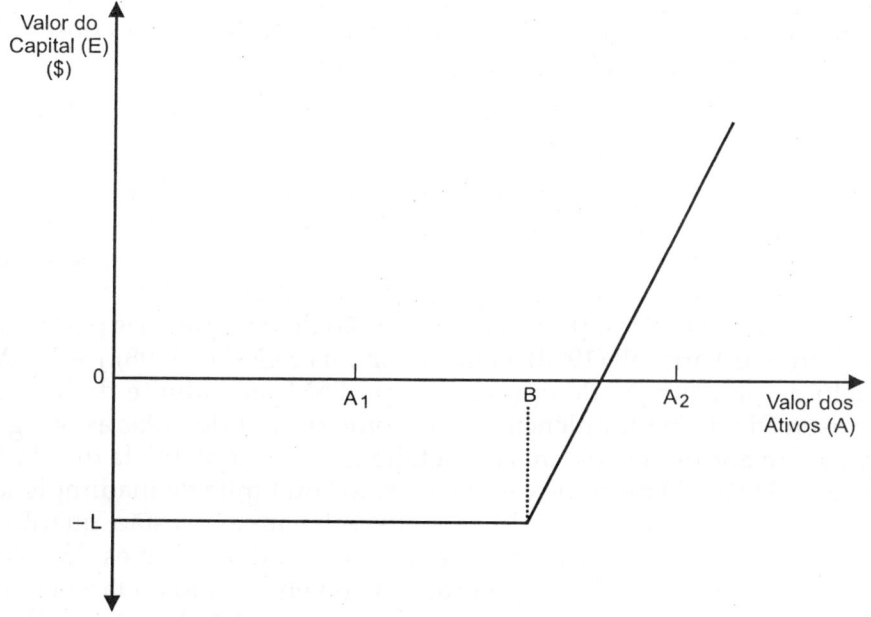

Figura 3.3 Capital como Opção de Compra sobre uma Empresa.

Como mostrado na Figura 3.3, o resultado para o detentor do capital de uma empresa alavancada tem um risco de queda limitado e uma acentuada possibilidade de aumento. Aqueles que têm familiaridade com opções reconhecerão imediatamente a similaridade entre a função resultado para um detentor de capital de uma empresa alavancada e a aquisição de uma opção de compra sobre uma ação. Assim, podemos considerar a posição de valor de mercado de detentores de capital de uma empresa tomadora (E) como sendo isomórfica à posse de uma opção de compra sobre os ativos da empresa (A).

De modo geral, o capital pode ser valorado como:

$$\overline{E} = h\,(A, \sigma_A, \overline{r}, \overline{B}, \overline{\tau}) \qquad (3.3)$$

---

[5] Por exemplo, se os ativos são liquidados pelo valor atual de mercado e os recursos resultantes são utilizados para quitar as dúvidas do tomador.

Na equação (3.3), o valor de mercado observado do capital de uma empresa tomadora (preço da ação × número de ações) depende das mesmas cinco variáveis da equação (3.2), conforme o modelo BSM para valoração de uma opção de compra (sobre os ativos de uma empresa). Entretanto, ainda resta um problema: como resolver duas incógnitas (A e σ_A) de uma equação (onde E, r, B e τ são todos observáveis, como denotado pelo traço sobre eles).

A KMV e outros na literatura resolveram este problema observando que uma segunda relação pode ser explorada: A relação teórica entre a volatilidade observável do valor do capital de uma empresa (σ_E) e a volatilidade "não-observável" do valor dos ativos da empresa (σ_A). Em termos gerais:

$$\overline{\sigma}_E = g(\sigma_A) \tag{3.4}$$

Com duas equações e duas incógnitas, as equações (3.3) e (3.4) podem ser utilizadas para resolver para A e σ_A através de iteração[6] sucessiva. Formas funcionais explícitas para o modelo de precificação de opções (OPM) na equação (3.3) e para a ligação entre a volatilidade do preço da ação e a dos ativos na equação (3.4) necessitam ser especificadas. [Uma boa discussão dessas questões pode ser encontrada em Jarrow e Turnbull (1998) e em Delianedis e Geske (1998).] A KMV utiliza um modelo de precificação de opções do tipo BSM que admite dividendos. B, o ponto de exercício da inadimplência, é tido como o valor de todas as obrigações de curto prazo (um ano ou menos) mais a metade do valor contábil da dívida de longo prazo em circulação. (O preço de exercício exato "ou limite de inadimplência" tem variado sob diferentes gerações do modelo, e há uma questão quanto a se as obrigações líquidas de curto prazo devem ser utilizadas ao invés das obrigações totais de curto prazo.[7]) A variável de prazo até o vencimento (τ) também pode ser alterada de acordo com o horizonte de inadimplência utilizado pelo analista; é mais comumente estabelecida como sendo de um ano. Um OPM ligeiramente diferente foi utilizado por Ronn e Verma (1986, p. 878) para resolver um problema bastante semelhante de estimativa do risco de inadimplência de bancos dos EUA.

Após serem calculados, os valores A e σ_A podem ser utilizados, juntamente com suposições sobre os valores de B e τ, para gerar uma pontuação EDF teórica para qualquer tomador dado.

A idéia é demonstrada na Figura 3.4. Suponha que os valores retirados das equações (3.3) e (3.4) para qualquer tomador dado sejam, respectivamente: A = $100 milhões e σ_A = $10 milhões.[8] O valor de B = $80 milhões. Na prática, o usuário pode estabelecer o limite de inadimplência ou "preço de exercício" (B) igual a qualquer

---

[6] N.R. Processo de resolução de uma equação mediante uma seqüência de operações em que o objeto de cada uma é resultado da que a precede.

[7] A KMV também não faz distinções quanto a preferência ou privilégio, garantia real ou dispositivos e condições ("covenants") na estrutura das obrigações. Da mesma forma, dívidas conversíveis e ações preferenciais são tratadas como obrigações de longo prazo. Deve-se observar, no entanto, que o usuário pode inserir qualquer valor de B que julgar economicamente apropriado.

[8] Onde σ_A é o desvio padrão anual dos valores dos ativos.

EMPRÉSTIMOS COMO OPÇÕES E O MODELO KMV

proporção do endividamento total a pagar que seja de seu interesse. Suponha que desejemos calcular o EDF para um horizonte de um ano. Dados os valores de A, σ_A, B e r, e com τ = um ano, qual a probabilidade (teórica) de inadimplência de uma empresa tomadora no horizonte de um ano? Como pode ser verificado na Figura 3.4, o EDF é a área sombreada da distribuição de valores de ativos abaixo de B. Esta área representa a probabilidade de que o valor corrente dos ativos da empresa, $100 milhões, cairá para menos de $80 milhões no horizonte de tempo de um ano.

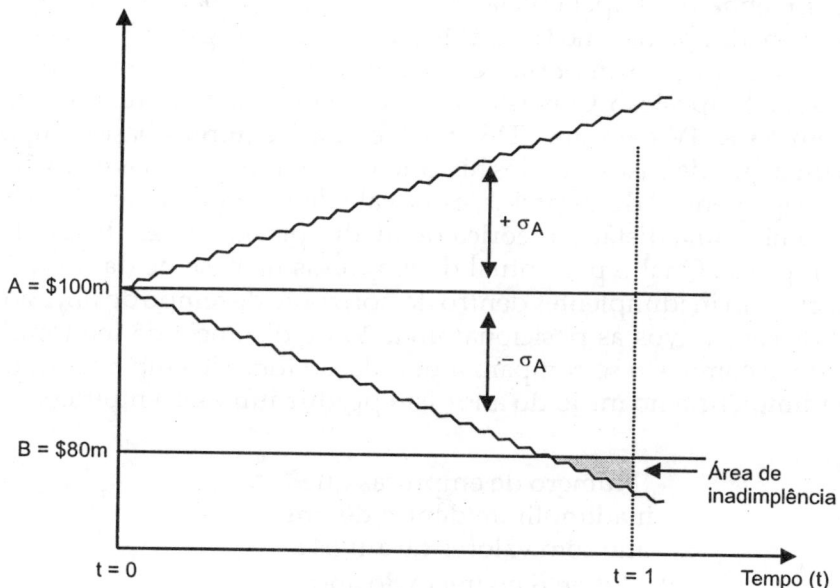

Figura 3.4 Cálculo do EDF Teórico.

Se presumirmos que os valores futuros dos ativos sejam distribuídos normalmente em torno do valor corrente dos ativos da empresa, podemos medir a distância $t = 0$ (ou a de hoje) da inadimplência no final do horizonte de um ano como:

$$\text{Distância da inadimplência} = \frac{A - B}{\sigma_A} = \frac{\$100m - \$80m}{\$10m} \qquad (3.5)$$

$$= 2 \text{ desvios-padrão}$$

Para que a empresa entre na área de inadimplência (a área sombreada), o valor dos ativos deveria sofrer uma queda de $20 milhões, ou 2 desvios-padrão, ao longo do ano seguinte. Se os valores dos ativos forem normalmente distribuídos, saberemos que há uma probabilidade de 95 por cento de que os valores dos ativos variem entre mais ou menos 2σ de seu valor médio. Assim, há uma probabilidade de 2,5 por cento de que o valor dos ativos aumente em mais de 2σ ao longo do próximo ano, e uma probabilidade de 2,5 por cento de que caia em mais de 2σ. Em outras palavras, há uma freqüência esperada de inadimplência ou EDF de 2,5 por cento. Não mostramos qualquer crescimento nos valores esperados ou médios dos ativos ao longo do período de um ano na Figura 3.4, mas isto pode ser facilmente incorporado. Por exemplo, se projetarmos que o valor dos ativos da empresa crescerá 10 por cento ao longo do próximo ano, então o EDF relevante será menor porque os valores dos ativos teriam que cair em 3σ, o que está abaixo do crescimento de ativos planejado pela empresa, para que esta se torne inadimplente no final do ano.[9]

A idéia de valores de ativos normalmente distribuídos em torno de algum nível médio desempenha um papel crucial no cálculo das probabilidades conjuntas de transições de inadimplência no CreditMetrics da J.P. Morgan (Ver Capítulo 4). No entanto, há uma questão importante quanto a se é (teórica ou empiricamente) razoável fazer tal suposição. Com isto em mente, em vez de produzir EDFs teóricos, a abordagem da KMV gera um EDF empírico nas seguintes bases. Suponha que tenhamos uma grande base de dados históricos de inadimplências e de não-inadimplências (repagamentos) de empresas, e que calculamos que a empresa que estamos analisando tenha uma distância teórica de inadimplência de 2σ. Então, fazemos a pergunta empírica: Qual o percentual de empresas na base de dados que efetivamente se tornaram inadimplentes dentro do horizonte de tempo de um ano, quando os valores de seus ativos as posicionaram a 2σ de distância da inadimplência no início do ano, e como isto se compara à população total de empresas que estavam a 2σ da inadimplência no início do ano? Isto produz um EDF empírico:

$$\text{EDF Empírico} = \frac{\text{Número de empresas que inadimpliram dentro de um ano com valores de ativos a } 2\sigma \text{ de } B \text{ no início do ano}}{\text{População total de empresas com valores de ativos a } 2\sigma \text{ de } B \text{ no início do ano}}$$

Suponha, que sobre a base de dados mundial, tenha sido estimado que 50 entre 1.000 empresas possíveis tenham se tornado inadimplentes. A equação seria:

---

[9] Distância da inadimplência $= \dfrac{A(1+g) - B}{\sigma_A} = \dfrac{\$110 - \$80}{\$10} = 3$ desvios-padrão.

O Credit Monitor da KMV utiliza uma suposição de crescimento de ativo constante para todas as empresas que estejam no mesmo mercado, que é a taxa esperada de crescimento do mercado como um todo. O raciocínio para esta suposição é que em um mercado eficiente, diferenças de taxas de crescimento entre as do mercado como um todo e as das empresas individualmente são inteiramente descontadas (ou seja, eliminadas por arbitragem) e incorporadas aos preços das ações (e, portanto, ao valor dos ativos) da empresa. Assim, em equilíbrio, não há diferença entre o crescimento dos ativos de uma empresa individualmente e do mercado. O único outro ajuste a esta taxa constante de crescimento de ativos (geral), é para pagamentos específicos a empresas, como dividendos ou pagamentos de juros. O número ajustado é então aplicado ao valor implícito corrente dos ativos na fórmula da distância até a inadimplência.

EMPRÉSTIMOS COMO OPÇÕES E O MODELO KMV

$$\text{EDF Empírico} = \frac{50 \text{ Inadimplências}}{\text{População de } 1.000 \text{ Empresas}} = 5 \text{ por cento}$$

Como resultado, este EDF empiricamente embasado pode diferir muito significativamente do EDF teórico. De uma perspectiva particular, a vantagem da KMV advém da compilação de uma grande base de dados mundial de empresas (e de inadimplências de empresas) que pode produzir tais pontuações de EDF empiricamente embasadas.

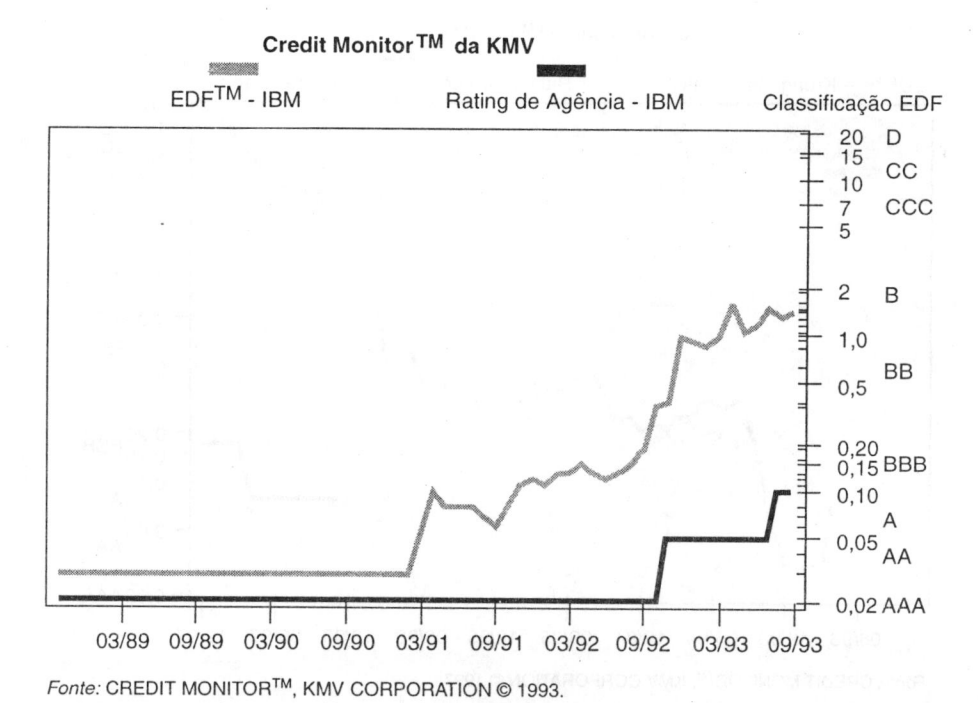

Figura 3.5 Expected Default Frequency (EDF)™ da KMV e Rating de Agência para a IBM.

Surge a questão de como pontuações EDF se comportam relativamente a pontuações e sistemas de classificação contabilmente embasadas. A Figura 3.5 mostra pontuações de EDF produzidas pela KMV para a IBM ao longo de um período de cinco anos (utilizando uma escala logarítmica), durante o qual a qualidade do crédito da IBM deteriorou. Observe que as pontuações de EDF variam entre 0 e 20 por cento. O EDF da IBM começou a subir bem antes da deterioração de seu rating de agência. A Figura 3.6 mostra um exemplo asiático mais recente, as pontuações de EDF do Krung Thai Bank, de junho de 1993 a dezembro de 1997. O EDF do banco estava crescendo bem antes da gênese da crise tailandesa de meados de 1997. Esta maior sensibilidade das pontuações de EDF em relação tanto a sistemas baseados em dados contábeis quanto aos baseados em classificações, advém da ligação direta entre pontuações EDF e preços nas bolsas de valores. À medida que são geradas informações sobre um tomador, o preço de suas ações e a volatilidade desses preços reagirão, assim como reagirão seu valor de ativos implícito (A) e o desvio-padrão do valor dos ativos (σ_A).[10] Mudanças em A e σ_A geram mudanças em EDFs. Para empresas ativamente negociadas, seria teoricamente possível atualizar um EDF a cada poucos minutos. Na realidade, a KMV pode atualizar pontuações EDF com freqüência (em alguns casos, mensal) para cerca de 20.000 empresas em todo o mundo.

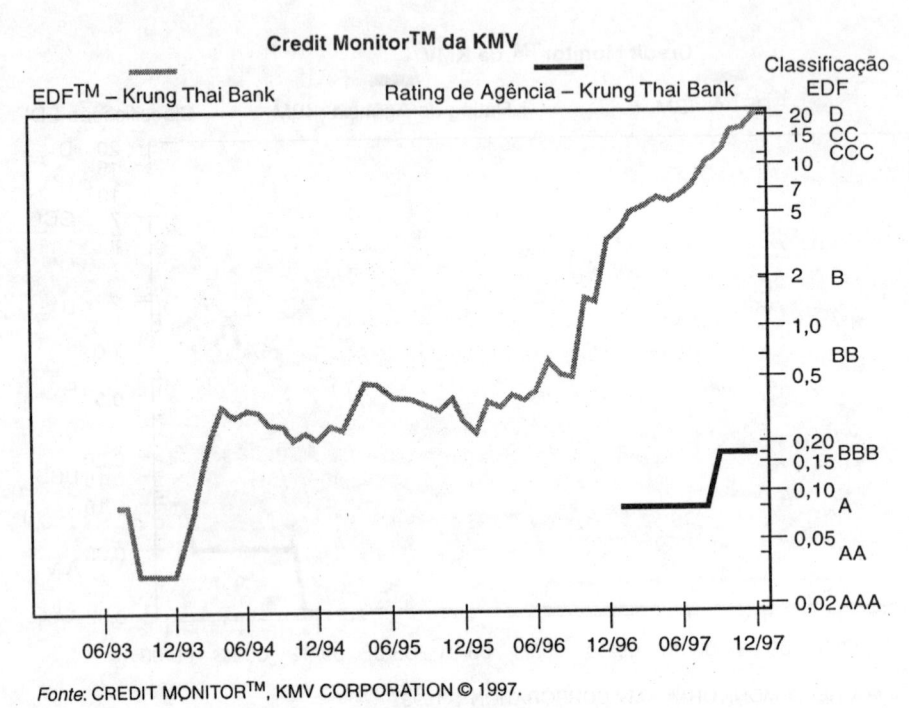

Figura 3.6 Expected Default Frequency (EDF)™ da KMV e Rating de Agência para o Krung Thai Bank.

---

[10] Outro motivo da melhor previsibilidade das pontuações em horizontes curtos é que a Standard & Poor's e a Moody's calibram suas classificações em conformidade com a experiência de inadimplência dos últimos 20 anos, ou mais. Suas probabilidades, portanto, refletem uma visão de "média cíclica". Em comparação, os EDFs da KMV refletem uma forte ciclicalidade ao longo do ciclo de negócios. Alguns estudos mostraram que EDFs não oferecem qualquer vantagem em horizontes de tempo de mais de dois anos; ver Miller (1998). A KMV também argumenta que a utilização de seu modelo reduz inadimplências efetivas em quantidade maior do que os ratings de agências como a S&P. Especificamente, a KMV utiliza uma análise de curva exponencial na qual solicitantes de empréstimos são classificados em conformidade com EDF e ratings da S&P. Se os piores créditos, digamos os piores 30%, são automaticamente rejeitados, então entre os que são aceitos, cerca de 90% das inadimplências são evitados sob o esquema EDF, *versus* 70% sob o esquema da S&P.

Porque uma pontuação EDF reflete sinais de informações transmitidos por mercados de capitais, poder-se-ia argumentar que o modelo provavelmente funciona melhor em condições de mercados de capitais altamente eficientes e poderá não funcionar bem em muitos mercados emergentes. Este argumento descarta o fato de que as ações de negociação limitada são as de empresas cujas ações são detidas por relativamente poucos acionistas. Assim, grandes transações realizadas por "insiders", como a venda de grandes blocos de ações (e, portanto, grandes oscilações no preço das ações da empresa), podem transmitir poderosos sinais internacionais sobre as perspectivas futuras de uma empresa tomadora.[11]

Em resumo, a abordagem de precificação de opções à previsão de falências possui diversos pontos fortes. Primeiro, pode ser aplicada a qualquer empresa de capital aberto. Segundo, por ser baseada em dados de bolsas de valores em vez de em dados "históricos" contábeis, tem uma visão de futuro. Terceiro, possui forte fundamentação teórica, por ser um "modelo estrutural" baseado na moderna teoria de finanças corporativas e opções, na qual o capital é visto como opção de compra sobre os ativos de uma empresa.

Em oposição a esses pontos fortes existem quatro pontos fracos: (1) é difícil desenvolver EDFs teóricos sem o pressuposto da normalidade dos retornos sobre ativos; (2) os EDFs de empresas de capital fechado somente podem ser calculados com a utilização de algum tipo de análise de comparabilidade com base em dados contábeis e outras características observáveis do tomador; (3) não distingue entre diferentes tipos de bonds de longo prazo em relação a senioridade, garantias reais, condições ou conversibilidade; e (4) é "estático" onde o modelo de Merton supõe que uma vez que a gerência tenha implementado uma estrutura de endividamento, a deixa imutável — mesmo que o valor dos ativos de uma empresa tenha dobrado. Como resultado, o modelo de Merton não consegue capturar o comportamento daquelas empresas que procuram manter um índice-alvo ou constante de alavancagem ao longo do tempo [ver Jarrow e van Deventer (1999)].

Modelos Estruturais e Modelos Baseados em Intensidade

Um problema potencial adicional com modelos do tipo KMV, e com a abordagem do modelo estrutural BSM em que se baseia, são as implicações para a probabilidade de inadimplência e os spreads de crédito, à medida em que o tempo até a inadimplência, ou até o vencimento da dívida, encolhe. Sob os processos normais da BSM para a difusão contínua de valores de ativos no tempo, a probabilidade de que o valor dos ativos de uma empresa (A) caia para menos do que seu limite de endividamento (B) (Figura 3.4) declina drasticamente à medida que o horizonte de inadimplência (τ) vai a zero. Com efeito, a implicação dos modelos

---

[11] Por exemplo, um insider poderia vender um grande bloco se tiver informações privilegiadas sobre a natureza adversa das perspectivas futuras da empresa.

estruturais é que o spread de crédito na ponta final do arriscado mercado de dívida deva ser zero. [Ver Leland (1994), por exemplo.]

De modo geral, entretanto, spreads observáveis de crédito de curto prazo são diferentes de zero. Poder-se-ia argumentar que isto se deve a efeitos de liquidez e de custos de transação, mas existe uma opinião conflitante de que os modelos estruturais do tipo BSM (e KMV) — especialmente as suposições subjacentes a esses modelos, relativamente à difusão de valores de ativos ao longo do tempo (ver Figura 3.4) — subestimam a probabilidade de inadimplência em horizontes curtos.[12]

Não surpreendentemente, um volume considerável de pesquisas recentes tem sido focalizado na resolução desta questão através da modificação das suposições básicas do modelo BSM. O trabalho de Zhou (1997) procura abordar a subestimação do risco de prazo curto admitindo saltos no valor dos ativos (A) da empresa. Trabalhos relacionados, realizados por Jarrow e Turnbull (1998) e por Duffie e Singleton (1998), com modelos "baseados em intensidade", apresentam uma abordagem alternativa à solução do problema do horizonte de curto prazo. Modelos baseados em intensidade aplicam funções fixas ou variáveis de risco ao risco de inadimplência. Essencialmente, em vez de supor um modelo estrutural de inadimplência (como na abordagem BSM), no qual uma empresa se torna inadimplente quando os valores de seus ativos caem para menos que os valores de seu endividamento, o modelo baseado em intensidade é um modelo de "forma reduzida"; a inadimplência segue uma distribuição de Poisson, e a inadimplência surge contingente ao aparecimento de algum "perigo".[13]

Duffie e Lando (1997) têm procurado integrar a abordagem baseada em intensidade à abordagem estrutural. Suponha que os valores dos ativos no contexto do modelo estrutural sejam nebulosos por não serem perfeitamente observáveis por pessoas de fora. Neste contexto, a divulgação de informações contábeis pode resolver parcialmente esta lacuna de informações e levar a saltos no valor dos ativos à medida que os investidores revisam suas expectativas. Assim, informações imperfeitas e nebulosidade nos valores de ativos observados podem ser potencialmente integrados à plataforma OPM (estrutural) e assim resolver a subestimação do risco de inadimplência no curto prazo. Trabalhos de Leland (1994), Anderson, Sunderesan e Tychon (1996) e de Mella-Barral e Perraudin (1997), que estendem o modelo BSM admitindo renegociações de dívida (ou seja, renegociações do valor do limite de endividamento, ou B), podem ser vistos como trabalhos realizados em um espírito semelhante,[14] como também pode o de Leland (1998), que embute custos de agência como freio ao tradicional modelo BSM e de Acharya e Carpenter (1999) que modelam bonds resgatáveis passíveis de inadimplência sob condições de taxas de juros estocásticas e autofalência.

---

[12] Veja, por exemplo, Jones, Mason e Rosenfeld (1984).
[13] Ver, também, Duffee (1999) para uma revisão de modelos baseados em intensidade.
[14] Por exemplo, o limite se tornará estocástico se houver custo de liquidação sobre valores de ativos. Isto dá às empresas o poder de renegociar. No modelo original de Merton (1974), não há custos de liquidação, ou seja, ativos são liquidados e pagos sem custo. [Ver também Longstaff e Schwartz (1995).]

APÊNDICE 3.1

O Modelo de Valoração de Merton

A equação para o valor de mercado de dívida de risco, $F(\tau)$, tem a forma de:

$$F(\tau) = Be^{-i\tau}[(1/d)N(h_1)+N(h_2)] \qquad (A.1)$$

onde

τ = o período de tempo restante até a data de vencimento do empréstimo; ou seja, $\tau = T - t$, onde T é a data de vencimento e t é o momento corrente (hoje).

d = o índice de alavancagem da empresa (tomador) medido como $Be^{-i\tau}/A$, onde o valor de mercado do endividamento é valorado à taxa i, a taxa de juros livre de risco.

$N(h)$ = um valor calculado a partir das tabelas estatísticas-padrão de distribuição normal. Este valor reflete a probabilidade de que ocorrerá um desvio que exceda o valor calculado de h.

$$h_1 = -[1/2\ \sigma^2\tau - \ln(d)]/\sigma\sqrt{\tau}$$
$$h_2 = -[1/2\ \sigma^2\tau + \ln(d)]/\sigma\sqrt{\tau}$$

onde σ^2 mede o risco dos ativos do tomador — tecnicamente a variância da taxa de mudança de valor dos ativos subjacentes do tomador.

Esta equação também pode ser escrita em termos de um spread de rendimentos que reflita um prêmio de equilíbrio do risco de inadimplência que deve ser cobrado do tomador:

$$k(\tau) - i = (-1/\tau)\ln[N(h_2) + (1/d)N(h_1)]$$

onde

$k(\tau)$ = o rendimento exigido de uma dívida de risco,
$\ln$ = logaritmo natural,
i = a taxa livre de risco sobre dívida de prazo equivalente (aqui, um período).

Um exemplo:[15]

$$B = \$100.000,$$
$$\tau = 1 \text{ ano},$$
$$i = 5 \text{ por cento},$$
$$d = 90 \text{ por cento, ou } 0{,}9,$$
$$\sigma = 12 \text{ por cento}.$$

Substituindo estes valores nas equações por h_1 e h_2, e resolvendo para as áreas sob distribuição normal padronizada, temos:

$$N(h_1) = 0{,}174120$$
$$N(h_2) = 0{,}793323$$

onde

$$h_1 = \frac{-\left[\frac{1}{2}(0{,}12)^2 + \ln(0{,}9)\right]}{0{,}12} = -0{,}938$$

e

$$h_2 = \frac{-\left[\frac{1}{2}(0{,}12)^2 + \ln(0{,}9)\right]}{0{,}12} = +0{,}818$$

Assim, o valor corrente de mercado do empréstimo de risco de $100.000 (L) é:

$$L(t) = Be^{-i\tau}[N(h_2) + (1/d)N(h_1)]$$

$$= \frac{\$100.000}{1{,}05127}[0{,}793323 + (1{,}1111)(0{,}17412)]$$

$$= \frac{\$100.000}{1{,}05127}[0{,}986788]$$

$$= \$93.866{,}18$$

e o spread de risco ou prêmio é:

$$k(\tau) - i = \left(\frac{-1}{\tau}\right)\ln[N(h_2) + (1/d)N(h_1)]$$

$$= (-1)\ln[0{,}986788]$$
$$= 1{,}33 \text{ por cento}$$

---

[15] Isto se baseia em Babbel (1989).

CAPÍTULO 4

A Abordagem VAR: O CreditMetrics do J.P. Morgan e Outros Modelos

INTRODUÇÃO

Desde 1993, quando o Banco para Compensações Internacionais (BIS) anunciou sua intenção de introduzir uma exigência de capital para o risco de mercado, grandes passos vêm sendo dados no desenvolvimento e teste de metodologias de Value at Risk (VAR). O incentivo para desenvolver modelos internos de VAR recebeu novo impulso em 1995, quando o BIS aditou sua proposta de risco de mercado e concordou em permitir que certos bancos utilizassem seus próprios modelos internos, em vez do modelo padronizado proposto pelos reguladores, para calcular suas exposições ao risco de mercado. Desde 1997, na Comunidade Européia e desde 1998 nos Estados Unidos, os maiores bancos (sujeitos à aprovação dos órgãos reguladores), têm podido utilizar seus modelos internos para calcular exposições de VAR para o registro de operações e, portanto, as exigências de capital para o risco de mercado.[1]

Neste capítulo, reveremos inicialmente o conceito básico de VAR e depois examinaremos sua possível expansão para abranger empréstimos não-negociáveis e sua substituição como modelo para o coeficiente de risco de capital baseado em risco de 8 por cento, atualmente aplicável quando do cálculo da exigência de capital para empréstimos bancários. Daremos bastante atenção ao CreditMetrics desenvolvido pelo J.P. Morgan em conjunto com vários outros patrocinadores (incluindo a KMV). O CreditMetrics é de uso não-restrito e oferece um benchmark útil para a análise das questões e dos problemas na utilização do modelo VAR para empréstimos. A abordagem VAR será revisitada novamente no Capítulo 10 no contexto de risco de carteira de empréstimos.

---

[1] As exigências de capital para risco de mercado contêm um componente para risco geral de mercado, e um componente de risco específico. Por exemplo, no que diz respeito a bonds corporativos mantidos no registro de operações um cálculo de risco específico baseado em um modelo interno incluiria dados relativos a risco de spread, risco de rebaixamento de classificação e risco de concentração. Cada um destes é relacionado ao risco de crédito. Assim, a exigência de capital para risco de mercado, de 1998 do BIS, contém um componente de risco de crédito.

O Conceito de Value at Risk (VAR)

Essencialmente, modelos VAR procuram medir a perda (de valor) máxima de um dado ativo ou passivo ao longo de um período de tempo dado, em um dado nível de confiança (ex.: 95 por cento, $97^{1/2}$ por cento, 99 por cento, etc.).

Um exemplo simples de um instrumento negociável como um título será suficiente para descrever o conceito básico da metodologia VAR (ver Figura 4.1). Suponha que o preço de mercado (P) de um título hoje seja de \$80, e o desvio-padrão diário estimado do valor (σ) seja de \$10. Como o registro de operações é gerenciado ao longo de um horizonte relativamente curto, um negociador ou gerente de risco poderá perguntar: "Se amanhã for um 'dia ruim', qual será meu VAR [tamanho da perda de valor em algum nível de confiança]?" Suponha que o negociador esteja preocupado com a perda de valor em um dia ruim que ocorra, em média, uma vez em cada 100 dias, e que os valores diários dos ativos (retornos) sejam "normalmente" distribuídos em torno do valor atual do título, de \$80. Estatisticamente falando, o dia ruim tem 1 por cento de probabilidade de ocorrer amanhã. A área sob distribuição normal contém informações sobre probabilidades. Sabemos que aproximadamente 68 por cento das observações de retorno devem se situar entre + 1 e – 1 de desvio-padrão em relação à média; 95 por cento das observações situam-se entre + 2 e – 2 desvios-padrão em relação à média; e 98 por cento das observações situam-se entre +2,33 e – 2,33 desvios-padrão em relação à média.

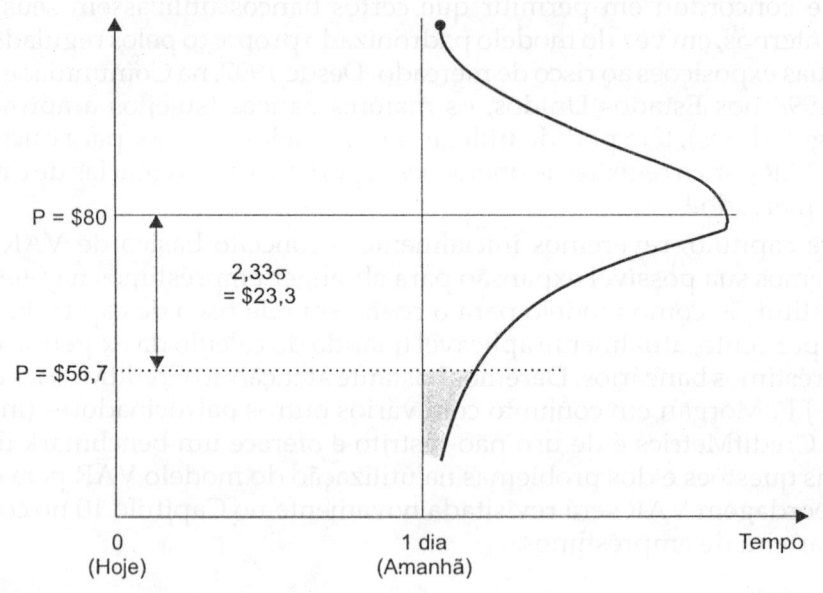

Figura 4.1 O VAR de um Título Negociado.

Com respeito a este último, e em termos de dólares, há 1 por cento de chance de que o valor do título aumentará para um valor de $80 + 2,33\sigma$ amanhã, e 1 por cento de chance de que o título cairá para um valor de $80 - 2,33\sigma$. Porque σ é suposto ser $10, há 1 por cento de chance de que o valor do título caia para $56,7 ou menos; alternativamente, há uma probabilidade de 99 por cento de que o detentor do título perderá menos que $80 − $56,7 = $23,3 em termos de valor; ou seja, $23,3 podem ser considerados cómo sendo o VAR do título no nível de confiança de 99 por cento. Observe que, por implicação, há uma chance de 1 por cento de perder $23,3 *ou mais*, amanhã. Como, por suposição, valores de ativos são normalmente distribuídos, o dia ruim a cada 100 dias pode levar à situação da perda em qualquer parte da área sombreada abaixo de $56,7 na Figura 4.1. (Na verdade, perdas com instrumentos financeiros não-alavancados são diminuídas em − 100 por cento de seu valor, e a curva normal é, na melhor das hipóteses, uma aproximação ao normal logarítmico.)

Assim, as entradas-chave para o cálculo do VAR de um instrumento negociável são seu valor de mercado atual *(P)* e a volatilidade do desvio-padrão daquele valor de mercado (σ). Dado um horizonte de "risco" suposto e um nível de confiança exigido (ex.: 99 por cento), o VAR pode ser calculado diretamente.

A aplicação desta metodologia a empréstimos não-negociáveis apresenta alguns problemas imediatos. Primeiro, *P*, ou o valor de mercado atual de um empréstimo, não é diretamente observável porque empréstimos não são negociados. Segundo, como *P* não é observável, não temos qualquer série de tempo para calcular σ, a volatilidade de *P*. Na melhor hipótese, a suposição de uma distribuição normal para retornos sobre alguns ativos negociáveis constitui uma aproximação grosseira, e a aproximação torna-se ainda mais grosseira quando aplicada à possível distribuição de valores para empréstimos. Especificamente, como discutimos no Capítulo 3, empréstimos têm diminuídos tanto retornos de alta, quanto riscos de queda longa e acentuada. Como resultado, mesmo que possamos medir *P* e σ, ainda temos que levar em conta a assimetria dos retornos ao concedermos um empréstimo.

CREDITMETRICS

CreditMetrics foi introduzido pelo J.P. Morgan e seus co-patrocinadores (Bank of America, KMV, Union Bank of Switzerland e outros) como estrutura de Value at Risk (VAR) a ser aplicada à valoração e ao risco de ativos não-negociáveis, como empréstimos e bonds de colocação privada.[2] A RiskMetrics procura responder à pergunta: "Se amanhã for um dia ruim, quanto perderei em relação a meus ativos negociáveis como ações, bonds e instrumentos de capital?" O CreditMetrics pergunta: "Se o ano que vem for um ano ruim, quanto perderei em meus empréstimos e em minha carteira de empréstimos?"[3]

---

[2] Ver CreditMetrics, Documento Técnico, J.P. Morgan, Nova York, 2 de abril de 1997. Em 1998 o grupo que estava desenvolvendo os produtos RiskMetrics e CreditMetrics formou uma empresa separada denominada RiskMetrics Group.

[3] O horizonte de um ano é controverso [ver Relatório do Grupo da Força-Tarefa do Federal Reserve System (1998)]. Por exemplo, se houver alguma autocorrelação ou tendência ao longo do tempo em direção à inadimplência, uma janela mais longa (digamos, dois anos ou mais) pode ser adequada.

Como observamos anteriormente, como empréstimos não são negociados em bolsa, não observamos nem P (o valor de mercado do empréstimo) nem σ (a volatilidade do valor do empréstimo ao longo do horizonte de interesse). Entretanto, com a utilização de (1) dados disponíveis sobre a classificação de crédito do tomador, (2) da probabilidade de que a classificação mudará ao longo do próximo ano (matriz de alteração de rating), (3) de índices de recuperação de empréstimos inadimplentes, e (4) de spreads e resultados de crédito no mercado de bonds (ou de empréstimos), será possível calcular P e σ hipotéticos para qualquer empréstimo ou bonds não negociável e, assim, um número de VAR para empréstimos individuais e para a carteira de empréstimos.[4]

Examinaremos, em primeiro lugar, um exemplo simples de cálculo do VAR de um empréstimo e, em segundo lugar, as questões técnicas que cercam este cálculo. Considere, como exemplo, um empréstimo de cinco anos de taxa fixa de $100 milhões, concedido a juros de 6 por cento ao ano.[5] O tomador tem classificação BBB.

Migração de Classificação

Com base em dados históricos sobre bonds negociados em bolsa (ou empréstimos) coletados pela Standard & Poor's (S&P), pelo Moody's, KMV ou outros analistas de bonds ou empréstimos,[6] a probabilidade de que um tomador BBB permanecerá BBB ao longo do próximo ano é estimada em 86,93 por cento. Também há alguma probabilidade do tomador obter uma classificação melhor (ex.: passar para A) ou pior (ex.: passar para CCC ou até mesmo inadimplir, D). Com efeito, oito alterações são possíveis para o tomador ao longo do próximo ano. Sete envolvem melhorias de classificação, redução de classificação, classificação estável, e uma envolve inadimplência. As probabilidades estimadas de ocorrência dessas alterações são mostradas na Tabela 4.1.[7]

Valoração

O efeito de melhoras e pioras no rating é o de impactar os spreads de risco de crédito ou prêmios sobre os fluxos de caixa remanescentes do empréstimo e, portanto, o valor de mercado (ou valor presente) implícito do empréstimo. Se um empréstimo for rebaixado em termos de classificação, o prêmio de spread de crédito exigido deve aumentar (lembre-se que a taxa contratual do empréstimo em nosso

---

4. Como discutiremos no Capítulo 10, para calcular o VAR de uma carteira de empréstimos, temos que calcular também as correlações de inadimplência entre as contrapartes.
5. Este exemplo se baseia naquele utilizado pelo CreditMetrics, Documento Técnico; ver nota de rodapé 2.
6. Como discutiremos adiante, a escolha de matriz de alterações tem efeito material nos cálculos de VAR. Além disso, a escolha de alterações de bonds para valorar empréstimos suscita novamente a questão do quão estreitamente relacionados são bonds e empréstimos.
7. As alterações de classificação são baseadas em dados de bonds corporativos nos EUA. Para empresas que não sejam dos EUA é necessário um "mapeamento" da empresa estrangeira para uma empresa dos EUA, ou então o desenvolvimento de uma matriz de transição européia ou específica ao país.

exemplo é suposta ser fixa, de 6 por cento) e o valor presente do empréstimo para a IF deve cair. Uma melhoria de classificação de crédito tem efeito contrário. Tecnicamente, como estamos revalorando o empréstimo $100 milhões de cinco anos a 6 por cento no final do primeiro ano, após a ocorrência de um "evento de crédito" durante aquele ano, então (em milhões de dólares):[8]

$$P = 6 + \frac{6}{(1+r_1+s_1)} + \frac{6}{(1+r_2+s_2)^2} + \frac{6}{(1+r_3+s_3)^3} + \frac{106}{(1+r_4+s_4)^4} \qquad (4.1)$$

onde r_i são as taxas livres de risco (as assim chamadas "taxas zero futuras") sobre T-bonds de cupom zero, que se espera existirem um ano no futuro, e as taxas de risco zero futuras de um ano são calculadas a partir da curva de rendimentos de títulos do Tesouro (ver Apêndice 4.1).

Tabela 4.1 Probabilidades de Alterações de Um Ano para Tomador Classificado como BBB

AAA	0,02%
AA	0,33
A	5,95
BBB	86,93 ← Mais provável de permanecer na mesma classe
BB	5,30
B	1,17
CCC	0,12
Inadimplência	0,18

Fonte: CREDITMETRICS — Documento Técnico, J.P. Morgan, 2 de abril de 1997.

Além disso, s_i é o spread anual de crédito de empréstimos (de cupom zero) de uma classificação específica, com prazos até o vencimento de um ano, dois anos, três anos e quatro anos (estes derivados de spreads observados sobre bonds do tesouro no mercado de bonds corporativos). No exemplo acima, o cupom do primeiro ano ou o pagamento de juros de $6 milhões não é descontado e pode ser considerado como juros acumulados ganhos sobre um bonds ou empréstimo.

Suponha que, durante o primeiro ano, o tomador tem uma melhoria de classificação de BBB para A. O valor presente, ou valor de mercado, do empréstimo para a IF ao final do horizonte de risco de um ano (em milhões) será de:[9]

---

[8] Tecnicamente, de uma perspectiva de valoração, o evento de crédito ocorre (por suposição) bem no final do primeiro ano. Atualmente, o CreditMetrics está expandindo para permitir que a "janela" do evento de crédito seja tão curta quanto três meses ou tão longa quanto 5 anos.

[9] Neste caso, as taxas de desconto refletem as taxas apropriadas de cupom zero mais os spreads de crédito (s_i) sobre empréstimos (bonds) de classe A. Se a classificação do tomador permanecesse estável em BBB, as taxas de desconto seriam maiores porque os spreads de crédito refletiriam o risco de um tomador BBB. Os spreads de crédito utilizados por CreditMetrics são gerados por Bridge and Company, uma empresa de consultoria que os atualiza a cada semana.

$$P = 6 + \frac{6}{(1,0372)} + \frac{6}{(1,0432)^2} + \frac{6}{(1,0493)^3} + \frac{106}{(1,0532)^4} = \$108,66 \qquad (4.2)$$

Ao final do primeiro ano, se o tomador do empréstimo for reclassificado de BBB para A, o empréstimo de $100 milhões (valor contábil) terá um valor de mercado de $108,66 milhões. (Este é o valor que a IF teoricamente obteria no final do horizonte de um ano se "vendesse" o empréstimo no mercado de venda de empréstimos a outra IF, pelo valor ou preço justos de mercado.) A Tabela 4.2 mostra o valor do empréstimo se ocorrerem outros eventos de crédito. Observe que o empréstimo tem um valor máximo de mercado de $109,37 milhões (se o tomador for reclassificado de BBB para AAA) e um valor mínimo de $51,13 milhões se o tomador inadimplir. Este último é o valor estimado de recuperação do empréstimo [ou 1 menos a perda no caso de inadimplência (LGD)] se o tomador requerer falência.[10]

Tabela 4.2 Valor do Empréstimo ao Final do Ano 1, Sob Diferentes Ratings (Incluindo o Cupom do Primeiro Ano)

Ratings no Fim do Ano	Valor (milhões)
AAA	$109,37
AA	109,19
A	108,66
BBB	107,55
BB	102,02
B	98,10
CCC	83,64
Inadimplência	51,13

Fonte: CREDITMETRICS — Documento Técnico, J.P. Morgan, 2 de abril de 1997, p. 10.

A distribuição de probabilidade do valor do empréstimo é mostrada na Figura 4.2. "A distribuição do valor do empréstimo tem uma parte superior relativamente fixa e uma longa parte inferior (ou seja, um desvio negativo)." O valor do empréstimo não é simetricamente (ou normalmente) distribuído. Assim, o CreditMetrics produz duas medidas de VAR:

1. Baseado na distribuição normal de valores do empréstimo.
2. Baseado na distribuição efetiva de valores do empréstimo.

---

[10] Estudos recentes sugerem que este LGD seja demasiadamente elevado para empréstimos bancários. Um estudo realizado pelo Citibank, abrangendo 831 empréstimos corporativos inadimplentes e 89 empréstimos baseados em ativos no período 1970-1993, verificou índices de recuperação de 79% (ou LGD igual a 21%). Da mesma forma, altos índices de recuperação foram verificados em um relatório da Fitch Investor Service de outubro de 1997 (82%) e em um relatório da Moody's Investor Service Report, de junho de 1998 (87%). Ver E. Asarnow (1999).

Cálculo do VAR

A Tabela 4.3 mostra o cálculo do VAR, com base em cada abordagem, para os cenários de pior hipótese tanto de 5 por cento quanto de 1 por cento em torno do valor médio (e não do original) do empréstimo. O primeiro passo para se calcular o VAR é calcular a média do valor do empréstimo, ou seu valor esperado, no ano 1. Esta é a soma de cada valor possível para o empréstimo, ao final do ano 1, multiplicada pela sua probabilidade de alteração ao longo do ano. O valor médio do empréstimo é de $107,09 (ver também a Figura 4.2). Entretanto, a IF está preocupada com perdas inesperadas ou volatilidade de valor. Em especial, se o próximo ano for um ano ruim, quanto ele poderia esperar perder com uma certa probabilidade? Poderíamos definir um "ano ruim" como ocorrendo uma vez a cada 20 anos (o VAR de 5 por cento) ou uma vez a cada 100 anos (o VAR de 1 por cento). Esta definição é semelhante ao de VAR de risco mercado com a exceção de que, para risco de crédito, o horizonte de risco é de 1 ano em vez de 1 dia.

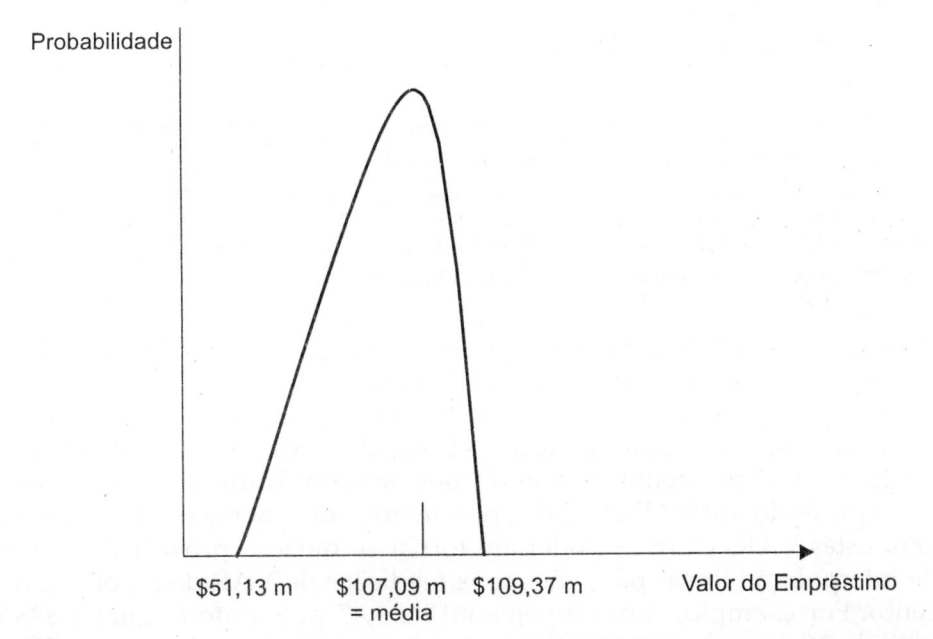

Figura 4.2 Distribuição Efetiva de Valores de um Empréstimo de Cinco Anos com Rating BBB ao Final do Ano 1.

Supondo que os valores do empréstimo sejam normalmente distribuídos, a variância do valor do empréstimo (em milhões) em torno de sua média é de $8,9477 (ao quadrado), e seu desvio-padrão, ou volatilidade, é a raiz quadrada da variância igual a $2,99. Assim, o VAR de 5 por cento para o empréstimo é 1,65 × $2,99 = $4,93 milhões. O VAR de 1 por cento é 2,33 × $2,99 = $6,97 milhões. Entretanto, isto provavelmente subestima o VAR efetivo, ou verdadeiro, do empréstimo porque, como mostrado na Figura 4.2, a distribuição do valor do empréstimo claramente não é normal. Em especial, demonstra um viés negativo ou um grande risco de perda.

Tabela 4.3 Cálculos de VAR para o Empréstimo BBB (O Benchmark é o Valor Médio do Empréstimo)

Rating ao Final do Ano	Probabilidade de Estado (%)	Novo Valor do Empréstimo Mais Cupom (milhões)	Valor Ponderado da Probabilidade ($)	Diferença de Valor em Relação à Média ($)	Quadrado da Diferença Ponderada da Probabilidade
AAA	0,02	$109,37	0,02	2,28	0,0010
AA	0,33	109,19	0,36	2,10	0,0146
A	5,95	108,66	6,47	1,57	0,1474
BBB	86,93	107,55	93,49	0,46	0,1853
BB	5,30	102,02	5,41	(5,06)	1,3592
B	1,17	98,10	1,15	(8,99)	0,9446
CCC	0,12	83,64	1,10	(23,45)	0,6598
Inadimplência	0,18	51,13	0,09	(55,96)	5,6358
			$107,09 = valor médio		8,9477 = variância do valor

σ = Desvio-padrão = $2,99

Supondo distribuição normal:
- VAR de 5 por cento = 1,65 × σ = $4,93.
- VAR de 1 por cento = 2,33 × σ = $6,97.

Supondo distribuição efetiva*:
- VAR de 5 por cento = 95 por cento da distribuição efetiva = $107,09 – $102,02 = $5,07.
- VAR de 1 por cento = 99 por cento da distribuição efetiva = $107,09 – $98,10 = $8,99.

*Nota: VAR de 5 por cento aproximado por 6,77% do VAR (ou seja, 5,3% + 1,17% + 0,12% + 0,18%) e o VAR de 1% aproximado por 1,47% do VAR (ou seja, 1,17% + 0,12% + 0,18%).

Fonte: CREDITMETRICS — Documento Técnico, 2 de abril, 1997, p. 28.

Utilizando a distribuição efetiva dos valores e probabilidades do empréstimo na Tabela 4.3, podemos ver que há uma probabilidade de 6,77 por cento de que o valor do empréstimo cairá para menos de $102,02, implicando um VAR efetivo "aproximado" de 5 por cento ($107,09 – $102,02 = $5,07 milhões), e há uma probabilidade de 1,47 por cento de que o valor do empréstimo cairá para menos de $98,10, implicando um VAR efetivo "aproximado" de 1 por cento ($107,09 – $98,10 = $8,99). Estes VARs efetivos poderiam tornar-se menos aproximados através do uso de interpolação linear para chegar às medições de VAR de 5 por cento e de 1 por cento. Por exemplo, como o percentil de 1,47 por cento é igual a $98,10 e o percentil de 0,3 é igual a $83,64, utilizando interpolação linear, o percentil de 1,00 é aproximadamente igual a $92,29. Isto sugere um VAR efetivo de 1 por cento de $107,09 – $92,29 = $14,80.[11]

---

[11] No cálculo da Tabela 4.3, consideramos o risco do empréstimo da perspectiva de seu valor futuro médio ou esperado ($107,09). Utilizando uma perspectiva alternativa, consideraríamos a distribuição de mudanças de valor em torno do valor do empréstimo se continuasse a ser classificado como BBB ao longo de todo o período do empréstimo. Na Tabela 4.2, o valor futuro do empréstimo, caso sua classificação seja mantida ao longo de sua vida remanescente, é de $107,55. Usando este valor de benchmark BBB, a média e a variância das mudanças de valor são, respectivamente, média = – $0,46 e σ = $3,13. O VAR de 1 por cento sob a suposição de distribuição normal é então (2,33 × – $3,13) + (– $0,46) = – $7,75.

EXIGÊNCIAS DE CAPITAL

É interessante comparar estes números de VAR à exigência de capital baseado em risco de 8 por cento para empréstimos, atualmente exigido pelo Federal Reserve e pelo BIS. Para um empréstimo com valor de face (contábil) de $100 milhões, a um tomador do setor privado com classificação BBB, a exigência de capital seria de $8 milhões. (Observe o contraste em relação às duas medições de VAR desenvolvidas anteriormente.) Utilizando o VAR de 1 por cento baseado em distribuição normal, a exigência de capital para perdas inesperadas decorrentes do empréstimo seria de $6,97 milhões (ou seja, abaixo da exigência do BIS). Utilizando o VAR de 1 por cento baseado no valor interpolado da distribuição efetiva, a exigência de capital seria de $14,80 milhões (um montante muito maior do que a exigência de capital do BIS).[12]

Utilizando uma abordagem CreditMetrics, é possível que cada empréstimo tenha um VAR diferente e, portanto, uma exigência diferente de capital implícito ou econômico. Isto contrasta com os atuais regulamentos do BIS, nos quais todos os empréstimos de ratings diferentes (de AAA a CCC) e diferentes prazos até o vencimento estão sujeitos à mesma exigência de capital de 8 por cento. Além disso, a existência de um multiplicador de teste de estresse para uma exigência de capital internamente baseada também teria que ser abordada. Em especial, pode se esperar que a estimativa de perda de 99 por cento do valor também tenha uma distribuição. Em anos excepcionalmente ruins (catastróficos), a perda excederá, por uma margem significativa, a medida de 99 por cento calculada aqui.

Sob a abordagem do BIS ao risco de mercado, esta questão de perda extrema ou teste de estresse é enfrentada pela exigência de que bancos multipliquem seu VAR por um fator que varia entre 3 e 4. Pesquisa realizada por Boudoukh, Richardson e Whitelaw (1995) ficou (em exercícios de simulação) que, para alguns ativos financeiros, o fator de multiplicação de 3 a 4 pode muito bem cobrir perdas extremas como a média na extremidade além do 99º percentil.[13] A aplicação de tal fator multiplicador a empréstimos de baixa qualidade elevaria substancialmente as exigências de capital. O tamanho adequado de tal fator multiplicador, dados os problemas de realização de testes de estresse de modelos de riscos de crédito (ver Capítulo 11), continua aberto à discussão.

---

[12] Em 99 anos em cada 100, a exigência de capital para o VAR de 1 por cento permitiria que o banco sobrevivesse a perdas inesperadas de crédito decorrentes de empréstimos. Observe que sob o componente específico de risco para risco de mercado, que mede o risco de spread, risco de redução de classificação de crédito e o risco de concentração para instrumentos negociáveis como bonds corporativos, o VAR de 1 por cento terá que ser multiplicado por um fator de entre 3 e 4, e o período de sensibilidade é de 10 dias, em vez de um ano.

[13] Entretanto, também verificaram que o fator multiplicador de 3 a 4 subestimou grandemente perdas extremas no caso de haver "séries" de períodos ruins (ex.: como as que poderiam ser esperadas em grandes retrações econômicas de longo prazo).

Questões e Problemas Técnicos

Nesta seção, abordaremos algumas das principais questões técnicas que cercam o CreditMetrics. Algumas dessas questões (e suposições) podem ser incorporadas facilmente ao modelo básico; outras são menos fáceis de se lidar.

Migração de Classificação

Uma série de questões é suscitada quando utilizamos as alterações de classificação de bonds supostas na Tabela 4.1 para calcular as probabilidades de mudanças de classificação (ou de inadimplência) ao longo do horizonte de um ano.

Primeiro, subjacente ao cálculo dos números das alterações, que envolve as médias de alterações de um ano ao longo de um período de dados passados (ex.: 20 anos), existe uma importante suposição quanto à maneira pela qual ocorrem alterações e inadimplências.[14] Especificamente, supomos que as probabilidades de alteração seguem um processo de Markov estável [ver Altman e Kao (1992)], o que significa que a probabilidade de que um bonds ou empréstimo se movimentar para qualquer estado específico durante este período independe (não é correlato a) de qualquer resultado no período passado. Entretanto, há evidências de que alterações de classificação são autocorrelacionadas ao longo do tempo. Por exemplo, um bonds ou empréstimo que tenha tido seu rating reduzido no período anterior tem uma probabilidade maior (em comparação a um empréstimo que manteve sua classificação) de ser rebaixado no período corrente [ver, por exemplo, os resultados de Nickell, Perraudin e Varotto (1998)]. Isto sugere que um segundo ou mais elevado processo de Markov poderá melhor descrever alterações de classificação ao longo do tempo.

A segunda questão envolve a estabilidade da matriz de alteração. A utilização de uma única matriz de alteração pressupõe que alterações não diferem entre distintos tipos de tomadores (ou seja, empresas industriais *versus* bancos, ou os Estados Unidos *versus* o Japão) nem ao longo do tempo (ou seja, picos *versus* baixas no ciclo de negócios). Na verdade, há evidências consideráveis que sugerem que importantes fatores setoriais, de países e de ciclos de negócios, impactam alterações de classificação [ver Nickell *et al.* (1998)]. Por exemplo, quando examinamos um empréstimo a uma empresa industrial japonesa, pode ser necessária a utilização de uma matriz de alteração de classificação construída em torno de dados daquele país e daquele setor. Com efeito, o CreditPortfolioView, discutido no Capítulo 5, pode ser visto como uma tentativa direta de lidar com a questão do impacto cíclico na matriz de alteração de bonds/empréstimos.[15]

---

[14] Utilizando uma abordagem simples ao cálculo de uma matriz de alteração, suponha que tenhamos dados para 1997 e 1998. Em 1997, 5,0 por cento dos bonds classificados como BBB foram rebaixados para B. Em 1998, 5,6 por cento dos bonds classificados como BBB foram rebaixados para B. A probabilidade média de alteração de rebaixamento de BBB para B é, portanto, de 5,3 por cento.

[15] Atualmente, o CreditMetrics está desenvolvendo modificações em seu software para permitir que a ciclicalidade seja incorporada à matriz de alteração.

A terceira questão é relativa à carteira de bonds utilizada para calcular a matriz de alteração. Altman e Kishore (1997) verificaram um impacto significativo do "envelhecimento" de bonds sobre as probabilidades calculadas na matriz de alteração. Com efeito, nota-se uma diferença concreta, dependendo de se a amostra de bonds utilizada para calcular alterações se baseia em bonds novos ou em todos os bonds em circulação em uma faixa de classificação em um determinado momento.

A quarta questão é relativa ao uso de matrizes de alteração de bonds para valorar empréstimos. Como observado anteriormente, até onde garantias reais, condições e outras características fazem com que empréstimos se comportem de formas diferentes de bonds, a utilização de matrizes de alteração de bonds pode resultar em uma tendência de avaliação inerente. Isto sugere que o desenvolvimento interno, por bancos, de alterações de classificação de empréstimos (ou seja, em uma escala de 0 a 10) baseadas em bases de dados históricos de empréstimos, pode ser visto como crucial na melhoria da precisão de medições de VAR de riscos de empréstimos.[16]

Avaliação

No cálculo de VAR mostrado anteriormente neste capítulo, o montante recuperável após inadimplência (suposto ser de $51,13 para cada $100), as taxas de juros futuras de risco zero (r_i) e os spreads de crédito (s_i) são todos não-estocásticos. Tornar qualquer um deles, ou todos, estocástico geralmente aumentará qualquer cálculo de VAR e qualquer exigência de capital. Em especial, os índices de recuperação de empréstimos têm uma variabilidade bastante substancial [ver Carty e Lieberman (1996)], podendo se esperar que o spread de crédito em, digamos, um empréstimo AA varie a qualquer momento no tempo, dependendo da classe de rating (ex.: bonds ou empréstimos AA+ e AA– provavelmente terão spreads de crédito diferentes). De modo mais geral, spreads de crédito e taxas de juros provavelmente variarão ao longo do tempo, em conformidade com o ciclo do crédito e mudanças na estrutura de prazo, em vez de serem determinísticos.

No que diz respeito a índices de recuperação, se o desvio-padrão dos índices de recuperação for de $25,45 em torno de um valor médio de $51,13 por $100 em empréstimos, pode-se demonstrar que o VAR de 99 por cento para o empréstimo sob distribuição normal aumentará para 2,33 × $3,18 milhões = $7,38 milhões, ou uma exigência de capital baseada em VAR de 7,38 por cento do valor de face do empréstimo BBB.[17] Um dos motivos para supor que as taxas de juros sejam não-estocásticas ou determinísticas é o de separar o risco de mercado do risco de crédito,[18]

---

[16] Uma alternativa seria a de utilizar a matriz de alteração da KMV, que é construída em torno das pontuações EDF da KMV. A correlação entre as matrizes de alteração da KMV e as das agências de classificação é baixa.

[17] CreditMetrics, Documento Técnico, p. 30; ver nota de rodapé 2.

[18] A suposição de taxas de juros não-estocásticas também é consistente com Merton (1974). Não obstante, Shimko, Tejima e van Deventer (1993) estenderam o modelo de Merton para incluir taxas de juros estocásticas.

mas isto permanece altamente controverso, especialmente para aqueles que consideram que suas medições devam ser integradas ao invés de separadas e que o risco de crédito é positivamente correlacionado ao ciclo de taxas de juros [ver também Crouhy e Mark (1998)].

Modelo de Reajuste a Preço de Mercado *versus* Modelo de Inadimplência

Admitindo-se os efeitos de mudanças de rating de crédito (e, portanto, mudanças de spreads) sobre valores de empréstimos, além da inadimplência, o CreditMetrics pode ser visto como um modelo de reajuste a preço de mercado (MTM). Outros modelos — o CreditRisk plus, por exemplo — vêem o risco de spread como parte do risco de mercado e concentram-se em cálculos de perdas esperadas e inesperadas em vez de em mudanças esperadas e inesperadas de valor (ou VAR) como no caso do CreditMetrics. Esta abordagem alternativa é às vezes denominada de modelo de inadimplência ou modo de inadimplência (DM).

É útil comparar os efeitos do modelo MTM *versus* o modelo DM através do cálculo das perdas esperadas e, mais importante, as perdas inesperadas para o mesmo exemplo (o empréstimo BBB) considerado anteriormente.

A Tabela 4.1 mostra que, em uma situação de dois estados, inadimplência e não-inadimplência, a probabilidade de inadimplência é $p = 0{,}18$ por cento e que a probabilidade de não haver qualquer inadimplência $(1 - p)$ é de 99,82 por cento. Após inadimplência, o índice de recuperação é de \$51,13 por \$100 (ver Tabela 4.2) e a perda, dada a inadimplência (LGD) é de 1 menos o índice de recuperação, ou \$48,87 por \$100. O valor contábil total do empréstimo BBB é de \$100 milhões.

Dados estes números, a perda esperada decorrente do empréstimo é:

$$\begin{aligned}\text{Perda esperada} &= p \times \text{LGD} \times \text{Exposição} \\ &= 0{,}0018 \times 0{,}4887 \times \$100.000.000 \\ &= \$87{,}966\end{aligned} \quad (4.3)$$

Para se calcular a perda inesperada, é necessário que se faça algumas suposições relativamente à distribuição das probabilidades de inadimplência e recuperação. A suposição mais simples é a de que recuperações sejam fixas e independentes da distribuição de probabilidades (ver Capítulo 9 para mais detalhes). Além do mais, como o tomador ou se torna inadimplente ou não se torna, a probabilidade de inadimplência pode (da forma mais simples) ser considerada como binomialmente distribuída com um desvio-padrão de:

$$\sigma = \sqrt{p(1-p)} \quad (4.4)$$

Dado um índice de recuperação e um valor total fixos, a perda inesperada decorrente do empréstimo é:

A ABORDAGEM VAR: O CREDITMETRICS DO J.P. MORGAN E OUTROS MODELOS

$$\text{Perda inesperada} = \sqrt{p(1-p)} \times \text{LGD} \times \text{Exposição}$$

$$= \sqrt{(0{,}0018)(0{,}9982)} \times 0{,}4887 \times \$100.000.000 \qquad (4.5)$$

$$= \$2.071.511$$

Para tornar este número comparável ao valor do VAR calculado sob CreditMetrics para a distribuição normal, podemos verificar que a perda de valor de um desvio-padrão (VAR) sobre o empréstimo é de \$2,99 milhões *versus* \$2,07 milhões sob a abordagem DM.[19]

Esta diferença ocorre em parte porque a abordagem MTM permite uma possibilidade de alta além de uma possibilidade de baixa para o valor do empréstimo, e a abordagem DM fixa o valor máximo do empréstimo em seu valor contábil ou de face de \$100 milhões. Portanto, o capital econômico sob a abordagem DM é mais estreitamente relacionado a conceitos contábeis de valor do que aos conceitos de contabilidade de valor de mercado utilizados na abordagem MTM.

Resumo

Neste capítulo, esboçamos a abordagem VAR ao cálculo da exigência de capital para um empréstimo ou bonds. Utilizamos uma aplicação de uso não-restrito da metodologia VAR — CreditMetrics — para ilustrar a abordagem e levantar as questões técnicas envolvidas. Suas características-chave são:

1. envolve uma valoração completa, ou abordagem MTM, na qual tanto a alta quanto a baixa dos valores de empréstimos são consideradas; e
2. o analista pode considerar a distribuição efetiva de valores futuros estimados de um empréstimo no cálculo de uma exigência de capital para um empréstimo. Reveremos a metodologia VAR e o CreditMetrics novamente no Capítulo 10, quando considerarmos o cálculo do VAR e das exigências de capital para uma carteira de empréstimos.

---

[19] Ou, utilizando a comparação do "99º percentil": 2,33 × \$2,99 = \$6,97 milhões *versus* 2,33 × \$2,07 = \$4,82 milhões.

APÊNDICE 4.1

Cálculo da Curva de Rendimento Zero Futura para Valoração de Empréstimos

1. *A Curva de Rendimento Corrente (CYC)*

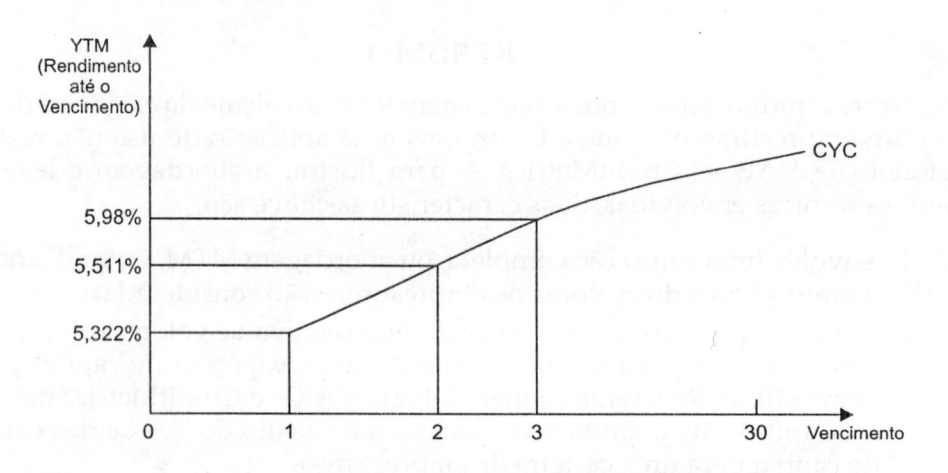

[Gráfico: eixo vertical YTM (Rendimento até o Vencimento), eixo horizontal Vencimento; curva CYC passando por 5,322% em 1, 5,511% em 2, 5,98% em 3, até 30]

A partir da curva de rendimento corrente (CYC) para bonds com cupons, mostrada acima, pode ser derivada uma curva de rendimento zero (ZYC) para bonds de cupom zero, utilizando-se relações de preços "sem arbitragem" entre bonds com cupons e bonds de cupom zero, e resolvendo por substituição sucessiva.

2. *Cálculo da Curva de Rendimento Zero Corrente Sem Arbitragem*

$$\text{Zero de um ano: } 100 = \frac{C+F}{(1+Y_1)} = \frac{C+F}{(1+Z_1)} = \frac{105{,}322}{(1{,}05322)}$$

$$\therefore Z_1 = 5{,}322 \text{ por cento}$$

$$\text{Zero de dois anos: } 100 = \frac{C}{(1+Y_2)} + \frac{F+C}{(1+Y_2)^2} = \frac{C}{(1+Z_1)} + \frac{F+C}{(1+Z_2)^2}$$

$$100 = \frac{5{,}511}{(1{,}05511)} + \frac{105{,}511}{(1{,}05511)^2} = \frac{5{,}511}{(1{,}05322)} + \frac{105{,}511}{(1{,}055162)^2}$$

$\therefore Z_2 = 5{,}5162$ por cento

3. *Comparação entre a Curva de Rendimento Zero (ZYC) e a Curva de Rendimento Corrente (CYC)*

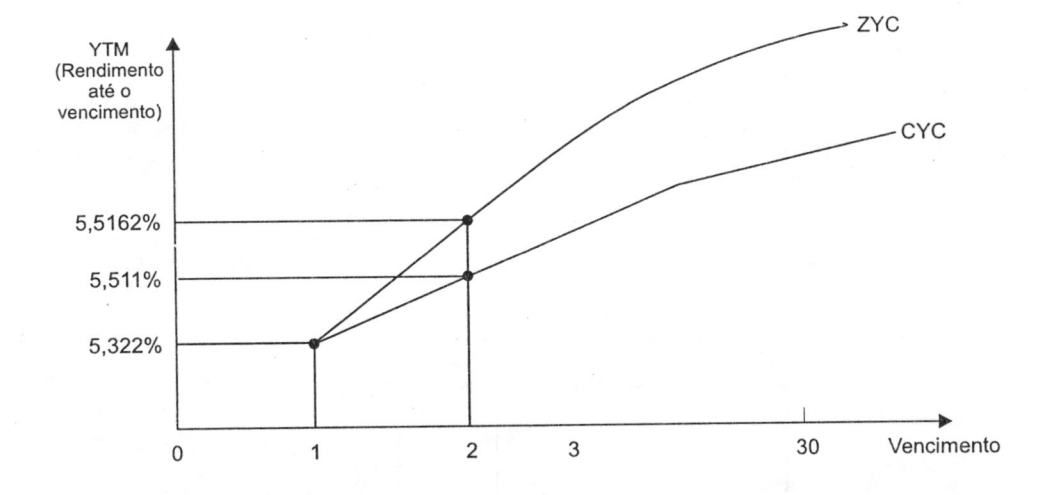

O passo seguinte é derivar as taxas futuras de um ano implícitas pela curva de rendimento zero corrente ($f_1, f_2, \ldots f_n$).

4. *Derivação das Taxas Futuras de Um Ano Utilizando a Taxa de Rendimento Zero Corrente*

$$1 + f_1 = \frac{(1 + Z_2)^2}{(1 + Z_1)}$$

$$1 + f_1 = \frac{(1{,}055162)^2}{(1{,}05322)} = 1{,}0571 \therefore f_1 = 5{,}71 \text{ por cento}$$

$$1 + f_2 = \frac{(1 + Z_3)^3}{(1 + Z_2)^2} \text{ etc.}$$

Podemos então utilizar a teoria das expectativas da curva de rendimentos para derivar o ZYC esperado para o próximo ano, ou a curva de rendimento zero futuro ($Z'_1, Z'_2 \ldots$).

5. *Derivação da Curva Futura de Um Ano para Títulos do Governo (Z'_i) Utilizando a Teoria das Expectativas*

$$(1 + Z'_1) = 1 + f_1$$
$$(1 + Z'_2) = \sqrt{(1+f_1)(1+f_2)}$$
$$\vdots$$
$$(1 + Z'_{29}) = \sqrt[29]{(1+f_1) + \ldots + (1+f_{29})}$$

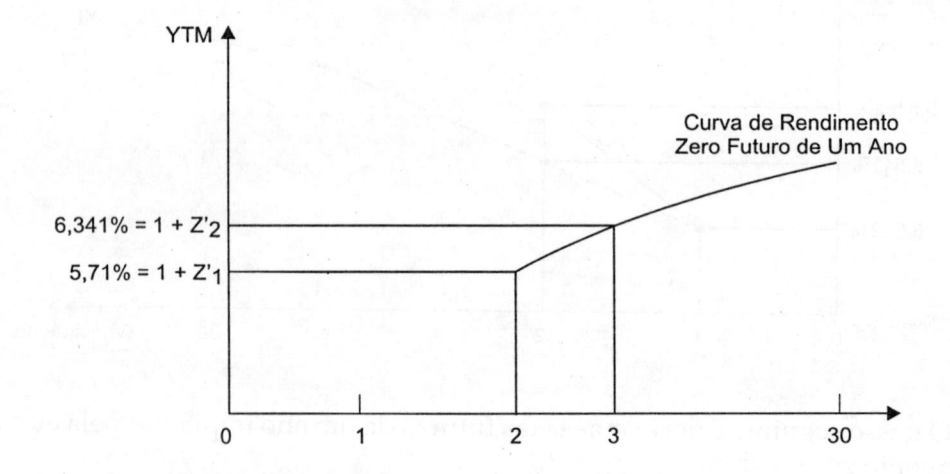

```
YTM ▲
                                    Curva de Rendimento
                                    Zero Futuro de Um Ano
6,341% = 1 + Z'₂
5,71% = 1 + Z'₁

         0      1      2      3              30
```

Para valoração, spreads de crédito fixos (s_i) para cada vencimento são adicionados à curva de rendimento zero futuro.

Capítulo 5

A Abordagem de Simulação Macro: O Modelo McKinsey e Outros Modelos

Introdução

Como discutimos no Capítulo 4, a metodologia atual subjacente aos cálculos de VAR do CreditMetrics supõe que as probabilidades de alteração são estáveis para todos os tipos de tomadores ao longo de todo o ciclo de negócios. A suposição de estabilidade é importante. Uma pesquisa recente dos sistemas internos de classificação de 18 grandes empresas holding de bancos sugeriu que até 60 por cento de suas carteiras de empréstimos em conjunto podem estar abaixo do equivalente à classificação de investimento [Treacy e Carey (1998)], e que os índices de inadimplência de créditos de baixa qualidade (incluindo títulos de alto risco) são altamente sensíveis ao estado do ciclo de negócios. Além disso, há evidências empíricas de que alterações de classificação podem, de modo geral, depender do estado da economia [ver Nickell, Perraudin e Varotto (1998) e Wilson (1997a, 1997b)]. Estas evidências sugerem que a probabilidade de rebaixamentos e inadimplências pode ser significativamente maior em uma queda cíclica do que em uma alta.

Lidando com Fatores Cíclicos

Há pelo menos duas maneiras de se lidar com fatores e efeitos cíclicos:

1. Dividir o período passado de amostras em anos recessivos e anos não-recessivos e calcular duas matrizes de alteração histórica diferentes (uma matriz de recessão e uma matriz de não-recessão) para obter dois cálculos de VAR diferentes.
2. Modelar diretamente o relacionamento entre as probabilidades de alteração e fatores macro e, quando o modelo se encaixar, simular a evolução das probabilidades de alteração ao longo do tempo, gerando macro-"choques" para o modelo.

A segunda abordagem é adotada pelo CreditPortfolioView da McKinsey. Neste capítulo, ilustramos as dinâmicas básicas de um modelo semelhante ao de Wilson (1997a e 1997b), mas em um contexto de um só país.

A ABORDAGEM DA SIMULAÇÃO MACRO

A idéia essencial é representada na matriz de alteração para um dado país, mostrada na Figura 5.1. Observe especialmente a célula da matriz no canto inferior direito (p_{CD}).

Cada célula da matriz de alteração mostra a probabilidade de uma determinada contraparte, classificada em um dado nível ao final do período. Na Figura 5.1, p_{CD} mostra a probabilidade estimada de um tomador com classificação C (um tomador de nível especulativo) inadimplir durante o próximo ano — ou seja, passará de uma classificação C para uma classificação D (inadimplência).

De modo geral, seria de se esperar que esta probabilidade mudasse significantemente durante o ciclo de negócios e fosse mais elevada em recessões do que em expansões. Como as probabilidades em cada linha da matriz de alteração devem somar 1, um aumento em p_{CD} deve ser compensado por uma redução nas demais possibilidades — por exemplo, aquelas que envolvem melhorias de dívidas inicialmente classificadas como C, onde p_{CB} e p_{CA} representam as probabilidades do tomador rating C passar, respectivamente, para uma classificação B e uma classificação A durante o próximo ano. A densidade, ou massa, das probabilidades na matriz de alteração se move cada vez mais em direção sudeste à medida que a recessão continua.[1]

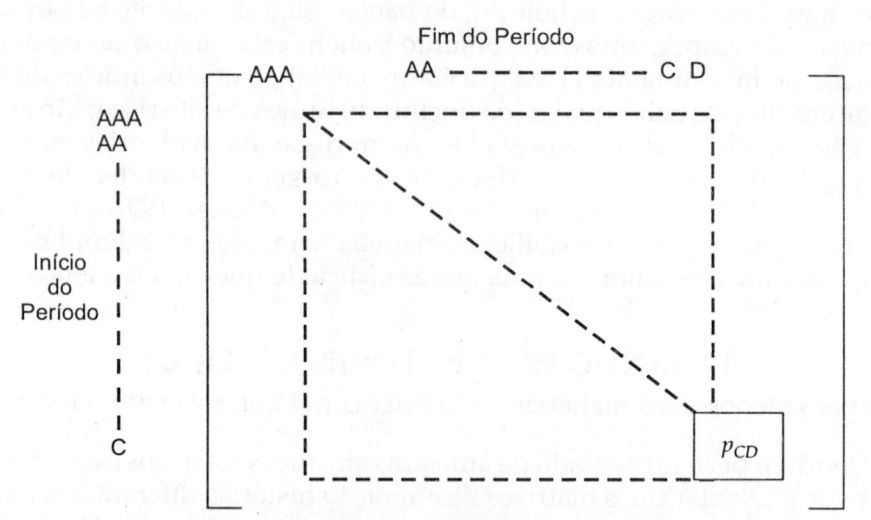

Figura 5.1 Matriz de Alteração Histórica (Não-condicional).

Com isto em mente, deixe que p_{CD} varie no momento t juntamente com um conjunto de fatores macro indexados pela variável y. Por conveniência, os subscritos (C e D) serão eliminados. Entretanto, estamos implicitamente modelando a pro-

---

[1] Na verdade, todas as probabilidades na coluna final da matriz de transição (p_{AAAD}, p_{AAD}, e assim por diante) se moverão ciclicamente e podem ser modeladas de forma semelhante a p_{CD}.

babilidade de que um tomador de rating C irá inadimplir durante o próximo período (digamos, 1 ano). Em termos gerais:[2]

$$p_t = f(y_t) \tag{5.1}$$

onde $f < 0$; ou seja, há uma ligação inversa entre o estado da economia e a probabilidade de inadimplência. O indicador macro variável y_t pode ser considerado como sendo impulsionado por um conjunto de variáveis macroeconômicas i (sistemáticas) no momento t (X_{it}) além de inovações ou choques aleatórios (não-sistemáticos) ao sistema econômico (V_t). De forma geral:

$$y_t = g(X_{it}, V_t) \tag{5.2}$$

onde $i = 1, ..., n$ e $V_t \sim N(0, \sigma)$.

Por sua vez, as variáveis macroeconômicas (X_{it}) como o crescimento do produto interno bruto (PIB), desemprego, e assim por diante, podem elas próprias ser vistas como sendo determinadas pelos seus históricos passados (ex.: crescimento menor do PIB) além de serem sensíveis a choques (ε_{it}).[3] Assim:

$$X_{it} = h(X_{it-1}, X_{it-2}, ... \varepsilon_{it}) \tag{5.3}$$

Diferentes especificações de modelo macro podem ser utilizadas no contexto das equações (5.2) e (5.3) para melhorar o encaixe do modelo, e diferentes modelos podem ser utilizados para explicar alterações para diferentes países e setores.

Substituindo a equação (5.3) na equação (5.2), e a equação (5.2) na equação (5.1), a probabilidade de um empréstimo especulativo (rating C) passar para o rating D no próximo ano será determinada por:

$$p_t = f(X_{it-j}; V_t, \varepsilon_{it}) \tag{5.4}$$

Essencialmente, a equação (5.4) modela as determinantes desta probabilidade de alteração como função de variáveis macro defasadas, um fator de choque econômico geral ou "inovação" (V_t), e fatores de choque ou inovações para cada uma das variáveis macro i (ε_{it}). Como as X_{it-j} são predeterminadas, as variáveis-chave que impulsionam p_t serão as inovações ou os choques V_t e ε_{it}. Utilizando uma abordagem de simulação Monte Carlo estruturada, valores para V_t e ε_{it} podem ser gerados para períodos futuros que ocorrem com a mesma probabilidade que aquela observada

---

[2] Em Wilson, (1997a e 1997b), a equação (5.1) é modelada como função logística da forma $p_t = 1/(1 + e^{-y_t})$. Isto restringe p a ficar entre 0 e 1.

[3] Em Wilson (1997a), as variáveis macro são modeladas como níveis de variáveis (em vez de como mudanças de nível), e as variáveis X_{it} ou estão relacionadas a seus valores defasados por um processo auto-regressivo de segunda ordem.

historicamente.[4] Podemos utilizar os V e ε, simulados juntamente com o modelo macro sob medida, para simular os valores de cenário para p_{CD} nos períodos $t, t + 1, t + 2, ... t + n$, e assim por diante, no futuro.

Suponha que, com base nas condições macro atuais, o valor simulado para p_{CD}, rotulado de p^*, seja 0,35 e que o número da matriz histórica de alteração (não-condicional) seja 0,3 (onde * indica o valor simulado da probabilidade de alteração). Como o valor da alteração (não-condicional) de 0,3 é menor que o valor estimado condicional ao estado macroeconômico (0,35), é provável que subestimemos o VAR de empréstimos e de uma carteira de empréstimos — especialmente em relação ao extremo de baixa qualidade.

Defina a razão (r_t):

$$r_t = \frac{p_t^*}{p_t} = \frac{0,35}{0,3} = 1,16 \qquad (5.5)$$

Com base no modelo simulado macro, a probabilidade de um tomador rating C inadimplir durante o ano seguinte é 16 por cento maior do que implica a média histórica da relação (não-condicional) de alteração. Também podemos calcular este coeficiente para os períodos $t + 1, t + 2$, e assim por diante. Por exemplo, suponha que com base em inovações simuladas e relacionamento de fatores macro, a simulação preveja p^*_{t+1} como sendo de 0,38.

A razão relevante para o próximo ano (r_{t+1}) será, então:

$$r_{t+1} = \frac{p_{t+1}^*}{p_{t+1}} = \frac{0,38}{0,3} = 1,267 \qquad (5.6)$$

Mais uma vez, a matriz de alteração não-condicional subestimará o risco de inadimplência de empréstimos de baixa qualidade neste período.

Estes coeficientes calculados podem ser utilizados para ajustar os elementos nas matrizes de alteração projetadas $t, t + 1, ... t + n$. No CreditPortfolioView da McKinsey, o valor não-condicional de p_{CD} é ajustado pela razão do valor condicional de p_{CD} a seu valor não-condicional. Considere a matriz de alteração para o período t; então $r_t \times 0,3 = 0,35$ (que é o mesmo que p^*t). Assim, substituímos 0,3 por 0,35 na matriz de alteração (M_t), como mostrado na Figura 5.2. Isto também significa que precisamos ajustar todos os demais elementos na matriz de transição (ex.: p_{CA}, p_{CB}, e assim por diante). Uma série de procedimentos pode ser utilizada para isto, incluindo regressões lineares e não-lineares de cada elemento ou célula da matriz de alteração na razão r_t [ver Wilson (1997a e 1997b); lembre-se de que as linhas da

---

[4] Tecnicamente, as variâncias e co-variâncias de V_t e ε_{it} são calculadas a partir do modelo encaixado (a matriz Σ). A matriz Σ é então decomposta utilizando a decomposição de Cholesky $\Sigma = AA'$, onde A e A' são matrizes simétricas e A' é o transposto de A. Choques podem ser simulados multiplicando-se a matriz A' por um gerador de números aleatórios: $Z_t \sim N(0,1)$.

A ABORDAGEM DE SIMULAÇÃO MACRO: O MODELO MCKINSEY E OUTROS MODELOS

matriz de transição devem ter soma um[5]. Para o período seguinte $(t + 1)$, a matriz de alteração teria que ser ajustada de modo similar pela multiplicação do valor não-condicional de p por r_{t+1}, ou $0,3 \times 1,267 = 0,38$. Isto é mostrado na Figura 5.3.

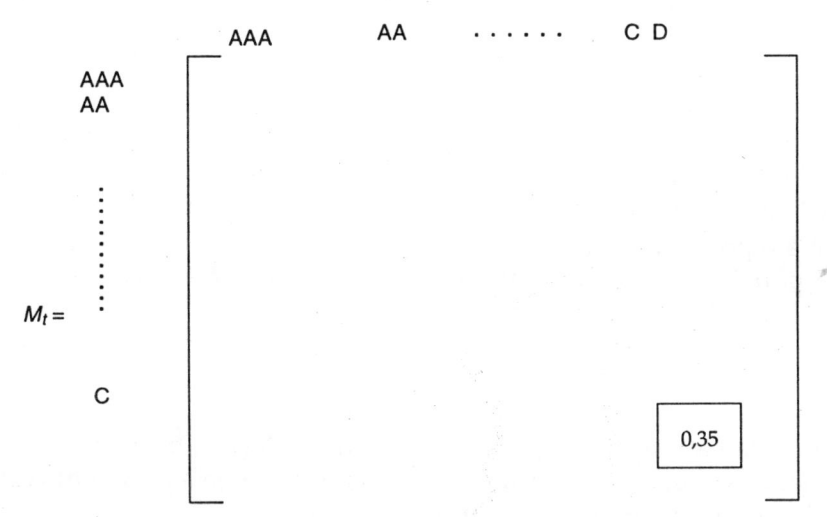

Figura 5.2 Matriz de Alteração Condicional M_t.

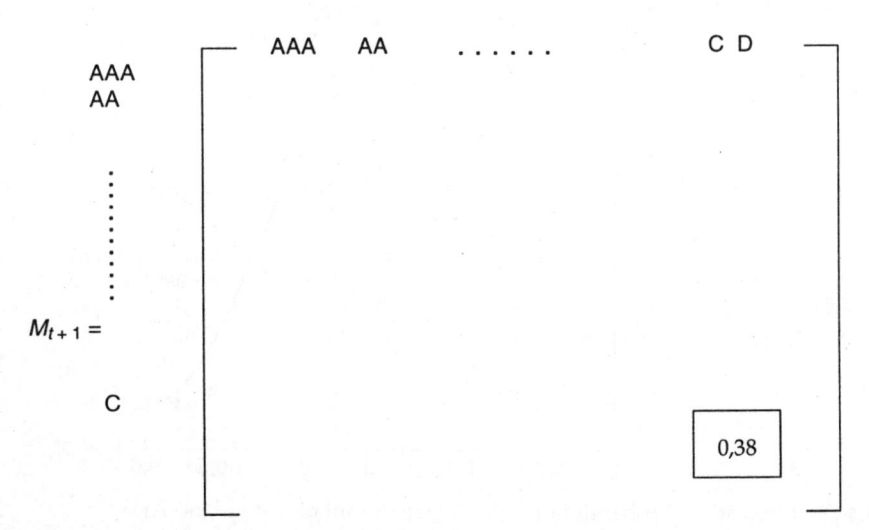

Figura 5.3 Matriz de Alteração Condicional M_{t+1}.

---

[5] O procedimento exato para tal é descrito no *Approach Document* do CreditPortfolioView, pp. 80-94. Basicamente, envolve o uso de um *shift operator* (denominado parâmetro sistemático de sensibilidade a risco), em conjunto com a imposição da restrição de que todos os valores alterados em cada linha da matriz de migração tenham soma um.

Portanto, haveria diferentes matrizes de alteração para cada ano futuro ($t, t + 1$, ... $t + n$), refletindo o efeito simulado dos choques macroeconômicos sobre as probabilidades de alteração. Podemos utilizar este tipo de abordagem, em conjunto com CreditMetrics, para calcular um VAR ciclicamente sensível para um ano, dois anos, ... n anos.[6]

Especificamente, a matriz de alteração simulada M_t substituiria a matriz de alteração não-condicional de base histórica (estável, de Markov) e, dada qualquer classificação corrente para o empréstimo (digamos, C), a distribuição de valores do empréstimo com base nas probabilidades de alteração macro-ajustadas na linha C da matriz M_t poderia ser utilizada para calcular o VAR no final do horizonte de um ano, de forma semelhante àquela utilizada sob CreditMetrics no Capítulo 4.

Também poderíamos calcular estimativas de VAR utilizando horizontes mais longos. Suponha que estejamos interessados em alterações ao longo dos próximos dois anos (t e $t + 1$). Multiplicando as duas matrizes,

$$M_{t, t+1} = M_t \times M_{t+1} \qquad (5.7)$$

produz uma nova matriz, $M_{t,t+1}$. A coluna final desta nova matriz nos dará as probabilidades simuladas (cumulativas) de inadimplência para empréstimos diferentes ao longo dos próximos dois anos.

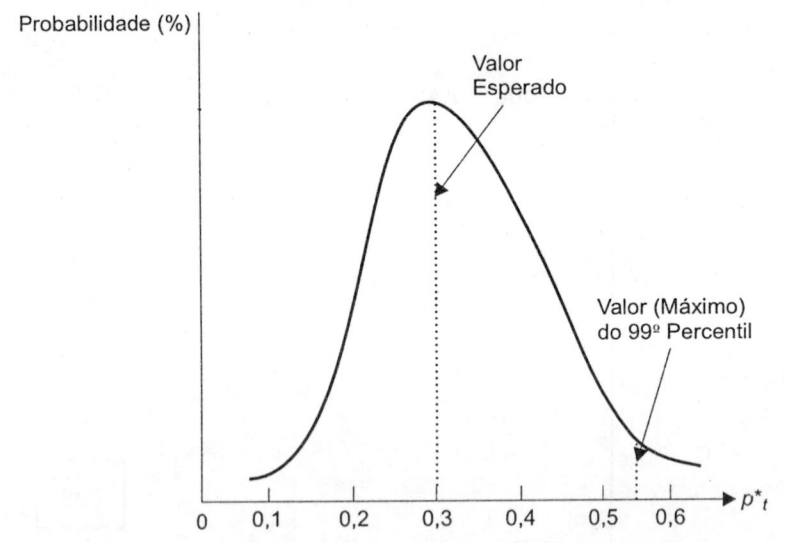

Figura 5.4 Distribuição de Probabilidades de Valores Simulados de p^*_t no Ano t.

---

[6] Alternativamente, utilizando um modelo de inadimplência [e uma configuração inadimplência (p)/não-inadimplência ($1 - p$)], podem ser calculados coeficientes de perdas inesperadas para diferentes estágios do ciclo de negócios.

A ABORDAGEM DE SIMULAÇÃO MACRO: O MODELO MCKINSEY E OUTROS MODELOS

Consideramos apenas uma simulação dos valores p^*_t a partir de um conjunto de choques (V_t, ε_{it}). A repetição do exercício várias vezes (ex.: 10.000 cálculos aleatórios) produziria 10.000 valores de p^*_t e 10.000 matrizes de alteração possíveis.

Considere o ano corrente *(t)*. Podemos plotar valores simulados hipotéticos para p^*_t como mostrado na Figura 5.4. O valor simulado médio de p^*_t é 0,3, mas o valor extremo (99º percentil ou valor da pior hipótese) é 0,55. Ao calcular exigências de capital — ou seja, ao considerar declínios inesperados de valores de empréstimos — este último valor para p^*_t, e a matriz de alteração associada a este valor, poderiam ser considerados mais relevantes.

Resumo

Uma das maneiras de se embutir os efeitos do ciclo de negócios e adotar uma visão futura do VAR é modelar efeitos macro, tanto sistemáticos quanto não-sistemáticos, na probabilidade de inadimplência e alterações de classificação associadas. A abordagem de simulação macro deve ser considerada complementar ao CreditMetrics, superando alguns dos viéses resultantes da suposição de probabilidades de alteração estáticas ou estacionárias de um período para outro.[7]

---

[7] O coeficiente de perdas inesperadas também poderia ser simulado através deste tipo de modelo para uma situação de "dois estados", inadimplência *versus* não-inadimplência, ao invés de se usar um modelo completo de VAR.

CAPÍTULO 6

A Abordagem de Valoração Neutra ao Risco: O Loan Analysis System (LAS) da KPMG e Outros Modelos

INTRODUÇÃO

A utilização de probabilidades neutras ao risco (RN) para valorar ativos de risco tem constado da literatura financeira pelo menos desde a Arrow (1953) e tem sido subseqüentemente desenvolvida por Harrison e Kreps (1979), Harrison e Pliska (1981) e Kreps (1982). Em finanças, tem sido tradicional valorar ativos de risco através do desconto de fluxos de caixa sobre um ativo a uma taxa de desconto ajustada para risco. Para tal, é preciso conhecer uma distribuição de probabilidade para fluxos de caixa e as preferências de risco/retorno de investidores. Estes últimos são de trato especialmente difícil. Suponha, entretanto, que ativos são negociados em um mercado onde *todos* os investidores estão dispostos a aceitar, de qualquer ativo de risco, um retorno esperado igual ao prometido pelo ativo livre de risco. Tal mercado pode ser descrito como tendo um comportamento "neutro ao risco". Em um mercado financeiro onde investidores se comportam de forma livre de risco, os preços de todos os ativos podem ser determinados simplesmente descontando-se os fluxos de caixa futuros esperados do ativo à taxa livre de risco.[1]

A relação de equilíbrio — na qual o retorno esperado sobre um ativo de risco é igual à taxa livre de risco — pode ser utilizada para inferir uma probabilidade RN implícita de inadimplência (também conhecida como medida martingale equivalente). Esta estimativa futura do risco de inadimplência de um título pode ser comparada a medidas históricas de probabilidades de alterações (freqüentemente chamadas de medidas "naturais"). Enquanto um ativo for de risco, a probabilidade

---

[1] Para a determinação de preço de ativos derivados, quando o ativo subjacente é negociado, o preço neutro ao risco é o preço correto, independentemente das preferências dos investidores. Isto porque com um ativo subjacente, o derivativo pode ser objeto de hedging perfeito para criar uma carteira livre de risco. Quando uma carteira é livre de risco, ela tem um retorno esperado igual à taxa livre de risco.

RN futura não será igual à sua medida natural (o valor realizado da probabilidade de alteração).[2]

Neste capítulo, discutiremos duas maneiras de derivar medidas de probabilidades de inadimplência futura com base na abordagem de valoração RN. Depois examinaremos a relação entre a medida de inadimplência RN e sua medida histórica (natural). Por fim, examinaremos o uso potencial do conceito RN na precificação de empréstimos e no cálculo do valor de mercado de um empréstimo (e, potencialmente, seu VAR).

DERIVANDO PROBABILIDADES RN

Esta seção explica, da forma mais simples possível, duas abordagens à derivação de medidas de probabilidade RN.

Derivando Medida RN de Spreads sobre Bonds de Cupom Zero

Uma abordagem à derivação de probabilidades RN de spreads entre bonds de risco (ex.: bonds corporativos) e títulos do Tesouro tem sido utilizada na Goldman Sachs e foi descrita por Litterman e Iben (1989).

Considere as curvas de rendimento dos dois bonds de cupom zero na Figura 6.1. O rendimento desagiado (anualizado) de bonds do Tesouro de cupom zero de um ano é de 10 por cento e o rendimento desagiado (anualizado) de bonds corporativos de cupom zero de classe B é de 15,8 por cento. A metodologia supõe que curvas de rendimento zero ou existem ou podem ser encaixadas.

Como observado acima, em equilíbrio, sob valoração RN, o retorno esperado sobre o bonds de risco deve ser igual ao retorno livre de risco (o retorno sobre o bonds livre de risco do Tesouro) ou

$$p_1(1 + k_1) = 1 + i_1 \tag{6.1}$$

onde p_1 = a probabilidade RN implícita de repagamento no ano 1,

$1 + k_1$ = o retorno prometido sobre o bonds (de risco) corporativo de um ano,

$1 + i_1$ = o retorno livre de risco sobre o bonds do Tesouro de um ano.

Para fins de simplicidade, assumiremos que se o bonds de risco inadimplir, a perda devido à inadimplência (LGD) é = 1 e o detentor do bonds nada recebe.

Da equação (6.1) podemos extrair a probabilidade RN de repagamento implícita (p_1):[3]

---

[2] Para uma excelente discussão da teoria subjacente das probabilidades RN, ver Sundaram (1997).

[3] Alternativamente, a probabilidade de inadimplência pode ser demonstrada em termos de preços de bonds:

$$\text{Probabilidade de inadimplência} = 1 - \frac{\text{Preço do bonds corporativo de cupom zero de um ano}}{\text{Preço do bonds governamental de cupom zero de um ano}} = 1 - \frac{\$86{,}356}{\$90{,}909} = 0{,}05$$

$$p_1 = \frac{1+i_1}{1+k_1} = \frac{1,1}{1,158} = 0,95 \tag{6.2}$$

Assim, a probabilidade RN de inadimplência p^*_1 é:

$$p^*_1 = 1 - p_1 = 1 - 0,95 = 0,05 \tag{6.3}$$

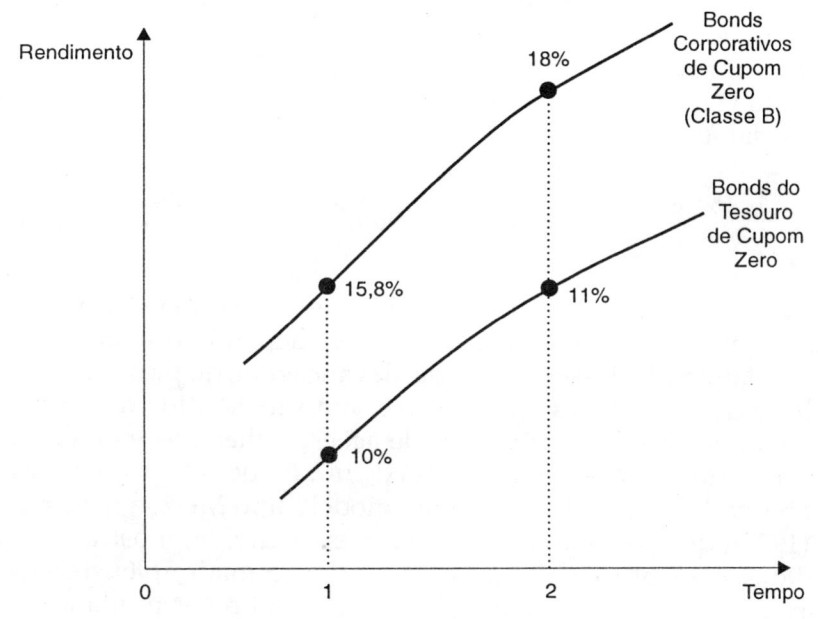

Figura 6.1 A Curva do Bonds do Tesouro de Cupom Zero e a Curva do Bonds Corporativo Classe B.

Também podemos derivar a probabilidade RN de inadimplência no ano 2 ... ano n explorando taxas futuras contidas nas curvas de rendimento zero na Figura 6.1. Por exemplo, p^*_2, a probabilidade de inadimplência no ano 2 (essencialmente, a probabilidade marginal futura de o tomador corporativo classe B inadimplir entre o ano 1 e o ano 2), pode ser derivada em um processo de dois passos. O primeiro passo é derivar as taxas futuras esperadas de um ano sobre títulos corporativos e do Tesouro a partir das curvas de rendimento zero existentes. O segundo passo é extrair a probabilidade RN de inadimplência implícita das taxas futuras. (Ver Apêndice 6.1.) Utilizando esta abordagem, pode-se derivar uma estrutura inteira de probabilidades RN futuras.

Derivando a Medida de Probabilidades RN de Preços de Títulos

Utilizando preços de bonds e spreads de rendimentos, a abordagem anterior extraiu a probabilidade RN de inadimplência prevista para um tomador específico. Isto envolveu enquadrar o tomador em um determinado nível de classificação (e, portanto, uma curva equivalente de rendimentos para aquele nível de rating) e utilizou relações entre preços e rendimentos de bonds de cupom zero para endividamento de risco *versus* dívida livre de risco. Uma abordagem alternativa, descrita por Delianedis e Geske (1998), é a de explorar os tipos de modelos de precificação de opções discutidos no Capítulo 3, juntamente com preços de ações e a volatilidade dos preços de ações.

Uma previsão de probabilidade RN para um tomador específico também pode ser extraída de um modelo de precificação de opções (OPM). De fato, em um modelo do tipo Merton, no qual capital é visto como uma opção de compra sobre o valor dos ativos da empresa, a probabilidade de que o valor dos ativos de uma empresa no momento do vencimento da dívida (ou seja, $T = 1$) seja maior do que o valor de face do endividamento da empresa é $N_1(k)$. A probabilidade RN de inadimplência é então:

$$p^*_1 = 1 - (N_1(k)) \tag{6.4}$$

Como mostrado no Apêndice 6.2, $N_1(k)$ é a área sob distribuição normal relacionada a uma variável k, que, por sua vez, depende do valor dos ativos da empresa, da volatilidade desses ativos, da alavancagem, do prazo até o vencimento e da taxa livre de risco. Estes valores precisam ser iterados de preços de ações observáveis e da volatilidade de preços de ações. Delianedis e Geske (1998) utilizando (1) as probabilidades RN derivadas de um modelo Merton padrão (1974), e (2) as probabilidades RN derivadas de um modelo tipo Merton mais rico [baseado em Geske (1977)] que permite múltiplas classes de dívida, mostram a capacidade destas medidas para prever alterações de rating e inadimplências efetivas. Em outras palavras, a medida RN tem o potencial para prever mudanças na medida natural.[4]

A Relação Entre a Medida RN e a Medida Natural da Probabilidade de Inadimplência

Esta relação tem sido examinada por Ginzberg, Maloney e Wilner (1994), Belkin et al. da KPMG (1998a-d) e Crouhy e Mark (1998), entre outros.

Em conformidade com Ginzberg et al. (1994) e Belkin et al. (1998a-d), a relação entre a medida RN e a medida natural da probabilidade de inadimplência pode ser vista melhor em termos de prêmio de risco. Ou seja, o spread (ϕ) entre os retornos sobre um ativo de um ano livre de risco e de um ativo de risco de um ano (como um bonds corporativo) refletirá a probabilidade RN de inadimplência (p^*_1) e alguma perda decorrente de inadimplência (LGD):

$$\phi_1 = p^*_1 \times \text{LGD} \tag{6.5}$$

---

[4] O modelo Merton (1974) supõe que todo endividamento de longo prazo possui igual senioridade e não possui garantias reais.

A ABORDAGEM DE VALORAÇÃO NEUTRA AO RISCO...

Alternativamente, podemos considerar o spread como compensação para investidores tanto por uma perda esperada (ε_1) quanto por uma perda inesperada (u_1) decorrentes do bonds de risco:

$$\phi_1 = \varepsilon_1 + u_1 \tag{6.6}$$

A perda esperada (ε_1) pode, por sua vez, ser estabelecida como igual à probabilidade média ou natural de inadimplência por parte deste tipo de tomador, multiplicando-se a probabilidade histórica de alteração (t_1) pelo LGD:[5]

$$\varepsilon_1 = t_1 \times \text{LGD} \tag{6.7}$$

O componente de perda inesperada (u_1) pode ser considerado como sendo igual à probabilidade inesperada de inadimplência multiplicada pelo LGD.[6]

Substituindo a equação (6.7) na equação (6.6) e incorporando a equação (6.5), temos:

$$p^*_1 \times \text{LGD} = (t_1 \times \text{LGD}) + u_1 \tag{6.8}$$

Assim, dado algum LGD fixo, a diferença entre p^*_1 (a probabilidade RN de inadimplência) e t_1 (a probabilidade natural de inadimplência) é um prêmio de risco que reflete a probabilidade de inadimplência inesperada.

Por exemplo, se $\phi_1 = 1$ por cento, LGD = 40 por cento e $t_1 = 1$ por cento, então:

$$\begin{aligned}\phi_1 &= p^*_1 \times \text{LGD} = (t_1 \times \text{LGD}) + u_1 \\ \phi_1 &= p^*_1 \times 0{,}4 = (0{,}01 \times 0{,}4) + u_1 = 0{,}01\end{aligned} \tag{6.9}$$

Podemos então resolver para os valores tanto de p^*_1 (a probabilidade RN) quanto de u_1 (o prêmio para perdas inesperadas).

Da equação (6.9), a probabilidade RN de inadimplência $p^*_1 = 2{,}5$ por cento [que é maior do que a probabilidade natural (histórica) de inadimplência de $t_1 = 1$ por cento] e o prêmio de perdas inesperadas ou de risco são de 0,6 por cento.

Ginzberg et al. (1994) oferecem alguns cálculos que mostram como spreads de créditos efetivos nos EUA podem ser decompostos em um componente de perda esperada e um de prêmio de risco. Por exemplo, um spread médio (par) de 20,01 pontos-base sobre títulos corporativos AAA acima de títulos do Tesouro de um ano pode ser decomposto em um componente de perda esperada ($t_1 \times \text{LGD}$) de 0,01

---

[5] Por exemplo, a probabilidade histórica de um tomador de classe B inadimplir durante o próximo ano.
[6] Diferentemente do CreditMetrics, onde o VAR (ou perda inesperada de valor) é específica para cada empréstimo, estas perdas inesperadas são específicas para níveis de classificação. Além disso, CreditMetrics admite efeitos de reclassificação positiva e negativa sobre valores de empréstimos, enquanto o modelo RN simples supõe ou inadimplência ou não-inadimplência.

ponto-base e em um prêmio de risco (u_1) de 20 pontos-base. Um spread de 1.188,97 pontos-base sobre bonds CCC de um ano acima de títulos do Tesouro pode ser decomposto em um componente de perda esperada de 918,97 pontos-base e um componente de perda inesperada de 270 pontos-base.

PROBABILIDADES NEUTRAS DE RISCO E VALORAÇÃO

Probabilidades neutras de risco (RN) têm um considerável valor potencial para um banqueiro que deve tomar decisões de precificação e realizar valorações "de mercado" de empréstimos. Por exemplo, probabilidades RN podem ser utilizadas na determinação do spread ou prêmio de risco exigido sobre um empréstimo. De acordo com Ginzberg et al. (1994), suponha que um banqueiro deseje encontrar o spread fixo *(s)* de um empréstimo de um ano que renda $1 de NPV esperado sobre cada $1 emprestado. (O empréstimo seria um "projeto" de *break-even* no sentido de NPV.) O banqueiro sabe que:

r = taxa livre de risco de um ano = 4 por cento;
p^*_1 = probabilidade RN de inadimplência = 6,5 por cento;
LGD = 33,434 por cento.

Para resolver para *(s)*:

$$E(\text{NPV}) = \frac{[(1 - p^*_1)(1 + r + s)] + p^*_1(1 - LGD)}{1 + r} = 1$$

$$= \frac{[(0,935)(1,04 + s)] + 0,065(0,66566)}{1,04}$$

(6.10)

O valor de *s* — o spread do empréstimo — que resolve a equação (6.10) é de 2,602 por cento.

Há, entretanto, um grande problema em estender este tipo de análise para além do horizonte de um ano. O cenário inadimplência ou não-inadimplência, no qual as probabilidades RN são derivadas, se encaixa no caso de empréstimo de um ano mas não no caso de empréstimo multianual. Para empréstimos multianuais, existe um conjunto mais rico de probabilidades. Estas incluem a migração da classificação do tomador para cima e para baixo, que poderão disparar alguma "grade" de reprecificação de empréstimos que, por sua vez, poderá afetar o valor do empréstimo e a opção do tomador de antecipar o repagamento de um empréstimo.

Ginzberg et al. (1994) e o Sistema de Análise de Empréstimos da KPMG (LAS; 1998) procuraram estender a estrutura de valoração na equação (6.10) a empréstimos multiperíodo com uma variedade de opções — por exemplo, a reprecificação de spreads de empréstimos (à medida que ocorrerem transições de não-inadimplência na qualidade do crédito) — e embutir taxas de penalidade para tomadores que repagam antecipadamente.

A Figura 6.2, da KPMG (1996), mostra, de forma simplificada, as alterações potenciais do rating de crédito de um tomador de classe B ao longo de um período de empréstimo de quatro anos. Pessoas familiarizadas com modelos de valoração de bonds, especialmente diagramas de treliça ou "árvores" para a valoração de bonds, reconhecerão a similaridade imediatamente. Dadas as probabilidades de alteração, o tomador classe B original pode migrar para cima ou para baixo ao longo da vida do empréstimo, para diferentes nós (ratings), e poderá inclusive migrar para D ou inadimplência (um estado absorvente[7]). Juntamente com essas migrações, pode-se embutir uma grade de precificação que reflita a política corrente do banco para repricificação de spreads para tomadores de qualidade diferente (ou, alternativamente, uma grade que reflita aquilo que o "mercado" está cobrando). Potencialmente, ao menos, esta metodologia pode dizer ao banco se tem uma grade de repricificação "boa" ou "ruim", em um sentido de valor presente líquido (NPV) (basicamente, se $E(NPV) >$ ou < 1). Ao valorar um empréstimo nesta estrutura, a valoração ocorre de modo repetitivo (da direita para a esquerda na Figura 6.2), assim como ocorre ao valorar bonds em modelos binomiais ou multinomiais. Por exemplo, se o $E(NPV)$ do empréstimo em seu ano final for demasiadamente "alto", e dada alguma multa por pagamento antecipado, o modelo poderá permitir o pagamento antecipado do empréstimo no final do período 3. Trabalhando para trás através da árvore, da direita para a esquerda, o $E(NPV)$ total do empréstimo de quatro anos pode ser determinado. Além disso, o analista pode fazer diferentes suposições sobre spreads (a grade de precificação) em ratings e multas por pagamento antecipado diferentes para determinar o valor do empréstimo. Diz-se que outros aspectos da estrutura de um empréstimo, como *caps*, cronogramas de amortização, e assim por diante, podem ser embutidos e um VAR também pode ser calculado.[8] O Apêndice 6.3 oferece um exemplo simples de valoração de empréstimos utilizando uma estrutura simplificada de modo de inadimplência (DM). Conforme Ginzberg et al. (1994), pode-se argumentar que esta estrutura estendida de valoração RN é válida desde que uma carteira replicante[9] (sem arbitragem) de ativos subjacentes esteja disponível. Entretanto não fica claro como tal carteira replicante poderia ser estabelecida na realidade, onde a maioria dos empréstimos não é negociada em mercados ativos.

Resumo

A estrutura de valoração RN oferece ferramentas valiosas tanto para a previsão de inadimplência quanto para a valoração de empréstimos. Comparado a pro-

---

[7] N.R. "É um estado, em um processo estocástico, que, uma vez atingido, não pode ser descontinuado."
[8] Como mostraram Belkin, Suchower e Forest (1998c), o modelo LAS também pode ser utilizado para calcular números de VAR. Por exemplo, um número simples de VAR poderia ser calculado utilizando-se LAS para valorar o empréstimo no horizonte de um ano (evento de crédito). Alternativamente, a volatilidade do spread do modelo pode ser introduzida permitindo-se que as próprias alterações sejam variáveis (a KPMG denomina isto de risco "Z").
[9] N.R. Replicante, trata-se de um conceito científico, especialmente em genética, ligado à execução de uma experiência ou de partes dela repetidamente, sempre incluindo a primeira delas.

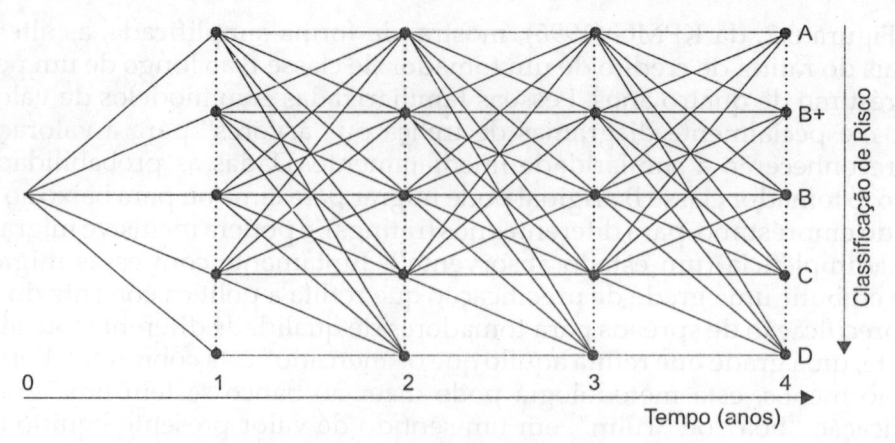

Fonte: S.D. Aguais, L. Forest, S. Krishnamoorthy e T. Mueller, "Incorporating New Fixed Income Approaches into Commercial Loan Valuation", Journal of Lending and Credit Risk Management, fevereiro de 1996, pp. 50-65.

Figura 6.2 Empréstimo Multiperíodo Migra ao Longo de Muitos Períodos.

babilidades de alteração históricas (baseadas em dados), o modelo RN oferece uma previsão de inadimplência futura. A previsão RN geralmente excederá a previsão de alteração baseada em histórico ao longo de algum horizonte porque, conceitualmente, contém um prêmio de risco que reflete a probabilidade de inadimplência inesperada. Além disso, a estrutura RN considera apenas dois estados de "crédito": inadimplência e não-inadimplência.

Recentemente, a KPMG (1998) sugeriu uma estrutura de valoração potencialmente consistente com o modelo RN sob condições sem arbitragem. Ao longo de sua vida, um empréstimo pode migrar para estados outros que não os de inadimplência/não-inadimplência. O modelo de valoração é semelhante em espírito a um modelo de árvore multinomial para valoração de bonds, exceto que as probabilidades de transição substituem as probabilidades de flutuação das taxas de juros. Este modelo possui alguma flexibilidade: spreads de crédito podem variar, multas podem ser cobradas para pagamentos antecipados e outras condições especiais podem ser embutidas no processo de valoração. A questão surge em relação à ligação entre o modelo e a existência de uma carteira subjacente de ativos replicantes. Em especial, os detalhes exatos da construção de uma carteira replicante sem arbitragem para um empréstimo multiperíodo não-negociável não ficam claros.

APÊNDICE 6.1

Derivando Probabilidades RN para Ano 2 ... Ano N

Suponha que a teoria das expectativas de taxas de juros seja verdadeira, de forma que, para títulos do Tesouro:

$$(1 + i_2)^2 = (1 + i_1)(1 + f_1)$$

Considerados os dados na Figura 6.1:

$$1 + f_1 = \frac{(1 + i_2)^2}{(1 + i_1)} = \frac{(1,11)^2}{(1,10)} = 1,12$$

ou f_1 = a taxa futura de um ano esperada para títulos do Tesouro = 12 por cento.

De forma semelhante, para bonds corporativos:

$$1 + c_1 = \frac{(1 + k_2)^2}{(1 + k_1)} = \frac{(1,18)^2}{(1,158)} = 1,202$$

ou c_1 = a taxa futura de um ano esperada para bonds corporativos de classe B = 20,2 por cento.

Em equilíbrio, o retorno (futuro) esperado sobre o bonds de risco deve ser igual ao retorno (esperado) livre de risco:

$$p_2(1 + c_1) = (1 + f_1)$$

Assim:

$$p_2 = \frac{1 + f_1}{1 + c_1} = \frac{1,12}{1,202} = 0,9318$$

Conseqüentemente, a probabilidade RN de inadimplência no ano 2 é:

$$p^*_2 = 1 - p_2 = 0{,}0682$$

$$\text{ou } p^*_2 = 6{,}82 \text{ por cento}$$

Podemos seguir a mesma metodologia para derivar p^*_3, p^*_4, e assim por diante.

APÊNDICE 6.2

Derivando Probabilidades RN de Valores do Próprio

A forma explícita do modelo de opção de compra BSM para valoração do capital próprio de uma empresa é:

$$E = AN_1\left(k + \sigma_A\sqrt{T-t}\right) - Be^{-r(T-t)}N_1(k)$$

onde E = valor corrente de mercado do capital próprio,
 A = valor corrente de mercado dos ativos da empresa,
 $N(\cdot)$ = função de distribuição normal cumulativa,
 σ_A = a variância dos ativos da empresa,
 T = data de vencimento da dívida,
 t = momento atual,
 B = valor de face da dívida,
 r = taxa livre de risco.

$$k = \frac{\ln(A/B) + (r - \sigma_A^2/2)(T-t)}{\sigma_A\sqrt{T-t}}$$

onde: $p^*_i = 1 - N_i(k)$

e p^*_i = probabilidade neutra de risco de inadimplência.

APÊNDICE 6.3

Valoração de um Empréstimo Utilizando uma Abordagem do Tipo E(NPV)

Este é um exemplo simplificado de uma abordagem do tipo $E(NPV)$ à valoração de empréstimos em uma estrutura de modo de inadimplência (DM). Supondo:

1. Um empréstimo de quatro anos, com valor de face de $100 milhões.
2. Cupom de taxa fixa (15 por cento) sobre o empréstimo.
3. Taxa livre de risco em cada período: $r_i = 4$ por cento (portanto, o spread de crédito neste empréstimo é de 11 por cento).
4. LGD = 1 (sem recuperação no caso de inadimplência).
5. Probabilidade neutra de risco de inadimplência (RN) por período $p^*_i = 0,1$ (portanto, a probabilidade RN de repagamento é de 0,9).

Dadas estas suposições (mostradas na Figura 6.3A), o valor do empréstimo em cada ano será:

$$E(NPV_4) = \frac{(0,9)^4 \times \$115}{(1,04)^4} = \$64,49 \text{ milhões}$$

$$E(NPV_3) = \frac{(0,9)^3 \times \$15}{(1,04)^3} = \$9,72$$

$$E(NPV_2) = \frac{(0,9)^2 \times \$15}{(1,04)^2} = \$11,23$$

$$E(NPV_1) = \frac{(0,9) \times \$15}{(1,04)} = \$12,98$$

Total $E(NPV) = \$98,42$ milhões

Este empréstimo é marginalmente não-lucrativo da perspectiva NPV; o $E(NPV)$ por dólar é de $0,9842, que é menos que $1. Isto sugere que a lucratividade deste tipo de empréstimo no futuro seria intensificada ou através de (1) cobrança de taxa ou comissão de abertura de crédito na originação do empréstimo (ex.: uma taxa pagável antecipadamente de 2 por cento do valor de face, ou $2 milhões) e/ou (2) aumento do spread de crédito (ex.: para 12 por cento, ou uma taxa de cupom de 16 por cento ao ano). Se as comissões e taxas do empréstimo forem determinadas em um nível demasiadamente elevado, tornando o NPV muito lucrativo para o banco, nos anos 2 e 3, o tomador poderá desejar pagar o empréstimo antecipadamente. O banco então poderia se proteger através da imposição de uma penalidade por repagamento antecipado por parte do tomador.

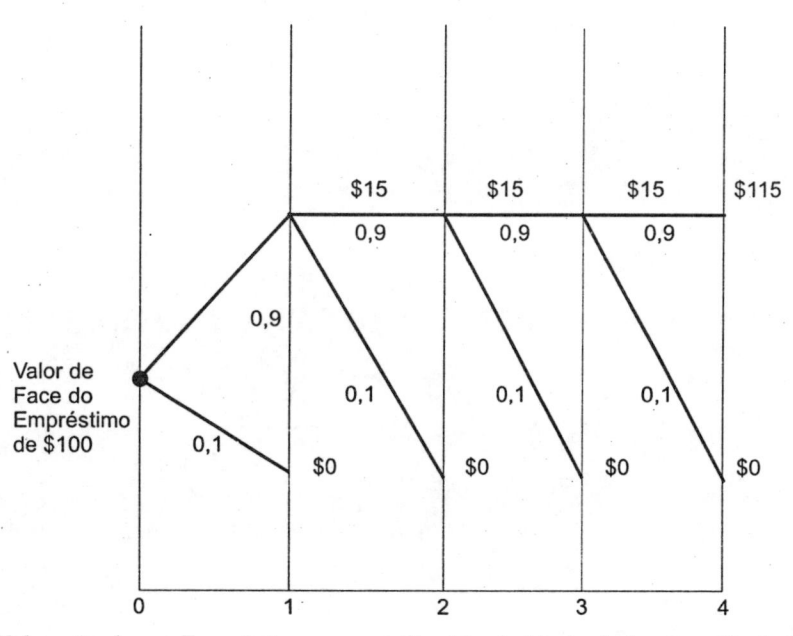

Figura 6.3A Valoração de um Empréstimo em um Cenário de Modo de Inadimplência (DM).

CAPÍTULO 7

A Abordagem de Seguros: Modelos de Mortalidade e o Modelo Credit Risk Plus da CSFP

INTRODUÇÃO

Surpreendentemente, é apenas recentemente que idéias da área de seguros vêm sendo incorporadas às novas ferramentas de medição e gestão de risco de crédito. Neste capítulo, examinaremos duas aplicações de idéias da área de seguros — uma advinda do ramo de seguros de vida, e outra dos ramos elementares. Especificamente, Altman (1989) e outros desenvolveram tabelas de mortalidade para empréstimos e bonds utilizando idéias (e modelos) semelhantes às aplicadas por atuários de seguradoras quando determinam prêmios para apólices de seguros de vida. A Crédit Suisse Financial Products (CSFP) desenvolveu um modelo semelhante ao que poderia ser utilizado por uma seguradora de ramos elementares vendendo seguro contra incêndio residencial ao avaliar o risco de perda na determinação de prêmios.

Primeiramente examinaremos o modelo de mortalidade e depois o modelo Credit Risk Plus da CSFP.

ANÁLISE DE MORTALIDADE

A idéia é muito simples, com base em uma carteira de empréstimos ou bonds e sua experiência histórica de inadimplência, desenvolver uma tabela que possa ser utilizada de forma previsora para índices de mortalidade de um ano, ou marginais (MMR) e para índices de mortalidade multianuais, cumulativos (CMR). A combinação de tais cálculos com LGDs pode produzir estimativas de perdas esperadas.[1]

---

[1] Combinando a volatilidade de MMRs anuais com LGDs pode-se produzir cálculos de perdas inesperadas também [ver Altman e Saunders (1997)].

Para calcular, digamos, os MMRs de bonds de classe B (empréstimos) inadimplindo em cada ano de suas "vidas", o analista escolherá uma amostra de anos — digamos, de 1971 a 1998 — e, para cada ano, examinará:

$$MMR_1 = \frac{\text{Valor total de bonds de classe B inadimplindo no ano 1 de emissão}}{\text{Valor total de bonds de classe B em circulação no ano 1 de emissão}} \quad (7.1)$$

$$MMR_2 = \frac{\text{Valor total de bonds de classe B inadimplindo no ano 2 de emissão}}{\text{Valor total de bonds de classe B em circulação no ano 2 de emissão (ajustado para inadimplências, resgates, resgates de fundo de amortização e vencimentos no ano anterior}} \quad (7.2)$$

e assim por diante para $MMR_3, ... MMR_n$.

Quando um ano individual MMR_i tiver sido calculado, o analista calcula uma média ponderada, que se torna o número registrado na tabela de mortalidade. Os pesos atribuídos devem refletir os tamanhos relativos das emissões em anos diferentes, assim criando um viés nos resultados em direção aos anos de emissões maiores. O MMR médio no ano 1 para uma classificação específica ($\overline{MMR}_1$) seria calculado como:

$$\overline{MMR}_1 = \sum_{i=1971}^{1998} MMR_{1i} \times w_i \quad (7.3)$$

$$\sum w_i = 1$$

Para calcular uma taxa de mortalidade cumulativa (CMR) — a probabilidade de que um empréstimo ou um bonds inadimplirá ao longo de um período maior que um ano (digamos, 2 anos) — primeiro é necessário especificar a relação entre MMRs e índices de sobrevivência (SRs):

$$MMR_i = 1 - SR_i$$

$$(7.4)$$

ou

$$SR_i = 1 - MMR_i$$

Conseqüentemente,

$$CMR_N = 1 - \prod_{i=1}^{N} SR_i \quad (7.5)$$

Onde Π é a soma geométrica ou produto, $SR_1 \times SR_2 \times ... SR_N$, e N denota o número de anos ao longo dos quais o índice cumulativo de mortalidade é calculado.

TABELAS DE MORTALIDADE

A Tabela 7.1 mostra índices marginais e cumulativos de mortalidade para empréstimos sindicalizado, ao longo de um horizonte de cinco anos, como calculados por Altman e Suggitt (1997). A tabela possui uma característica interessante: para as classes mais elevadas, os índices de mortalidade são bastante semelhantes, mas tal não é o caso para as classes de pior qualidade. Por exemplo, os empréstimos de qualidade inferior têm MMR_i muito mais elevados durante os primeiros três anos do que os bonds de igual classificação. A pergunta-chave é: Isto é economicamente significativo? Em outras palavras, este resultado implica que empréstimos e bonds de alta rentabilidade têm características de inadimplência substancialmente diferentes, ou poderia se tratar de um resultado estatístico decorrente do tamanho relativamente pequeno da amostra? Em especial, embora isto não seja mostrado, cada uma das estimativas de MMR tem um erro-padrão e um intervalo de confiança implícitos. Além disso, pode ser demonstrado que à medida que o número de bonds e empréstimos na amostra aumenta (ou seja, à medida que N aumenta), o erro-padrão de um índice de mortalidade cairá (ou seja, o grau de confiança que temos na utilização da estimativa de MMR para prever perdas esperadas "fora de amostra" aumenta). Porque, em qualquer período, um empréstimo ou um bonds ou morre ou sobrevive,[2] o erro-padrão (σ) de um MMR é:

$$\sigma = \sqrt{MMR_i(1 - MMR_1)/N} \qquad (7.6)$$

e, rearranjando:

$$N = \frac{MMR_i(1 - MMR_i)}{\sigma^2} \qquad (7.7)$$

Como pode ser observado das equações (7.6) e (7.7), há uma relação inversa entre N (tamanho da amostra) e o σ (erro-padrão) de uma estimativa de índice de mortalidade.

Suponha que $MMR_1 = 0,01$ seja uma estimativa de índice de mortalidade e que desejamos aplicar princípios atuariais extremos de confiança na estabilidade da estimativa para fins de precificação e previsão fora de amostra. Princípios atuariais extremos podem exigir que σ seja um décimo da estimativa de índice de mortalidade (ou $\sigma = 0,001$). Inserindo o valor na equação (7.7), temos:

$$N = \frac{(0,01)(0,99)}{(0,001)^2} = 9.900$$

Isto sugere que precisaríamos de 10.000 observações de empréstimos por classe de classificação para alcançarmos este tipo de confiança na estimativa. Com dez níveis de classificação (como na maioria dos sistemas de ratings utilizados por bancos),

---

[2] Ou seja, um índice de mortalidade é binomialmente distribuído [ver McAllister e Mingo (1994) para uma discussão adicional.]

Tabela 7.1 Comparativo de Índices de Mortalidade de Empréstimos Bancários Sindicalizados *versus* Bonds Corporativos, com Base nos Valores do Principal das Emissões Originais (1991-1996)

		Anos após Emissão									
		1 Ano		2 Anos		3 Anos		4 Anos		5 Anos	
		Banco	Bonds	Banco	Bonds	Banco	Bonds	Banco	Bonds	Banco	Bonds
AAA	Marginal	0,00%	0,00%	0,00%	0,00%	0,00%	0,00%	0,00%	0,00%	0,00%	0,00%
	Cumulativo	0,00%	0,00%	0,00%	0,00%	0,00%	0,00%	0,00%	0,00%	0,00%	0,00%
Aa	Marginal	0,00%	0,00%	0,00%	0,00%	0,00%	0,00%	0,00%	0,00%	0,00%	0,00%
	Cumulativo	0,00%	0,00%	0,00%	0,00%	0,00%	0,00%	0,00%	0,00%	0,00%	0,00%
A	Marginal	0,00%	0,00%	0,12%	0,00%	0,00%	0,00%	0,00%	0,00%	0,00%	0,05%
	Cumulativo	0,00%	0,00%	0,12%	0,00%	0,12%	0,00%	0,12%	0,00%	0,12%	0,05%
Baa	Marginal	0,04%	0,00%	0,00%	0,00%	0,00%	0,00%	0,00%	0,54%	0,00%	0,00%
	Cumulativo	0,04%	0,00%	0,04%	0,00%	0,04%	0,00%	0,04%	0,54%	0,04%	0,54%
Ba	Marginal	0,17%	0,00%	0,60%	0,38%	0,60%	2,30%	0,97%	1,80%	4,89%	0,00%
	Cumulativo	0,17%	0,00%	0,77%	0,38%	1,36%	2,67%	2,32%	4,42%	7,10%	4,42%
B	Marginal	2,30%	0,81%	1,86%	1,97%	2,59%	4,99%	1,79%	1,76%	1,86%	0,00%
	Cumulativo	2,30%	0,81%	4,11%	2,76%	6,60%	7,61%	8,27%	9,24%	9,97%	9,24%
Caa	Marginal	15,24%	2,65%	7,44%	3,09%	13,03%	4,55%	0,00%	21,72%	0,00%	0,00%
	Cumulativo	15,24%	2,65%	21,55%	5,66%	31,77%	9,95%	31,77%	29,51%	31,77%	29,51%

Fonte: E.I. Altman e H.J. Suggitt, "Default Rates in the Syndicated Loan Market: A Mortality Analysis", Working Paper S-97-39, NYU Salomon Center, dezembro de 1997.

teríamos que analisar uma carteira de cerca de 100.000 empréstimos. No que diz respeito a empréstimos comerciais, pouquíssimos bancos desenvolveram sistemas de informações deste tipo. Para alcançar o grande porte exigido, poderá ser necessário um esforço cooperativo entre os próprios bancos. O resultado final de um tal esforço cooperativo poderia ser uma Tabela Nacional de Mortalidade de Empréstimos que poderia ser tão útil no estabelecimento de reservas para perdas decorrentes de empréstimos dos bancos (com base em perdas esperadas) quanto são as tabelas nacionais de mortalidade de vida na precificação de seguros de vida.[3]

CREDIT RISK PLUS DA CSFP

O modelo desenvolvido pela CSFP está em contraste direto com o CreditMetrics em seus objetivos e seus fundamentos teóricos. CreditMetrics busca estimar o VAR pleno de um empréstimo ou de uma carteira de empréstimos através das melhores ou piores classificações e os efeitos associados de mudanças de spreads na taxa de desconto como parte da exposição de VAR de um empréstimo. Credit Risk Plus considera o risco de spread como parte do risco de mercado em vez de como parte do risco de crédito. Como resultado, em qualquer período, são consideradas apenas duas situações — inadimplência e não-inadimplência — e o foco recai sobre a medição de perdas esperadas e inesperadas de valor (ou VAR) como sob CreditMetrics. Portanto, CreditMetrics é um modelo de reajuste pelo preço de mercado (MTM); Credit Risk Plus é um modelo de modo de inadimplência (DM).

A segunda grande diferença é que, em CreditMetrics, a probabilidade de inadimplência em qualquer ano é distinta (como são as probabilidades de melhoria/redução de classificação). Em Credit Risk Plus, a inadimplência é modelada como variável contínua com uma distribuição de probabilidade. Uma analogia com o seguro de incêndio residencial é relevante. Quando toda uma carteira de residências é segurada, há uma pequena probabilidade de que cada casa se incendeie, e (de modo geral) a probabilidade de que cada casa se incendeie pode ser vista como um evento independente. De forma semelhante, muitos tipos de empréstimos, como hipotecas e pequenos empréstimos comerciais, podem ser considerados da mesma forma, no que diz respeito a seus riscos de inadimplência. Assim, sob Credit Risk Plus, cada empréstimo individual é considerado como tendo uma pequena probabilidade de inadimplência, e a probabilidade de inadimplência de cada empréstimo independe da inadimplência de outros empréstimos.[4] Esta suposição faz com que a distribuição das probabilidades de inadimplência de uma carteira de empréstimos se pareça com uma distribuição de Poisson. A diferença nas suposições

---

[3] Na maior parte dos estudos publicados até hoje, tabelas de mortalidade têm sido baseadas em amostras totais de cerca de 4.000 bonds e empréstimos [ver Altman (1989) e Altman e Suggitt (1997)]. Entretanto, o Banco Central da Argentina recentemente desenvolveu matrizes de alterações e tabelas de mortalidade com base em mais de 5 milhões de observações de empréstimos. Estes dados sobre empréstimos estão disponíveis no Web site do Banco Central.

[4] Isto é estritamente verdadeiro apenas para o mais simples dos modelos em Credit Risk Plus. Uma versão mais sofisticada amarra as probabilidades de inadimplência de empréstimos ao índice médio de inadimplência sistematicamente variável da "economia" ou do "setor" de interesse.

relativas a probabilidades de inadimplência, entre Credit Risk Plus e CreditMetrics, é mostrada na Figura 7.1.

A incerteza sobre o índice de inadimplência é apenas uma das incertezas modeladas pelo Credit Risk Plus. Um segundo tipo de incerteza gira em torno do tamanho e da severidade das perdas em si. Utilizando mais uma vez a analogia do seguro contra incêndio, quando uma casa "pega fogo" o grau de severidade da perda pode variar entre a perda de um telhado e a destruição total da casa. No Credit

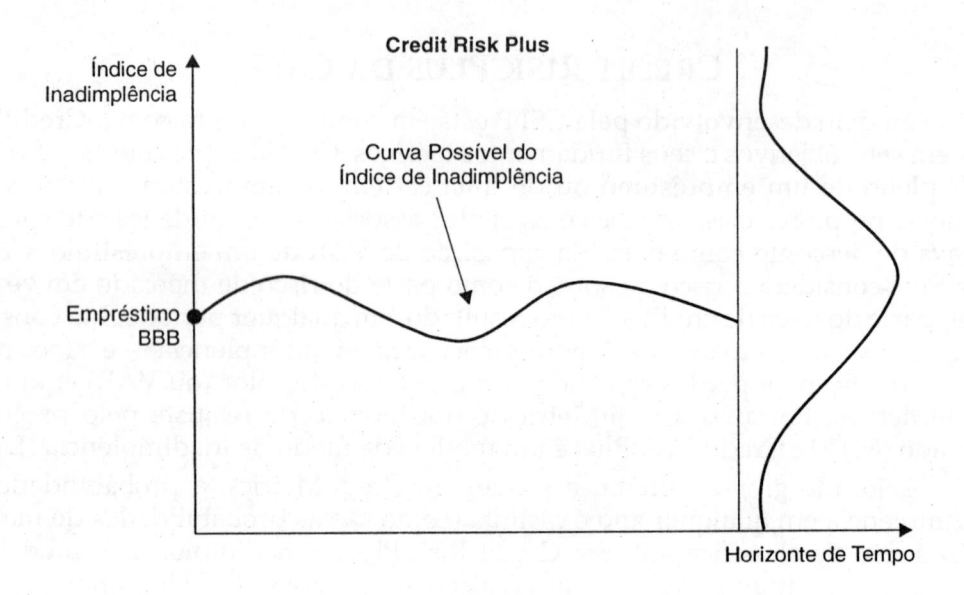

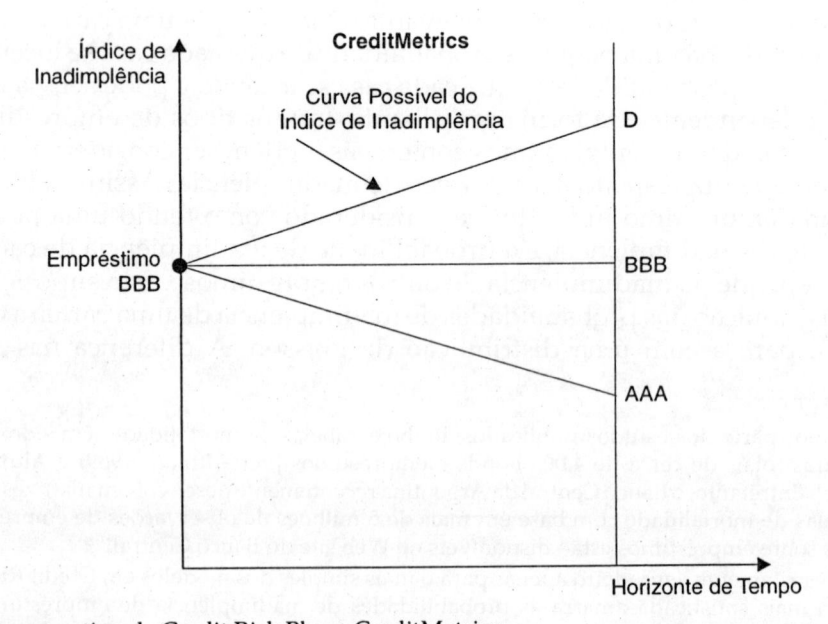

Figura 7.1 Comparativo de Credit Risk Plus e CreditMetrics.

A ABORDAGEM DE SEGUROS: MODELOS DE MORTALIDADE E O...

Risk Plus, o fato dos índices de severidade serem incertos é reconhecido, mas devido à dificuldade de se medir a severidade em bases individuais empréstimo-a-empréstimo, as severidades ou exposições de empréstimos são arredondadas e agrupadas em faixas distintas de severidade ou perda (por exemplo de $20.000). Quanto menores as faixas, menor o grau de imprecisão embutido no modelo com resultado do agrupamento em faixas.

Os dois graus de incerteza — a freqüência das inadimplências e a severidade das perdas — produzem uma distribuição de perdas para cada faixa de exposição. A soma ou acumulação destas perdas através das faixas de exposição produz uma distribuição de perdas para a carteira de empréstimos. A Figura 7.2 mostra a ligação entre os dois tipos de incerteza e a distribuição de perdas decorrentes de inadimplência. Embora não rotulado como tal pelo CSFP, denominaremos o modelo na Figura 7.2 Modelo 1. A função de perda calculada, supondo a distribuição de Poisson para índices de inadimplência individuais e o agrupamento das perdas, é mostrada na Figura 7.3. A função de perda é bastante "simétrica" e próxima da distribuição normal, que é aproximada de forma crescente à medida que o número de empréstimos na carteira aumenta. Entretanto, como discutido pelo CSFP (1997), índices de inadimplência e índices de perdas tendem a exibir maiores variâncias ("fatter tails") do que as implícitas na Figura 7.3. Especificamente, a distribuição de Poisson implica que o índice médio de inadimplência de uma carteira de empréstimos deve ser igual à sua variância, ou seja,

$$\sigma^2 = \text{média} \tag{7.8}$$

ou

$$\sigma = \sqrt{\text{média}} \tag{7.9}$$

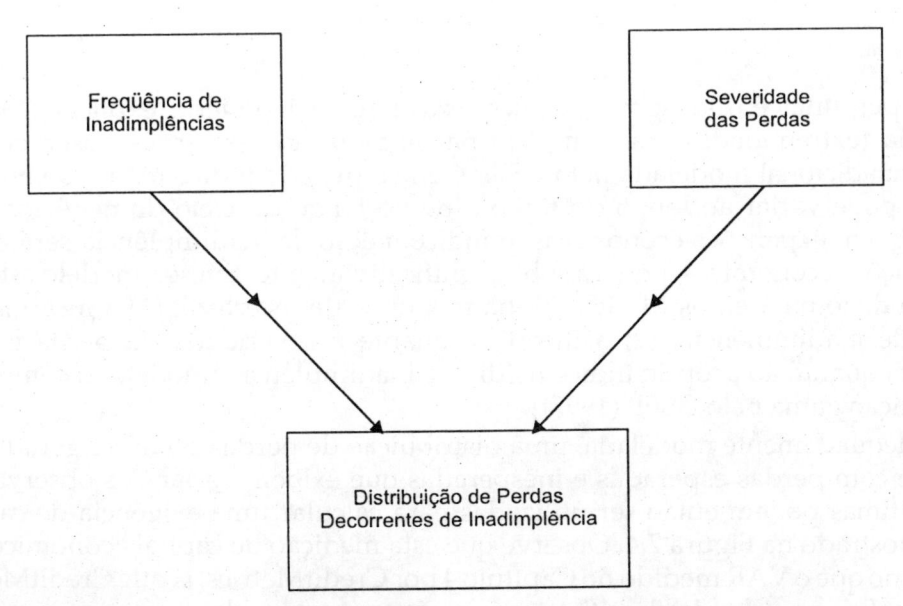

Figura 7.2 O Modelo Credit Risk Plus do CSFP.

Utilizando números de Carty e Lieberman (1996) relativos a índices de inadimplência, o CSFP mostra que, de forma geral, a equação (7.9) não é verdadeira, especialmente para créditos de qualidade inferior. Para bonds de classe B, Carty e Lieberman verificaram que o índice médio de inadimplência era de 7,27 por cento, sua raiz quadrada era de 2,69 por cento e seu σ era de 5,1 por cento, ou quase duas vezes maior que a raiz quadrada da média (ver Figura 7.3).

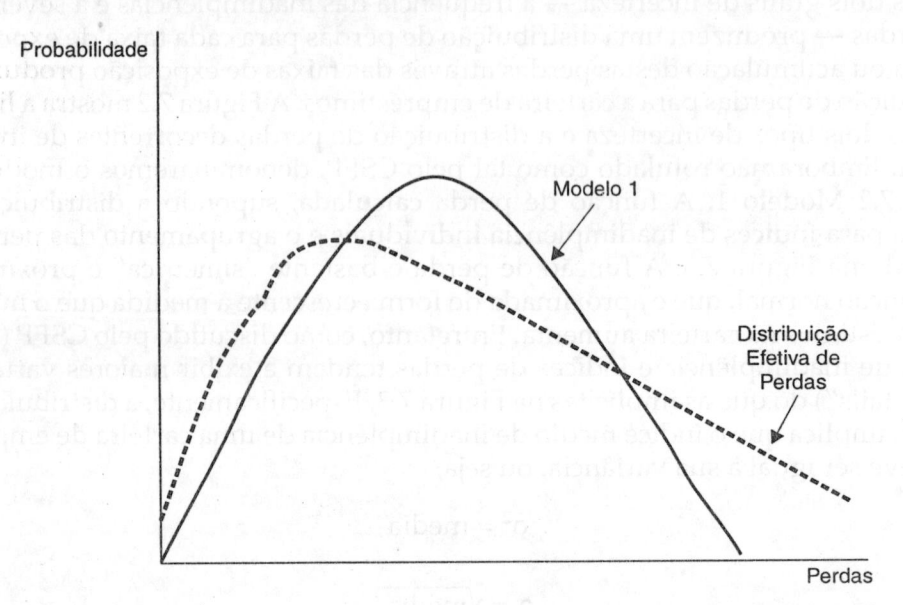

Figura 7.3 Distribuição de Índices de Perdas com Incerteza de Inadimplência e Incerteza de Severidade.

A pergunta é: Que grau de incerteza adicional poderia explicar a maior variância (extremidades mais amplas) na distribuição de perdas observada? A incerteza adicional modelada pelo CSFP é que o próprio índice médio de inadimplência pode variar ao longo do tempo (ou ao longo do ciclo de negócios). Por exemplo, em expansões econômicas, o índice médio de inadimplência será baixo; em retrações econômicas, poderá subir significativamente. Em seu modelo estendido (que denominaremos Modelo 2), há três tipos de incerteza: (1) a incerteza do índice de inadimplência, (2) a incerteza quanto à severidade da perda e (3) a incerteza quanto ao próprio índice médio de inadimplência [modelado como uma distribuição gama pelo CSFP (1997)].

Adequadamente modelada, uma distribuição de perdas pode ser gerada juntamente com perdas esperadas e inesperadas que exibem variâncias observáveis. Estas últimas podem então ser utilizadas para calcular uma exigência de capital, como mostrado na Figura 7.4. Observe que esta medição de capital econômico não é o mesmo que o VAR medido no Capítulo 4 por CreditMetrics, já que CreditMetrics permite altas e baixas de classificação que afetam o valor de um empréstimo. Em contraste, não há migrações de não-inadimplência no modelo do CSFP. Assim, a medida de capital do CSFP se aproxima mais de uma medida de perda de lucros ou de valor contábil de capital do que de uma medida plena de valor de mercado do capital econômico. Não obstante, sua grande vantagem está em sua parcimoniosa exigência de dados. Os inputs fundamentais de dados são índices médios de perdas e de severidade de perda, para as diversas faixas na carteira de empréstimos, ambos os quais são potencialmente sensíveis a recebimento, interna ou externamente. Um exemplo simples "diferenciado" do Modelo 1 do CSFP ilustrará o input mínimo de dados exigido.

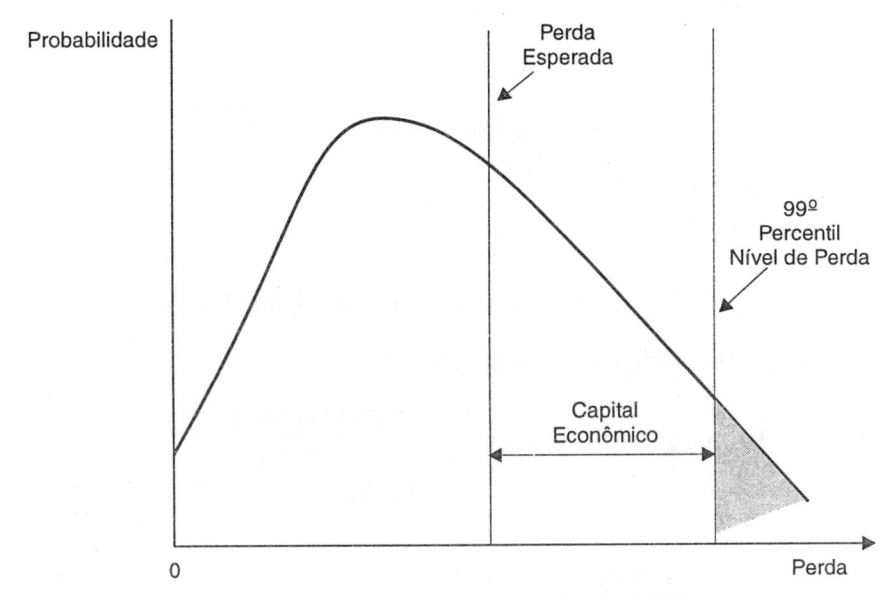

Figura 7.4 Exigência de Capital sob o Modelo Credit Disk Plus do CSFP.

UM EXEMPLO

Suponha que um banco divida sua carteira de empréstimos por faixas de valor (denotadas por v_i pelo CSFP); ou seja, há muitos tamanhos diferentes de empréstimos, cada um com uma exposição a perda diferente. Na extremidade mais baixa dos níveis de exposição, ele identifica 100 empréstimos, cada um dos quais tem de exposição $20.000.[5] Podemos pensar nessa faixa ($v = 1$) como contendo todos os empréstimos para os quais as exposições, quando arredondadas para os "$20.000 mais próximos", sejam de $20.000. As duas faixas de exposição seguintes representariam todos os empréstimos com exposição "arredondada" de $40.000 ($v = 2$) e $60.000 ($v = 3$), respectivamente.

---

[5] Os tamanhos nominais em dólares desses empréstimos podem ser bastante diferentes. Um empréstimo pode ter um tamanho nominal de $100.000; outro um tamanho nominal de $25.000. O que é similar é a severidade de perda por inadimplência em dólares.

Como primeiro passo, queremos calcular a distribuição de perdas para a primeira faixa. No Credit Risk Plus do CSFP, cada faixa pode ser vista como uma carteira separada, e a distribuição total de perdas é, portanto, uma agregação das distribuições de perdas individuais.

Suponha que, com base em dados históricos, uma média de 3 por cento dos empréstimos com este nível de exposição a perdas ($20.000) se tornem inadimplentes. Atualmente há 100 empréstimos deste tipo na carteira, portanto o índice de inadimplência esperado (m) é 3. Entretanto, o índice efetivo de inadimplência é incerto e presume-se que segue uma distribuição de Poisson (ver Figura 7.1). Dada esta suposição, podemos calcular a probabilidade de 0 inadimplência ... N inadimplências e assim por diante, com a utilização da fórmula para a distribuição de Poisson:

$$\text{Prob. } (n \text{ inadimplências}) = \frac{e^{-m}m^n}{n!} \tag{7.10}$$

onde e = exponencial = 2,71828,
m = número médio de inadimplências,
$!$ = fatorial,
n = número de inadimplências e considerado, $n = 1 ... N$

Assim, a probabilidade de 3 inadimplências é:[6]

$$\text{Prob. } (3 \text{ inadimplências}) = \frac{(2{,}71828)^{-3} \times 3^3}{3!}$$

$$= 0{,}224$$

e a probabilidade de 8 inadimplências é de:

$$\text{Prob. } (8 \text{ inadimplências}) = \frac{(2{,}71828)^{-3} \times 3^8}{8!}$$

$$= 0{,}008$$

A probabilidade de que um número diferente de inadimplências ocorra e a probabilidade cumulativa são relacionadas na Tabela 7.2. A distribuição de inadimplências para a faixa 1 é mostrada na Figura 7.5. O cálculo da distribuição de perdas na faixa 1 é direto porque, por suposição (e arredondamento), a severidade é constante na faixa v_1 a $20.000 por empréstimo. A Figura 7.6 mostra a distribuição de perdas onde o número médio de inadimplências é 3. A perda esperada é, então, de $60.000 na faixa 1 da carteira de empréstimos. O índice de perdas (inesperadas) do 99º percentil mostra um pouco menos de 8 empréstimos em 100 inadimplindo, o que coloca a probabilidade de inadimplência de 8 empréstimos em 0,8 por cento. Utilizando 8 empréstimos como aproximação, o índice de perdas inesperadas de 99

---

[6] O termo 3! é igual a $1 \times 2 \times 3 = 6$.

A ABORDAGEM DE SEGUROS: MODELOS DE MORTALIDADE E O...

por cento é de $160.000 para a carteira $v = 1$. Considerada isoladamente do restante da carteira de empréstimos, a exigência de capital seria de $100.000 (as perdas inesperadas menos as perdas esperadas, ou $160.000 – $60.000)[7]. Este tipo de análise deveria ser repetido para cada faixa de severidade de perda — $40.000, $60.000, e assim por diante — levando em conta os índices médios de inadimplência para estas faixas de exposição mais elevada, e depois agregando as exposições das faixas em uma distribuição de perda total de empréstimos.

Tabela 7.2 Cálculo da Probabilidade de Inadimplência, Utilizando a Distribuição de Poisson

N	Probabilidade	Probabilidade Cumulativa
0	0,049787	0,049789
1	0,149361	0,199148
2	0,224042	0,42319
3	0,224042	0,647232
⋮		
8	0,008102	0,996197

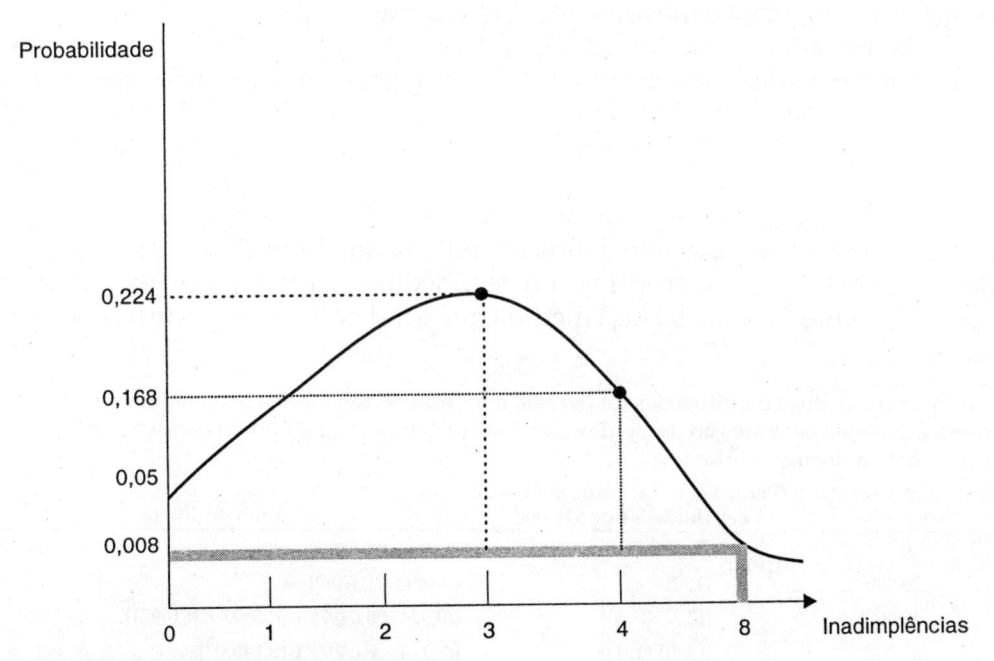

Figura 7.5 Distribuição de Inadimplências: Faixa 1.

---

[7] Reservas para perdas decorrentes de empréstimos, se determinadas como sendo iguais às perdas esperadas, seriam de $60.000.

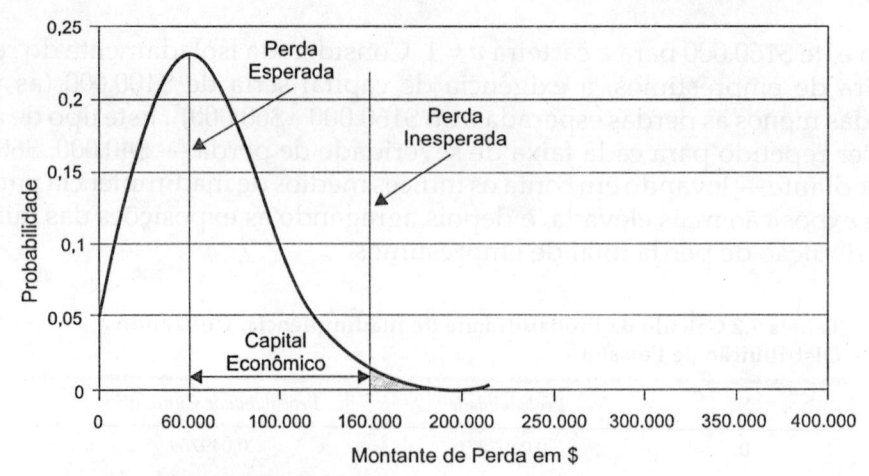

Figura 7.6 Distribuição de Perdas para uma Única Carteira de Empréstimos. Índice de Severidade = $20.000 por Empréstimo de $100.000.

Continuando o exemplo distinto de um modelo tipo CSFP, suponha, no intuito da simplicidade, que a carteira da faixa 2 (v_2), com exposição média de perda de $40.000, também contivesse 100 empréstimos com índice médio histórico de inadimplência de 3 por cento ($m = 3$). A Figura 7.7 mostra a distribuição de perdas para esta carteira. A Figura 7.8 mostra a agregação de perdas para estas duas faixas, $v = 1$ e $v = 2$. Se estes fossem os únicos tipos de empréstimos realizados, esta seria a distribuição de perdas para toda a carteira de empréstimos. Observe que, ao somar as distribuições de empréstimos para as duas faixas, a distribuição total de perdas na Figura 7.8 parece ser mais "normal" do que as distribuições de perdas individuais para $v = 1$ e $v = 2$.[8]

Finalmente, este cálculo provavelmente subestimará a verdadeira exigência de capital por termos suposto que o índice médio de inadimplência era constante em cada faixa. Até onde os próprios índices médios são variáveis (ex.: aumentam sistematicamente em cada faixa, à medida que o índice "nacional" de inadimplência

---

[8] Ao "somar" as duas distribuições de perdas, é necessário calcular as probabilidades levando em conta a possível combinação de perdas das duas carteiras, a qual poderá produzir alguma perda agregada em dólares. Portanto:

Perda Agregada da Carteira ($)	(Perda em $v = 1$, Perda em $v = 2$) em Unidades de $20.000	Probabilidade
0	(0, 0)	$(0,0497 \times 0,0497)$
20.000	(1, 0)	$(0,1493 \times 0,0497)$
40.000	[(2, 0) (0, 1)]	$[(0,224 \times 0,0497) + (0,0497 \times 0,1493)]$
60.000	[(3, 0) (1, 1)]	$[(0,224 \times 0,0497) + (0,1493)^2]$
80.000	[(4, 0) (2, 1) (0,2)]	$[(0,168 \times 0,0497) + (0,224 \times 0,1493) + (0,0497 \times 0,224)]$
•	•	•
•	•	•
•	•	•

aumenta), a distribuição de perdas terá maiores variâncias do que o implícito neste exemplo (e mostrado na Figura 7.8). Além disso, quando o índice médio de inadimplência na economia nacional varia e os índices de inadimplência em cada faixa estão atrelados a índices de inadimplência da economia como um todo, então os índices de inadimplência em cada faixa não mais podem ser considerados como sendo independentes. (Há um elemento de correlação sistemática de inadimplência entre empréstimos; ver Capítulo 10.)

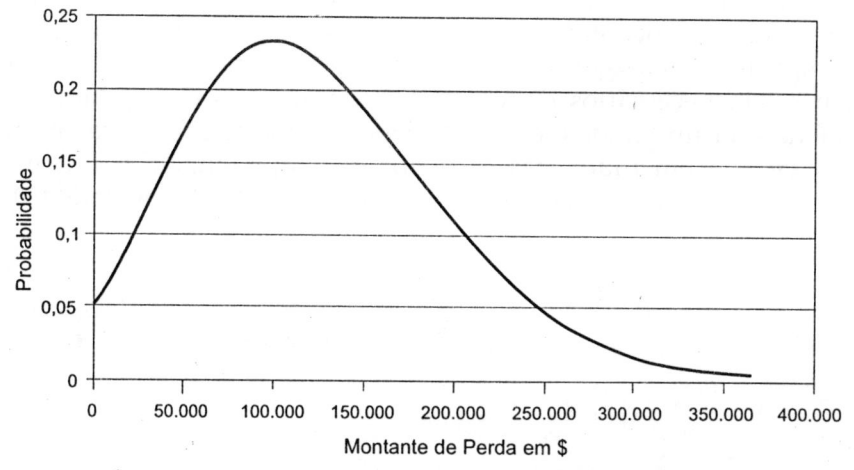

Figura 7.7 Carteira Única de Empréstimos. Índice de Severidade = $40.000 por Empréstimos de $100.000.

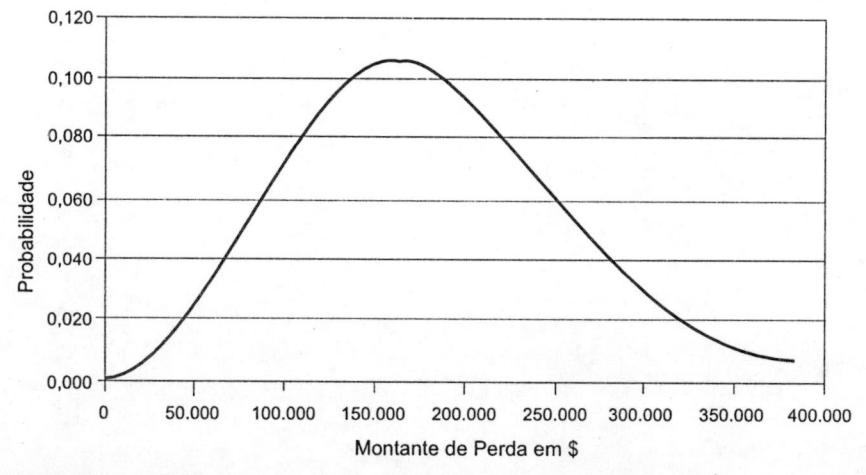

Figura 7.8 Distribuição de Perdas para Duas Carteiras de Empréstimos com Índices de Severidade de $20.000 e $40.000.

Resumo

Neste capítulo, examinamos duas abordagens à análise de risco de crédito, baseadas em seguros. A análise de mortalidade oferece uma abordagem atuarial à previsão de índices de inadimplência, que pode ser considerada alternativa a alguns modelos tradicionais baseados em contabilidade, para o cálculo de perdas esperadas decorrentes de empréstimos e de reservas para perdas de empréstimos. Entretanto, a utilidade previsiva dos índices de mortalidade depende muito do tamanho da amostra de empréstimos/bonds a partir da qual são calculados. Credit Risk Plus, uma alternativa a CreditMetrics, calcula as exigências de capital com base em abordagens atuariais encontradas na literatura de seguros de ramos elementares. Sua mais importante vantagem é o input de dados, relativamente pequeno, exigido (ou seja, não são necessários dados relativos a spreads de crédito). Sua maior limitação é não ser um modelo de VAR pleno porque se concentra em índices de perdas em vez de em mudanças de valor de empréstimos. É um modelo de inadimplência (DM) e não um modelo de reajuste a preço de mercado (MTM).

Capítulo 8

Um Resumo e uma Comparação de Novas Abordagens de Modelos Internos

Introdução

Nos Capítulos de 3 a 7, descrevemos características-chave de alguns dos mais destacados novos modelos de medição do risco de crédito que estão disponíveis ao público de forma completa ou parcial. À primeira vista, estas abordagens parecem ser bastante diferentes e prováveis de produzir exposições a perdas decorrentes de empréstimos e números VAR consideravelmente diferentes. Este capítulo resume quatro desses novos modelos e discute diferenças e semelhanças fundamentais entre os mesmos. Evidências empíricas selecionadas (até o presente) referentes a diferenças preditivas entre estes modelos são resumidamente discutidas.

Comparação de Modelos

Existem muitas dimensões ao longo das quais comparar os novos modelos. Focalizaremos seis dimensões-chave de quatro modelos: (1) CreditMetrics, (2) CreditPortfolioView, (3) Credit Risk Plus e (4) KMV. Analítica e empiricamente, estes modelos não são tão diferentes quanto podem parecer inicialmente. Na verdade, argumentos similares foram apresentados por Gordy (1998), Koyluoglu e Hickman (1998) e Crouhy e Mark (1998), utilizando diferentes anatomias de modelo.

A Tabela 8.1 relaciona as seis dimensões para comparação dos modelos. Cada uma delas será discutida aqui por sua vez.

Definição de Risco

Como descrito nos Capítulos 3 a 7, é necessário distinguir entre modelos que calculam VAR com base na mudança de valor de mercado de empréstimos [o que o Relatório da Força-tarefa do Federal Reserve System (1998) denomina modelos de reajuste a preço de mercado (MTM)], e modelos que se concentram na previsão de perdas decorrentes de empréstimos [modelos de modo de inadimplência (DM)]. Os modelos MTM permitem aumentos e reduções de classificação de crédito (e, portanto, mudanças de spreads), além de inadimplências, no cálculo de perdas e ganhos de valor de empréstimos. Os modelos DM consideram apenas duas situações: inadimplência e não-inadimplência. Como discutido anteriormente, a diferença fundamental entre as abordagens MTM e DM é a inclusão do risco de spread nos modelos MTM. Não surpreendentemente, se modelos prevêem coisas diferentes, provavelmente produzirão diferentes resultados. O CreditMetrics é claramente um modelo MTM. O Credit Risk Plus e o da KMV são essencialmente modelos DM. (Embora, como discutiremos no Capítulo 10, a KMV atualmente ofereça uma versão MTM.) O CreditPortfolioView pode ser utilizado tanto como modelo MTM quanto como modelo DM.

Tabela 8.1 Comparação de Diferentes Abordagens

Dimensões para Comparação	Modelo 1 CreditMetrics (J.P. Morgan)	Modelo 2 CreditPortfolioView (Tom Wilson)	Modelo 3 Credit Risk Plus (CSFP)	Modelo 4 KMV
1. Definição de risco	MTM	MTM ou DM	DM	MTM ou DM
2. Impulsionadores de risco	Valores de ativos	Fatores macro	Índices de inadimplência esperada	Valores de ativos
3. Volatilidade de eventos de crédito	Constante	Variável	Variável	Variável
4. Correlação de eventos de crédito	Retornos sobre ativos normais multivariáveis	Carregamentos de fatores	Suposição de independência ou correlação com índice de inadimplência esperada	Retornos sobre ativos normais multivariáveis
5. Índices de recuperação	Aleatórios	Aleatórios	Constantes dentro da faixa	Constantes ou aleatórios
6. Abordagem numérica	Simulação ou analítica	Simulação	Analítica	Analítica

Impulsionadores de Risco

À primeira vista, os impulsionadores de risco fundamentais destes modelos parecem ser bastante diferentes. CreditMetrics e KMV têm suas bases analíticas em um modelo do tipo Merton; os valores dos ativos de uma empresa e a volatilidade dos valores dos ativos são os impulsionadores-chave do risco de inadimplência. No CreditPortfolioView, o impulsionador de risco são os fatores macro (como a taxa de desemprego); no Credit Risk Plus, é o nível médio o risco de inadimplência e sua volatilidade. Entretanto, se colocados em termos de modelos multifator, todos os quatro modelos podem ser considerados como tendo raízes semelhantes.[1] Especificamente, a variabilidade dos retornos sobre ativos de uma empresa em CreditMe-

---

[1] Para uma boa discussão de modelos multifator, ver Elton e Gruber (1998).

trics (como na KMV) é modelada como diretamente relacionada à variabilidade do retorno sobre ações de uma empresa. Por sua vez, no cálculo das correlações entre os retornos sobre ativos de empresas (ver Capítulo 10), as ações de empresas individuais são consideradas como impulsionadas por um conjunto de fatores de risco sistemáticos (fatores setoriais, fatores de país, e assim por diante) e de fatores de risco não-sistemáticos. Os fatores de risco sistemáticos, juntamente com correlações entre fatores de risco sistemáticos (e suas importâncias ponderadas), impulsionam os retornos sobre ativos de empresas individuais e as correlações de inadimplência entre empresas.

Os impulsionadores de risco do CreditPortfolioView têm origens semelhantes às do CreditMetrics e da KMV. Em especial, um conjunto sistemático de fatores macro e de choques macro não-sistemáticos "de todo o país" impulsiona o risco de inadimplência e as correlações de riscos de inadimplência entre tomadores. O impulsionador-chave de risco em Credit Risk Plus é o índice médio variável de inadimplência da economia como um todo. Este índice médio de inadimplência pode ser considerado como sistematicamente relacionado ao "estado da economia macro"; quando a economia macro deteriora, o índice médio de inadimplência provavelmente subirá, assim como as perdas decorrentes de inadimplência. Uma melhoria das condições econômicas terá efeito contrário.

Assim, os impulsionadores e as correlações de risco em todos os quatro modelos podem ser considerados como sendo ligados, em certo grau, a um conjunto de fatores macro que descrevem a evolução de condições relativas a toda a economia.

Volatilidade de Eventos de Crédito

A diferença fundamental entre os modelos é a modelagem da probabilidade de inadimplência de um ano, ou a função de distribuição de probabilidades de inadimplência. No CreditMetrics, a probabilidade de inadimplência (assim como melhores e piores de ratings de crédito) é modelada como valor fixo ou distinto baseado em dados históricos. Na KMV, as freqüências de inadimplência esperadas (EDF) variarão à medida que novas informações são inseridas nos preços das ações. As pontuações EDF da KMV estão sujeitas às mudanças nos preços das ações e na volatilidade desses preços. No CreditPortfolioView, a probabilidade de inadimplência é função logística de um conjunto de fatores e choques macro que são normalmente distribuídos; assim, à medida que a economia macro evolui, assim também o fará a probabilidade de inadimplência, e também as células, ou probabilidades, no restante da matriz de alteração. No Credit Risk Plus, a probabilidade de cada empréstimo inadimplir é considerada uma variável em conformidade com uma distribuição de Poisson em torno de algum índice médio de inadimplência. Por sua vez, o índice médio de inadimplência é modelado como uma variável com distribuição gama. Isto produz uma distribuição de perdas que poderá ter variâncias maiores do que as produzidas por CreditMetrics ou pelo CreditPortfolioView.

Correlação de Eventos de Crédito

A similaridade das determinantes de correlações de riscos de crédito já foi abordada no contexto de impulsionadores de risco. Especificamente, a estrutura de correlação em todos os quatro modelos pode ser relacionada a ligações sistemáticas de empréstimos a fatores-chave. As correlações entre tomadores serão discutidas em maior profundidade nos Capítulos 9 a 11, onde a aplicação ao processo decisório de carteiras de crédito dos novos modelos e da moderna teoria de carteiras será analisada.

Índices de Recuperação

A distribuição de perdas e os cálculos de VAR dependem não apenas da probabilidade de inadimplências, mas também da severidade das perdas ou da perda devido à inadimplência (LGD). Evidências empíricas sugerem que severidades de perdas e recuperações de perdas são bastante voláteis ao longo do tempo. Além disso, embutir um índice de recuperação volátil provavelmente aumentará o VAR ou índice de perdas inesperadas. (Ver, por exemplo, a discussão de CreditMetrics, no Capítulo 4.)

CreditMetrics, no contexto de seus cálculos de VAR, admite que recuperações sejam voláteis. Na versão de distribuição normal do modelo, o desvio-padrão estimado de recuperações é embutido no cálculo do VAR. Na versão de distribuição "efetiva", que reconhece um viés na extremidade da função de distribuição de perdas decorrentes de empréstimos, presume-se que as recuperações sigam uma distribuição beta, e o VAR dos empréstimos é calculado através de uma simulação Monte Carlo. Em contraste, sob Credit Risk Plus, severidades de perdas são arredondadas e agrupadas em subcarteiras, e a severidade de perda em qualquer subcarteira é considerada constante.

Abordagem Numérica

A abordagem numérica à estimativa de VAR, ou perdas inesperadas, também difere entre modelos. Um VAR, tanto no nível de empréstimos individuais quanto no de carteira de empréstimos, pode ser analiticamente calculado sob CreditMetrics, mas esta abordagem torna-se crescentemente impraticável à medida que o número de empréstimos na carteira aumenta. (Isto é discutido em mais detalhes no Capítulo 10.) Como resultado, para grandes carteiras de empréstimos, são utilizadas técnicas de simulação Monte Carlo para gerar uma distribuição agregada "aproximada" de valores de uma carteira de empréstimos e, portanto, um VAR. De forma semelhante, CreditPortfolioView utiliza repetidas simulações Monte Carlo para gerar choques macro e a distribuição de perdas (ou valores de empréstimos) de uma carteira de empréstimos. Em comparação, Credit Risk Plus, com base em suas convenientes suposições de distribuições (a distribuição de Poisson para empréstimos individuais e a distribuição gama para o índice médio de inadimplência, juntamente com a suposição de recuperação fixa para perdas decorrentes de empréstimos em cada subcarteira de empréstimos), permite que seja gerada uma solução analítica ou "closed-form" para a função de densidade de probabilidade de perdas. A KMV também admite uma solução analítica para a função perdas.

SIMULAÇÕES EMPÍRICAS

Dada a relativa novidade desses modelos, não é surpreendente que apenas uns poucos estudos comparativos tenham sido realizados até hoje.[2] A abordagem usual tem sido a de tornar comuns a definição de risco e a suposição quanto a recuperações, e concentrar-se na modelagem dos efeitos de outras suposições quanto às distribuições de perdas. Em especial nos estudos comparativos, é suposto que todos os quatro modelos analisados estejam estimando distribuições de perdas e índices de perdas inesperadas em vez do VAR pleno (isto é, utilizando um DM em vez de um MTM), e as taxas de recuperação são consideradas constantes. Neste contexto, Gordy (1998), utilizando dados de Carey (1998) e do estudo realizado pela Society of Actuaries (1996) sobre as carteiras de bonds de colocação privada e sobre as perdas das carteiras das companhias de seguros, de 1986 a 1992, comparou Credit-Metrics a Credit Risk Plus e verificou que a forma constrita do CreditMetrics produziu valores de perdas inesperadas semelhantes aos do Credit Risk Plus, assim como a volatilidade (σ) do índice médio de inadimplência (fator sistemático de risco) seguido de seu valor historicamente estimado. Entretanto, para valores extremamente grandes de volatilidade do índice médio de inadimplência, os números relativos a perdas inesperadas nos dois modelos começaram a divergir. Isto ocorreu devido (1) à maior natureza curtótica das extremidades da curva de perdas sob Credit Risk Plus e (2) ao fato de que a curtose e a maior variância do Credit Risk Plus dependem diretamente do valor de σ.

Koyluoglu e Hickman (1998) realizaram um estudo sobre as versões de modo de inadimplência (DM) de três modelos com taxas de recuperação fixas. Utilizando uma estatística que media o grau de concordância nas extremidades ($\bar{p} + 2\sigma$ até infinito) das distribuições de índices de inadimplência, verificaram que o grau de similaridade dependia crucialmente de até onde harmonizavam valores de parâmetros-chave em todos os três modelos (CreditMetrics, CreditPortfolioView e Credit Risk Plus). Em especial "não é surpreendente, quando os parâmetros não implicam em desvios médio e padrão constantes da distribuição dos índices de inadimplência, que o resultado seja que os modelos se mostrem significativamente diferentes" (p. 15).

Crouhy e Mark (1998) compararam CreditMetrics (versão DM) e Credit Risk Plus a KMV e ao novo modelo interno (Credit VAR 1) do Canadian Imperial Bank of Commerce (CIBC). Examinando uma carteira diversificada de mais de 1.800

---

[2] O ISDA patrocinou um projeto para avaliar os diferentes modelos. No momento da publicação deste livro, o ISDA ainda não havia relatado suas verificações.

bonds em 13 moedas e todo um espectro de qualidades e prazos até o vencimento, verificaram que perdas inesperadas recaem em uma faixa bastante estreita.

RESUMO

O desenvolvimento de modelos internos para a medição de risco está em um estágio inicial. De certa forma, seu nível atual de desenvolvimento é similar ao do risco de mercado em 1994, quando RiskMetrics apareceu pela primeira vez e foi seguido de abordagens alternativas como simulação histórica e simulação Monte Carlo. Os modelos de risco de crédito disponíveis para o público até agora têm exibido características bem diferentes em várias dimensões importantes. A harmonização destes modelos em apenas algumas dimensões-chave, entretanto, pode resultar em projeções de perdas inesperadas bastante similares. Isto é reconfortante e sugere que, com o tempo, com o desenvolvimento teórico e de modelos, um modelo ou uma abordagem de consenso poderá acabar por emergir. Até certo ponto, isto já aconteceu na área de modelagem de risco de mercado.

CAPÍTULO 9

Uma Visão Geral da Moderna Teoria de Carteiras e Sua Aplicação a Carteiras de Empréstimos

INTRODUÇÃO

Até aqui, consideramos a exposição a risco de crédito e a risco de inadimplência com base em tomadores individuais. Isto é razoável, já que grande parte da literatura de teoria bancária considera o pessoal dos bancos e de IFs similares como especialistas em crédito que, através do monitoramento e desenvolvimento de relacionamento de longo prazo com clientes, soma uma vantagem comparativa na concessão de crédito a um tomador ou grupo de tomadores específico.[1]

Esta vantagem, desenvolvida através da concessão (e retenção) de empréstimos a um seleto subconjunto de tomadores de longo prazo, poderá, entretanto, ser ineficiente do ponto de vista de risco/retorno. Suponha que, em vez disso, os empréstimos fossem negociados em bolsa (ou fossem "passíveis de swaps" com outras IFs) e pudessem ser vistos como sendo semelhantes a ativos do tipo "commodity" como ações, que são livremente negociadas a baixos custos de transação e com alta liquidez em mercados abertos de títulos. Separando a decisão da concessão de crédito da decisão da composição da carteira de crédito, um banco poderá ser capaz de gerar uma melhor compensação risco/retorno, para fazer face àquilo que a KMV e outros têm denominado o "paradoxo do crédito".

Na Figura 9.1, que ilustra o paradoxo do crédito, a carteira A é uma carteira de empréstimos relativamente concentrada de um banco tradicional que concede e monitora empréstimos, e detém aqueles empréstimos até seus vencimentos. As carteiras B e C estão na "fronteira de eficiência" de carteiras de empréstimos. Não atingem nem o máximo retorno para qualquer nível de risco (B) nem o risco mínimo para um dado retorno (C). Para passar de A para B ou C, o banco deverá gerenciar

---

[1] Além do mais, o coeficiente de capital baseado em risco do BIS é diretamente proporcional em empréstimos individuais. Ver Rajan (1992) para um exemplo do modelo de "relacionamento com clientes".

ativamente sua carteira de empréstimos de forma semelhante à doutrina da moderna teoria de carteiras (MPT), na qual o foco-chave para a melhoria do *trade-off* risco/retorno está em (1) as correlações (de inadimplência) entre ativos detidos na carteira e (2) uma disposição de, à medida que as condições de mercado se alteram, ajustar flexivelmente os montantes de diferentes ativos detidos, em vez de conceder e reter empréstimos até seus vencimentos, como é a prática da tradicional atividade bancária de relacionamentos.

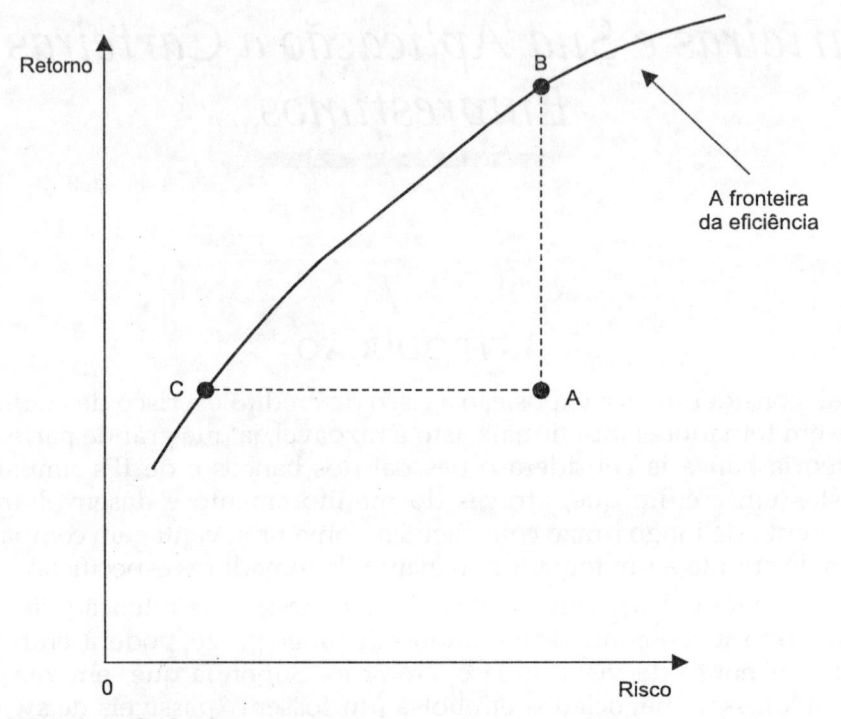

Figura 9.1 O Paradoxo do Crédito.

Neste capítulo, primeiramente descreveremos os principais pontos da MPT e em seguida levantaremos questões importantes relativas à aplicação da MPT a empréstimos e bonds não-negociados.

MPT: UMA VISÃO GERAL

O retorno e o risco (médios) de uma carteira de ativos, com o pressuposto de que retornos sobre ativos individuais são normalmente distribuídos (ou que gerentes de ativos tenham uma função de utilidade quadrática), são demonstrados nas equações (9.1), (9.2) e (9.3). Uma suposição de que retornos sobre um ativo individual sejam normalmente distribuídos ou de que os gerentes de uma IF demonstrem um determinado conjunto de preferências (utilidade quadrática) em relação a retornos implica que apenas dois momentos da distribuição de retornos sobre ativos são necessários para analisar as decisões de carteira: (1) o retorno médio de uma carteira e (2) sua variância (ou o desvio-padrão dos retornos daquela carteira). A MPT em si, sendo fundamentada em retornos e riscos esperados, é voltada para o futuro; estes, por definição, são não-observáveis. Como resultado, retornos e riscos de carteiras são geralmente estimados a partir de séries temporais históricas dos retornos e riscos de ativos individuais.

Dadas estas suposições, o retorno médio sobre uma carteira de ativos ($\overline{R}_p$) e a variância dos retornos (σ_p^2) sobre uma carteira de ativos podem ser calculados como

$$\overline{R}_p = \sum_{i=1}^{n} X_i \overline{R}_i \tag{9.1}$$

$$\sigma_p^2 = \sum_{i=1}^{N} X_i^2 \sigma_i^2 + \sum_{i=1}^{N} \sum_{\substack{j=1 \\ i \neq j}}^{N} X_i X_j \sigma_{ij} \tag{9.2}$$

ou

$$\sigma_p^2 = \sum_{i=1}^{N} X_i^2 \sigma_i^2 + \sum_{i=1}^{N} \sum_{\substack{j=1 \\ i \neq j}}^{N} X_i X_j \rho_{ij} \sigma_i \sigma_j \tag{9.3}$$

onde: $\overline{R}_p$ = retorno médio sobre a carteira de ativos,
Σ = soma,
$\overline{R}_i$ = retorno médio sobre o i^o ativo na carteira,
X_i = a proporção da carteira de ativos investida no i^o ativo
σ_i^2 = a variância dos retornos sobre o i^o ativo,
σ_{ij} = a co-variância dos retornos entre o i^o e o j^o ativos,
ρ_{ij} = a correlação entre os retornos sobre os i^o e o j^o ativos e $-1 \leq \rho_{ij} \leq +1$.

Da equação (9.1), o retorno médio sobre uma carteira de ativos ($\overline{R}_p$) é simplesmente uma soma ponderada (X_i) dos retornos médios sobre os ativos individuais naquela carteira ($\overline{R}_i$). Em comparação, a variância dos retornos sobre uma carteira de ativos (σ_p^2) pode ser decomposta em dois termos. O primeiro termo reflete a soma ponderada (X_i^2) das variâncias dos retornos sobre os ativos individuais (σ_i^2), e o segundo termo reflete as somas ponderadas das co-variâncias entre os ativos (σ_{ij}). Como a co-variância é infinita, é comum, em modelos do tipo MPT, substituir a correlação entre retornos sobre ativos pelo termo da co-variância, utilizando a definição estatística:

$$\sigma_{ij} = \rho_{ij} \sigma_i \sigma_j \tag{9.4}$$

Como uma correlação está compreendida entre mais ou menos a unidade, podemos avaliar o efeito de ρ_{ij} variando sobre o risco de uma carteira de ativos. Por exemplo, no caso de dois ativos, se ρ_{ij} for negativo, o segundo termo na equação (9.3) também será negativo e compensará o primeiro termo, que será sempre positivo.[2]

Explorando adequadamente a relação de correspondência entre ativos, um gerente de carteira poderá reduzir significativamente o risco e melhorar o *trade-off* de risco/retorno de uma carteira (e que, no contexto da Figura 9.1, constitui mover a carteira de A para B ou C). Determinada por métodos numéricos, a fronteira da eficiência, ou a carteira de ativos com menor risco para qualquer nível de retorno dado, pode ser calculada resolvendo, para os ativos de (X_i) que minimizem σ_p para cada nível de retorno $(\bar{R}_p)$ dado. Tanto B quanto C são carteiras de ativos eficientes neste sentido.

A melhor de todas as carteiras de ativos de risco na fronteira da eficiência é a que demonstra o mais elevado retorno excedente sobre a taxa livre de risco (r_f) relativo ao nível de risco da carteira, ou o mais elevado retorno excedente ajustado para risco:

$$\frac{\bar{R}_p - r_f}{\sigma_p} \qquad (9.5)$$

O coeficiente risco/retorno é geralmente denominado *coeficiente de Sharpe*. De forma diagramática, a carteira de ativos de risco ótima é aquela na qual uma linha traçada a partir do eixo de retorno, com origem em r_f, seja tangencial à fronteira da eficiência (isto é mostrado como a carteira D na Figura 9.2). Como a inclinação desta linha reflete o coeficiente $(\bar{R}_p - r_f)/\sigma_p$ para aquela carteira, ela também será a carteira com o mais elevado coeficiente de Sharpe.[3]

APLICAÇÃO DA MPT A BONDS E EMPRÉSTIMOS NÃO-NEGOCIADOS

A MPT existe há mais de 40 anos e é hoje uma ferramenta de gestão de carteira comumente utilizada pela maioria dos gerentes de fundos mútuos e de pensão. Também tem sido aplicada com algum sucesso a bonds de alto risco negociados em bolsa, quando seus retornos tendem a ser mais semelhantes aos sobre ações do que àqueles sobre bonds, e quando os retornos históricos estiverem disponíveis [ver Altman e Saunders (1997)]. No que diz respeito à maioria dos empréstimos e bonds, entretanto, há problemas com retornos não-normais, retornos não-observáveis e com correlações não-observáveis.

---

[2] Ver Elton e Gruber (1998) para provas.
[3] Poderia ser observado que na identificação do ponto D, é suposto que investidores (IFs) podem tomar e emprestar à mesma taxa (livre de risco).

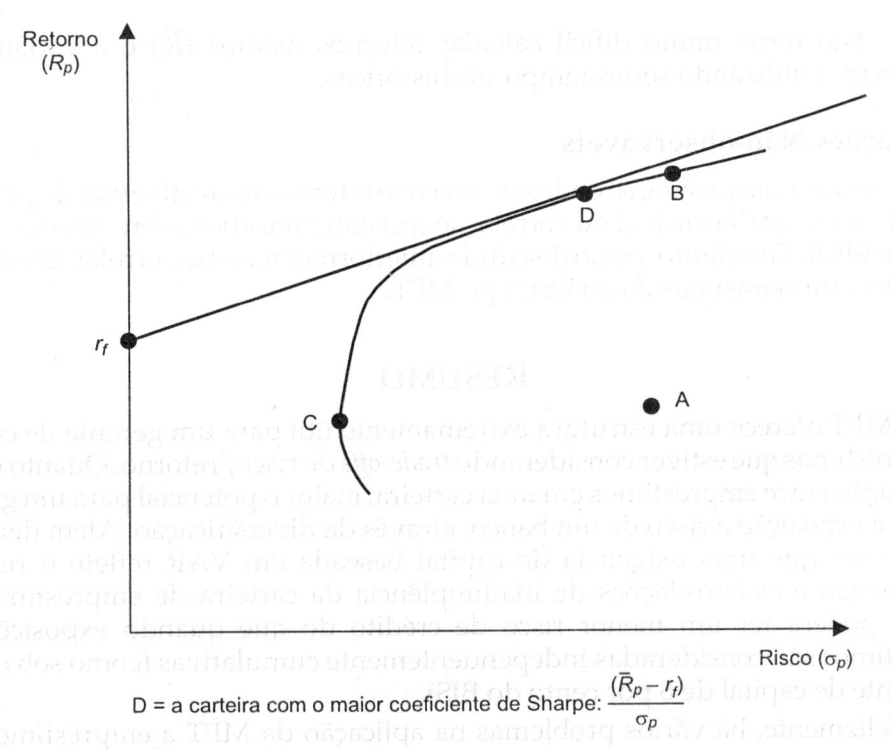

UMA VISÃO GERAL DA MODERNA TEORIA DE CARTEIRAS E SUA APLICAÇÃO...

Figura 9.2 A Carteira Ótima de Empréstimos de Risco.

D = a carteira com o maior coeficiente de Sharpe: $\dfrac{(\bar{R}_p - r_f)}{\sigma_p}$

Retornos Não-normais

Como discutimos nos Capítulos 3 e 4, empréstimos e bonds tendem a ter retornos relativamente fixos na porção superior e riscos ampliados na porção inferior. Assim, retornos sobre estes ativos tendem a exibir um forte desvio negativo e, em alguns casos, curtose (achatamento) também. A MPT foi desenvolvida em torno de um modelo no qual apenas dois momentos — a média e a variância — são necessários para descrever toda a distribuição de retornos. Até onde os terceiro (viés) e quarto (curtose) momentos de retornos sejam pertinentes à descrição plena da distribuição de retornos sobre ativos, a utilização de modelos simples, de dois momentos, da MPT torna-se difícil de ser justificada.[4]

Retornos Não-observáveis

Um problema adicional diz respeito ao fato de que a maioria dos empréstimos e dos bonds corporativos não são negociados, ou então são negociados no mercado de balcão a intervalos muito irregulares com poucos dados históricos de preço e

---

[4] Embora se possa argumentar que à medida que a quantidade de empréstimos em uma carteira se torna maior, a distribuição dos retornos tende a se tornar mais "normal".

volume. Isto torna muito difícil calcular retornos médios ($\overline{R}_i$) e a variância de retornos (σ_i^2) utilizando séries temporais históricas.

Correlações Não-observáveis

De forma relacionada, se dados de preços e retornos não estiverem disponíveis, o cálculo da co-variância (σ_{ij}) ou correlação (ρ_{ij}) entre retornos sobre ativos também se torna difícil. Entretanto, como discutido anteriormente, estas correlações são uma das pedras fundamentais da análise tipo MPT.

Resumo

A MPT oferece uma estrutura extremamente útil para um gerente de carteira de empréstimos que estiver considerando *trade-offs* de risco/retorno. Quanto menor a correlação entre empréstimos em uma carteira, maior o potencial para um gerente reduzir a exposição a risco de um banco, através da diversificação. Além disso, até o ponto em que uma exigência de capital baseada em VAR reflete o risco de concentração e as correlações de inadimplência da carteira de empréstimos, tal carteira poderá ter um menor risco de crédito do que quando exposições de empréstimos são consideradas independentemente cumulativas (como sob o atual coeficiente de capital de 8 por cento do BIS).

Infelizmente, há vários problemas na aplicação da MPT a empréstimos (e a muitos bonds) — em especial, a não-normalidade dos retornos sobre empréstimos e a não-observabilidade de retornos sobre empréstimos com base no mercado (e, portanto, das correlações) como resultado do fato da maioria dos empréstimos ser "não-negociada". No próximo capítulo, examinaremos modelos de carteiras sugeridos pela KMV, pelo CreditMetrics e por outros em uma tentativa de superar estes problemas. Será dada atenção específica a como estes novos modelos calculam retornos, risco e correlações de empréstimos e carteiras de empréstimos.

Capítulo 10

Seleção e Medindo o Risco de Carteiras de Empréstimos

Introdução

Neste capítulo, examinaremos uma série de aplicações de técnicas do tipo MPT à carteira de empréstimos. Diferenciaremos modelos que procuram calcular o *trade-off* total de risco/retorno para uma carteira de empréstimos (como o Portfolio Manager, da KMV) e modelos que podem ser considerados como concentrados em sua maior parte na dimensão de risco (como o CreditMetrics) e o VAR da carteira de empréstimos.[1]

O Portfolio Manager da KMV

O Portfolio Manager da KMV pode ser considerado como uma abordagem de otimização plena da MPT porque todas as três variáveis fundamentais — retornos, riscos e correlações — são calculadas. Entretanto, também pode ser utilizada para analisar apenas efeitos de risco, como veremos a seguir. Esta seção explica como as três variáveis-chave de qualquer modelo MPT podem ser calculadas.

Retornos

Na ausência de retornos históricos sobre empréstimos negociados, o retorno (esperado) sobre o $i^{\underline{o}}$ empréstimo (R_{it}) ao longo de qualquer horizonte dado poderá ser determinado como sendo igual a:

$$R_{it} = [\text{Spread}_i + \text{Taxas}_i] - [\text{Perda esperada}_i] \tag{10.1}$$

ou:

$$R_{it} = [\text{Spread}_i + \text{Taxas}_i] - [\text{EDF}_i \times \text{LGD}_i] \tag{10.2}$$

O primeiro componente dos retornos é o spread da taxa do empréstimo acima de uma taxa *benchmark* como a Taxa Interbancária Oferecida de Londres (LIBOR),

---

[1] O RiskMetrics Group está atualmente adicionando uma dimensão de retorno ao CreditMetrics.

mais quaisquer taxas sobre o empréstimo e esperadas ao longo de um dado período (digamos, um ano). Perdas esperadas decorrentes do empréstimo são então deduzidas porque podem ser consideradas como parte do "custo normal" dos negócios bancários. No contexto de um modelo do tipo KMV, em que a freqüência esperada de inadimplência (EDF) é calculada a partir de retornos sobre ações (o Modelo Credit Monitor), então para qualquer tomador dado, as perdas esperadas serão iguais a $EDF_i \times LGD_i$, onde LGD_i, é a perda decorrente de inadimplência para o $i^{\underline{o}}$ tomador (geralmente estimada a partir da base de dados interna do banco).

Riscos de Empréstimos

Na ausência de dados de retornos sobre empréstimos, o risco de um empréstimo (σ_i) pode ser aproximado pelo índice de perdas inesperadas do empréstimo (UL_i) — essencialmente, a variabilidade do índice de perdas em torno de seu valor esperado ($EDF_i \times LGD_i$). Há diversas maneiras pelas quais o UL_i pode ser calculado, dependendo das suposições feitas quanto ao número de alteração de qualidade de crédito, à variabilidade do LGD, e à correlação de LGDs com EDFs. Por exemplo, da forma mais simples, podemos supor um modelo DM no qual o tomador ou se torna inadimplente ou não, de forma que as inadimplências são binomialmente distribuídas e o LGD é fixo para todos os tomadores. Então:

$$\sigma_i = UL_i = \sqrt{(EDF_i)(1 - EDF_i)} \times LGD \qquad (10.3)$$

em que $\sqrt{(EDF_i)(1 - EDF_i)}$ reflete a variabilidade de uma freqüência de índice de inadimplência binomialmente distribuída. Uma versão DM ligeiramente mais sofisticada permitiria que o LGD_i fosse variável, mas fatores que afetam EDFs são supostos serem diferentes daqueles que afetam LGDs, e LGDs são supostos serem independentes para cada tomador. Neste caso [ver Kealhofer (1995)]:

$$\sigma_i = \sqrt{EDF_i\,(1 - EDF_i)\overline{LGD}_i^2 + EDF_i VOL_i^2} \qquad (10.4)$$

onde VOL_i é o desvio-padrão do LGD do tomador i. Se quisermos desenvolver medições σ_i, admitindo um modelo MTM pleno com melhores e piores de classificação de crédito além de inadimplência, então σ_i poderia ser calculado de forma semelhante ao CreditMetrics, como discutiremos mais adiante. Na verdade, em versões mais recentes de seu modelo, a KMV produz uma matriz de alteração de classificação baseada em EDFs e permite a realização de um cálculo pleno de σ_i.[2]

---

[2] Os EDFs da KMV variam de 0% a 20%. Decompondo EDFs em faixas ou categorias de pontuação, pode ser gerada uma matriz de alteração com base nas pontuações EDF.

Correlações

Uma intuição importante advinda de uma abordagem do tipo KMV é que as correlações de inadimplências provavelmente serão baixas. Para ver por que, considere o contexto da versão DM de duas situações de um modelo tipo KMV. Uma correlação de inadimplências refletiria a probabilidade conjunta de duas empresas Y e X — digamos, por exemplo, a General Motors e a Ford — terem o valor de seus ativos caindo para muito aquém do valor de seu endividamento ao longo do mesmo horizonte (digamos, 1 ano). No contexto da Figura 10.1, o valor dos ativos da General Motors teria que cair para menos que o valor de seu endividamento (B_Y) na Figura 10.1 e o valor dos ativos da Ford teria que cair para menos que o valor de seu endividamento (B_X). A área de inadimplência conjunta está sombreada, e a distribuição conjunta de probabilidade de valores de ativos é representada pelos isocírculos. Os isocírculos são semelhantes aos utilizados em cartas geográficas para descrever morros. O círculo interno é o topo do morro (alta probabilidade), e os círculos externos são o sopé do morro (baixa probabilidade).

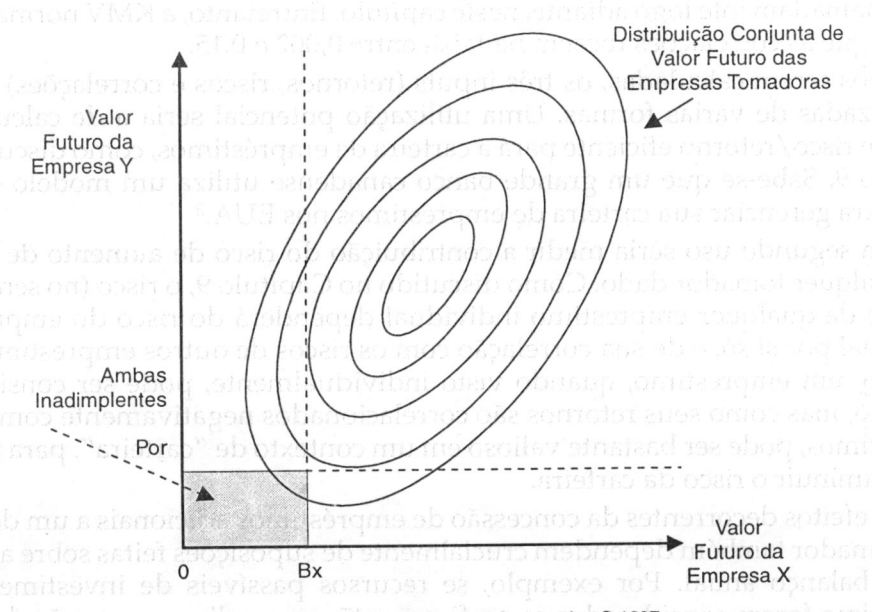

Fonte: "Modeling Portfolio Risk", KMV Corporation © 1997.

Figura 10.1 Probabilidades Conjuntas de Inadimplência: Portfolio Manager da KMV.

A probabilidade conjunta de que valores de ativos recairão na área sombreada é baixa e dependerá, em parte, das correlações entre os dois tomadores. No contexto do modelo binomial simples [para a Ford (F) e para a General Motors (G)]:

$$\rho_{GF} = \frac{COV_{GF}}{SD_F \times SD_G} \quad (10.5)$$

ou:

$$\rho_{GF} = \frac{JDF_{GF} - (EDF_G \times EDF_F)}{\sqrt{(EDF_G)(1 - EDF_G)} \cdot \sqrt{(EDF_F)(1 - EDF_F)}} \qquad (10.6)$$

O numerador da equação (10.6) é a covariância (COV_{GF}) entre os valores dos ativos das duas empresas, G e F. Reflete a diferença entre quando os dois valores de ativo são conjuntamente distribuídos (JDF_{GF}) e quando são independentes ($EDF_G \times EDF_F$). O denominador reflete o desvio-padrão (SD) dos índices de inadimplência sob a distribuição binomial para cada empresa.

Em vez de tentar estimar correlações diretamente, utilizando a equação (10.6), a KMV utiliza um modelo de retorno sobre ações multifator a partir do qual as correlações são derivadas. O modelo reflete a correlação entre os fatores sistemáticos de risco que afetam cada empresa e seus pesos apropriados. Como a abordagem da KMV ao cálculo de correlações é um tanto semelhante à abordagem CreditMetrics, discutiremos a abordagem do fator de retorno sobre ações ao cálculo de correlações mais detalhadamente logo adiante, neste capítulo. Entretanto, a KMV normalmente verifica que as correlações recaem na faixa entre 0,002 e 0,15.

Após serem calculadas, os três inputs (retornos, riscos e correlações) podem ser utilizadas de várias formas. Uma utilização potencial seria a de calcular um limite de risco/retorno eficiente para a carteira de empréstimos, como discutido no Capítulo 9. Sabe-se que um grande banco canadense utiliza um modelo do tipo KMV para gerenciar sua carteira de empréstimos nos EUA.[3]

Um segundo uso seria medir a contribuição do risco de aumento de crédito para qualquer tomador dado. Como discutido no Capítulo 9, o risco (no sentido de carteira) de qualquer empréstimo individual dependerá do risco do empréstimo individual por si só, e de sua correlação com os riscos de outros empréstimos. Por exemplo, um empréstimo, quando visto individualmente, pode ser considerado arriscado, mas como seus retornos são correlacionados negativamente com outros empréstimos, pode ser bastante valioso em um contexto de "carteira", para restringir ou diminuir o risco da carteira.

Os efeitos decorrentes da concessão de empréstimos adicionais a um determinado tomador também dependem crucialmente de suposições feitas sobre a limitação do balanço anual. Por exemplo, se recursos passíveis de investimento ou empréstimo forem considerados como fixos, então expandir a proporção de ativos emprestados a qualquer tomador i (ou seja, aumentar X_i) significa reduzir a proporção investida em todos os demais empréstimos (ativos). Entretanto, se a limitação dos recursos for considerada não-obrigatória (*nonbinding*), então o montante emprestado ao tomador i pode ser expandido sem afetar o montante emprestado a outros tomadores. No cálculo de contribuição de risco marginal do tipo KMV, uma limitação de financiamento é considerada como obrigatória (*binding*):

---

[3] É utilizado para empréstimos nos EUA porque os "relacionamentos com clientes" são mais fracos para seus tomadores dos EUA do que para seus tomadores canadenses; ou seja, empréstimos nos EUA podem ser considerados mais semelhantes a "operações commodity" para este banco.

$$X_i + X_j + \ldots + X_n = 1$$

Em comparação, sob CreditMetrics (veja a seção seguinte), contribuições de risco marginal são calculadas supondo-se a inexistência de qualquer limitação a financiamentos; por exemplo, um banco pode conceder um empréstimo a um vigésimo tomador sem reduzir os empréstimos pendentes dos outros dezenove tomadores.

Supondo uma restrição a financiamentos obrigatória, a contribuição de risco marginal para o empréstimo i (MRC_i) pode ser calculada como:

$$MRC_i = X_i \frac{dUL_p}{dX_i} \tag{10.7}$$

onde UL_p é o risco da carteira de empréstimos total e X_i é a proporção da carteira de empréstimos concedida ao tomador i:

$$UL_p = \left[\sum_{i=1}^{N} X_i^2 UL_i^2 + \sum_{i=1}^{N} \sum_{\substack{j=1 \\ i \neq j}}^{N} X_i X_j UL_i UL_j \rho_{ij} \right]^{\frac{1}{2}} \tag{10.8}$$

e

$$\sum_{i=1}^{N} X_i = 1 \tag{10.9}$$

A contribuição do risco marginal pode ser considerada como medida de capital econômico de que o banco necessita para realizar um novo empréstimo ao tomador i, porque reflete a sensibilidade da carteira ao risco (especificamente o desvio-padrão da carteira) a uma pequena alteração percentual no peso do ativo. Observe que a soma dos MRC é igual a UL_p; conseqüentemente, o capital exigido para cada empréstimo é apenas o seu MRC ponderado pelo múltiplo de capital (a razão entre capital e UL_p).[4]

CREDITMETRICS

Diferentemente da KMV, CreditMetrics pode ser considerado mais como modelo de minimização de risco de carteiras de empréstimos do que como um modelo MPT pleno de risco/retorno. Especificamente, retornos sobre empréstimos não são explicitamente modelados. Aqui, nos concentraremos na medição do VAR de uma carteira de empréstimos. Assim como no caso de empréstimos individuais, são consideradas duas abordagens à medição do VAR:

---

[4] Em apresentações recentes, a KMV tem utilizado um múltiplo de 10. Ou seja, Capital = $UL_p \times 10$.

1. Presume-se que empréstimos tenham valores de ativos normalmente distribuídos.
2. A distribuição efetiva exibe um "long-tailed downside" ou desvio negativo.

Consideraremos inicialmente o caso de distribuição normal, que produz uma solução analítica direta para os cálculos de VAR utilizando técnicas de MPT convencionais.

CreditMetrics: VAR de Carteira Sob Distribuição Normal

No modelo de distribuição normal, um caso de dois empréstimos oferece um benchmark útil. Um caso de dois empréstimos é prontamente generalizável para o caso de N empréstimos; ou seja, o risco de uma carteira de N empréstimos pode ser mostrado como dependente do risco de cada par de empréstimos na carteira (veja a discussão posterior e o Apêndice deste capítulo).

Para calcular o VAR de uma carteira de dois empréstimos, necessitamos calcular: (1) as probabilidades de migração conjunta para cada empréstimo (supostamente o valor de face de $100 milhões do empréstimo BBB discutido no Capítulo 4, e um empréstimo classe A de $100 milhões de valor de face) e (2) os resultados conjuntos dos empréstimos para cada probabilidade possível de migração conjunta de um ano.

Probabilidades de Migração Conjunta

A Tabela 10.1 mostra as probabilidades de migração individual e conjunta de um ano para os empréstimos BBB e A. Dados 8 estados de crédito possíveis para o tomador BBB e 8 estados de crédito possíveis para o tomador A ao longo do próximo ano (o horizonte de um ano), há 64 possibilidades de migração conjunta. (Veja as células na Tabela 10.1.) Importante observar que as probabilidades de migração conjunta não são simplesmente o produto das duas probabilidades de migração individual. Isto pode ser verificado observando-se as probabilidades independentes de que o empréstimo BBB permanecerá BBB (0,8693) e o empréstimo A permanecerá A (0,9105) ao longo do próximo ano. A probabilidade conjunta, presumindo que a correlação entre as duas probabilidades de migração seja zero, seria:

$$0,8693 \times 0,9105 = 0,7915 \text{ ou } 79,15 \text{ por cento.}$$

Observe que a probabilidade conjunta da Tabela 10.1 é ligeiramente maior, em 79,69 por cento, porque a correlação (presumida) é de 0,3 entre os dois tomadores.

Ajustar a tabela de migração para refletir as correlações é um processo em duas etapas. Primeiro, é necessário um modelo para explicar alterações de migração. No CreditMetrics, um modelo tipo Merton é utilizado para ligar o valor do ativo ou volatilidade de retornos a migrações de classificação distintas para tomadores individuais. Segundo, é necessário um modelo para calcular as correlações entre as volatilidades de valores de ativos de tomadores individuais. Semelhantemente à

SELEÇÃO E MEDINDO O RISCO DE CARTEIRAS DE EMPRÉSTIMOS

KMV, os valores dos ativos dos tomadores são não-observáveis, como também são as correlações entre aqueles valores de ativos. As correlações entre os tomadores individuais são, portanto, estimadas a partir de modelos multifator que impulsionam os retornos sobre ações dos tomadores.

Tabela 10.1 Probabilidades de Migração Conjunta com Correlação de Ativos de 0,30 (%)

Devedor 1 (BBB)		Devedor 2 (A)							
		AAA	AA	A	BBB	BB	B	CCC	Inadimplência
		0,09	2,27	91,05	5,52	0,74	0,26	0,01	0,06
AAA	0,02	0,00	0,00	0,02	0,00	0,00	0,00	0,00	0,00
AA	0,33	0,00	0,04	0,29	0,00	0,00	0,00	0,00	0,00
A	5,95	0,02	0,39	5,44	0,08	0,01	0,00	0,00	0,00
BBB	86,93	0,07	1,81	79,69	4,55	0,57	0,19	0,01	0,04
BB	5,30	0,00	0,02	4,47	0,64	0,11	0,04	0,00	0,01
B	1,17	0,00	0,00	0,92	0,18	0,04	0,02	0,00	0,00
CCC	0,12	0,00	0,00	0,09	0,02	0,00	0,00	0,00	0,00
Inadimplência	0,18	0,00	0,00	0,13	0,04	0,01	0,00	0,00	0,00

Fonte: CREDITMETRICS – Documento Técnico, 2 de abril de 1997, p. 38.

Um Exemplo da Ligação Entre Volatilidades e Alterações de Classificação

Para visualizar a ligação entre volatilidades de ativos e alterações de classificação, considere a Figura 10.2 que liga mudanças padronizadas normais de retorno sobre ativos (medidas em desvios-padrão) de um tomador classe BB a alterações de classificação.[5]

Se as mudanças não-observáveis (padronizadas) dos valores dos ativos forem presumidas como sendo normalmente distribuídas, podemos calcular em quantos desvios-padrão os valores dos ativos teriam que mudar para passar a empresa de BB para inadimplência. Por exemplo, a probabilidade histórica de inadimplência de um ano para este tipo de tomador BB é de 1,06 por cento. Utilizando as tabelas padronizadas de distribuição normal, os valores dos ativos teriam que cair em 2,3σ para que a empresa inadimplisse. Da mesma forma, existe uma probabilidade de 1 por cento de que a empresa BB passe para uma classificação C durante o ano. Os valores dos ativos teriam que cair em pelo menos 2,04σ para mudar a classificação do tomador BB para C ou menos.[6] A gama total de possibilidades é mostrada no

---

[5] Um retorno padronizado é um retorno efetivo dividido pelo seu desvio-padrão após a subtração do retorno médio. Assim, uma distribuição normal padronizada tem uma média de zero e um desvio-padrão de unidade.

[6] Há uma probabilidade de 2,06 por cento (1,06 por cento + 1,00 por cento) de que o tomador BB seja rebaixado para C ou abaixo (como D).

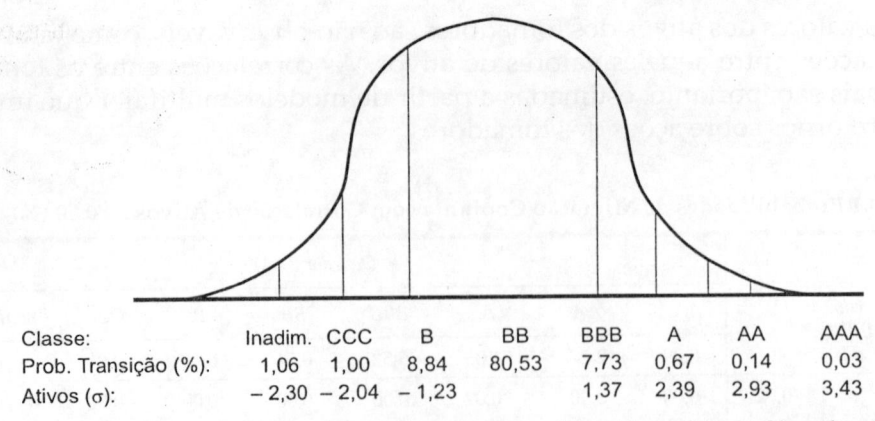

Classe:	Inadim.	CCC	B	BB	BBB	A	AA	AAA
Prob. Transição (%):	1,06	1,00	8,84	80,53	7,73	0,67	0,14	0,03
Ativos (σ):		−2,30	−2,04	−1,23		1,37	2,39	2,93	3,43

Figura 10.2 A Ligação entre Volatilidade do Valor de Ativos (σ) e Alterações de Classificação para um Tomador de Classe BB.

gráfico na Figura 10.2. Números similares poderiam ser desenvolvidos para um tomador BBB, um tomador A, e assim por diante. As ligações entre a volatilidade de ativos e mudanças de classificação para um tomador A são mostradas na Tabela 10.2.

Tabela 10.2 A Ligação Entre a Volatilidade do Valor de Ativos (σ) e Alterações de Classificações para um Tomador de Classe A

Classe	Inadimplência	CCC	B	BB	BBB	A	AA	AAA
Prob. Trans.	0,06	0,01	0,26	0,74	5,52	91,05	2,27	0,09
Ativo (σ)	−3,24	−3,19	−2,72	−2,30	−1,51		1,98	3,12

A partir da Figura 10.2, podemos verificar que um tomador de classe BB permanecerá como BB enquanto os retornos normais padronizados sobre ativos flutuarem entre −1,23σ e +1,37σ. A classificação do tomador A permanecerá inalterada desde que os retornos sobre ativos da empresa variem na faixa entre −1,51σ e +1,98σ. Suponha que a correlação (ρ) entre os retornos sobre ativos das duas empresas seja de 0,2 (a ser calculado mais detalhadamente a seguir). A probabilidade conjunta (Pr) de que ambos os tomadores permaneçam na mesma classificação ao longo do próximo ano pode ser determinada integrando a função de densidade normal bivariada[7], como segue:

$$\Pr(-1{,}23 < BB < 1{,}37, -1{,}51 < A < 1{,}98) = \int_{-1{,}23}^{1{,}37} \int_{-1{,}51}^{1{,}98} f(Y_1 Y_2; \rho)\, dY_2 dY_1$$

$$= 0{,}7365$$

(10.10)

onde Y_1 e Y_2 são aleatórios, e $\rho = 0{,}20$.

---

[7] A J.P. Morgan e outros fornecedores oferecem um software para realizar esta função.

Na equação (10.10), o ρ_i (valor do coeficiente de correlação) foi presumido ser igual a 0,2. Como descrito a seguir, estas correlações, de modo geral, são calculadas no CreditMetrics a partir de modelos multifator de retornos sobre ações para tomadores individuais.[8]

Um Exemplo de Cálculo de Correlação

Considere duas empresas, A e Z. Não podemos observar seus valores de ativo nem seus retornos sobre eles, mas podemos observar seus retornos sobre ações. Ambas são empresas de capital aberto, com ações em bolsa. Os retornos (R_A) sobre as ações da empresa A, uma indústria química, são impulsionados por um único fator de índice setorial (R_{CHEM}, os retornos no índice do setor químico) e algum risco idiossincrático (U_A) que se presume ser diversificável em um contexto de carteira. A sensibilidade estimada dos retornos da empresa A aos retornos do setor químico é de 0,9. Assim:[9]

$$R_A = 0,9 R_{CHEM} + U_A \qquad (10.11)$$

A empresa Z pode ser considerada como sendo um banco universal. Possui sensibilidade de retorno a dois fatores: o índice de retornos do setor bancário alemão (R_{BANK}) e o índice de retornos do setor de seguros alemão (R_{INS}). As sensibilidades independentes estimadas são, respectivamente, de 0,15 e 0,74. Assim:

$$R_Z = 0,74 R_{INS} + 0,15 R_{BANK} + U_Z \qquad (10.12)$$

A correlação entre as duas empresas, A e Z, dependerá da correlação entre o índice de retornos do setor químico e o índice de retornos do setor de seguros, e da correlação entre o índice do setor químico e o índice do setor bancário:[10]

$$\rho(A,Z) = [(0,9)(0,74)(\rho_{CHEM,INS}) + (0,9)(0,15)(\rho_{CHEM,BANK})] \qquad (10.13)$$

Se as correlações $\rho_{CHEM,INS}$ e $\rho_{CHEM,BANK}$ forem, respectivamente, 0,16 e 0,08, temos:

$$\rho(A,Z) = [(0,9)(0,74)(0,16) + (0,9)(0,15)(0,08)]$$

$$\rho(A,Z) = [0,1066 + 0,0108] = 0,1174$$

---

[8] Pode-se argumentar que deveríamos estar medindo correlações entre empréstimos e não entre tomadores. Por exemplo, um tomador de baixa qualidade com um empréstimo altamente garantido poderia ver seu empréstimo em uma classificação mais elevada do que o tomador como um todo.
[9] CreditMetrics exige que o próprio usuário insira os coeficientes de sensibilidade.
[10] Através da construção das sensibilidades dos fatores, os índices bancário e de seguros são independentes um do outro. Observe a correlação entre os componentes não-sistemáticos de retorno: UA e UZ são zero por suposição.

As empresas A e Z têm uma correlação de inadimplência baixa, mas positiva, e valores de correlação calculados de forma semelhante são inseridos na equação (10.10) para resolver a função de densidade normal bivariada e, assim, a probabilidade de migração conjunta em tabelas tais como a Tabela 10.1.

Valores de Empréstimos Conjuntos

Além das 64 possibilidades de migração conjuntas, podemos calcular 64 valores de empréstimos conjuntos no caso dos dois empréstimos. O valor de mercado para cada empréstimo em cada estado de crédito é calculado como no Capítulo 4. Valores de empréstimo individual são então somados para se chegar a um valor de carteira de empréstimos, como mostrado na Tabela 10.3. Assim, se, ao longo do ano, ambos os empréstimos forem reclassificados para AAA, então o valor de mercado da carteira de empréstimos no horizonte de um ano será de $215,96 milhões. Em comparação, se ambos os empréstimos inadimplirem, o valor da carteira de empréstimos será de $102,26 milhões.

Com 64 probabilidades conjuntas possíveis e 64 valores de empréstimo possíveis, o valor médio da carteira e de sua variância é como os computados nas equações (10.14) e (10.15):

$$\text{Média} = p_1 \cdot V_1 + p_2 \cdot V_2 + ... + p_{64} \cdot V_{64} \quad (10.14)$$

$$= \$213,63 \text{ milhões}$$

$$\begin{aligned}\text{Variância} &= p_1 \cdot (V_1 - \text{Média})^2 \\ &+ p_2 \cdot (V_2 - \text{Média})^2 + ... \\ &+ p_{64} \cdot (V_{64} - \text{Média})^2\end{aligned} \quad (10.15)$$

$$= \$11,22 \text{ milhões}^2$$

Tabela 10.3 Valores da Carteira de Empréstimos

Todos os 64 Valores Possíveis no Final de Um Ano para Uma Carteira de Dois Empréstimos ($)

Devedor 1 (BBB)		Devedor 2 (A)							
		AAA	AA	A	BBB	BB	B	CCC	Inadimplência
		106,59	106,49	106,30	105,64	103,15	101,39	88,71	51,13
AAA	109,37	215,96	215,86	215,67	215,01	212,52	210,76	198,08	160,50
AA	109,19	215,78	215,68	215,49	214,83	212,34	210,58	197,90	160,32
A	108,66	215,25	215,15	214,96	214,30	211,81	210,05	197,37	159,79
BBB	107,55	214,14	214,04	213,85	213,19	210,70	208,94	196,26	158,68
BB	102,02	208,61	208,51	208,33	207,66	205,17	203,41	190,73	153,15
B	98,10	204,69	204,59	204,40	203,74	210,25	199,49	186,81	149,23
CCC	83,64	190,23	190,13	189,94	189,28	186,79	185,03	172,35	134,77
Inadimplência	51,13	157,72	157,62	157,43	156,77	154,28	152,52	139,84	102,26

Fonte: CREDITMETRICS — Documento Técnico, 2 de abril de 1997, p. 12.

SELEÇÃO E MEDINDO O RISCO DE CARTEIRAS DE EMPRÉSTIMOS

Levando a raiz quadrada da solução para a equação (10.15), o σ do valor da carteira de empréstimos é de $3,35 milhões e o VAR de 99 por cento sob distribuição normal é:

$$2{,}33 \times \$3{,}35 = \$7{,}81 \text{ milhões} \tag{10.16}$$

É interessante observar que comparando este valor de $7,81 milhões, para uma carteira com valor (de face) de $200 milhões, com a exigência de capital baseada no VAR de 99 por cento de $6,97 milhões, para o empréstimo único BBB de $100 milhões no Capítulo 4, podemos verificar que embora a carteira de empréstimos tenha dobrado seu valor de face, uma exigência de capital baseada em VAR (com base no 99º percentil da distribuição do valor da carteira de empréstimos) aumentou em apenas $7,81 milhões − $6,97 milhões = $0,84 milhão. A razão disto é a diversificação da carteira. Especificamente há, embutida na matriz de probabilidade de transição conjunta na Tabela 10.1, uma correlação de 0,3 entre os riscos de inadimplência dos dois empréstimos.

CreditMetrics: VAR da Carteira Utilizando a Distribuição Efetiva

Infelizmente, a exigência de capital sob distribuição normal provavelmente subestima o verdadeiro VAR de 99 por cento devido ao viés na distribuição efetiva de valores de empréstimos. Utilizando a Tabela 10.1 em conjunto com a Tabela 10.3, o valor de empréstimo de 99 por cento (pior) da carteira de empréstimos é de $204,40 milhões.[11] Assim, a mudança inesperada no valor da carteira do seu valor médio é:

$$\$213{,}63 \text{ milhões} - \$204{,}40 \text{ milhões} = \$9{,}23 \text{ milhões}$$

Este valor é superior à exigência de capital sob distribuição normal discutida acima ($9,23 milhões *versus* $7,81 milhões), mas os benefícios da diversificação de carteira são claros. Em especial, a exigência de capital de $9,23 milhões para a carteira total com valor de face de $200 milhões pode ser favoravelmente comparada aos $8,99 milhões para o empréstimo único BBB com valor de face de $100 milhões.

CreditMetrics com N Grandes Empréstimos

O modelo de distribuição normal pode ser expandido em uma de duas direções. A primeira opção é continuar a expandir a matriz de alteração conjunta dos empréstimos e calcular direta ou analiticamente os desvios médio e padrão da carteira. Isto, entretanto, rapidamente torna-se difícil de determinar por métodos numéricos. Por exemplo, em uma carteira de cinco empréstimos, há 8^5 probabilidades de alteração conjunta, ou mais de 32.000 alterações conjuntas. A segunda opção é manipular a equação da variância de uma carteira de empréstimos. Pode ser demonstrado que o risco de uma carteira de N empréstimos depende do risco

---

[11] Para encontrar isto, as probabilidades devem ser contadas de trás para a frente: o pior resultado de empréstimo, seguido do segundo pior, e assim por diante.

de cada combinação de pares de empréstimos na carteira, bem como do risco de cada empréstimo, individualmente. Para estimar o risco de uma carteira de N empréstimos, precisamos apenas calcular os riscos das subcarteiras contendo dois ativos, como mostrado no Apêndice deste capítulo.

Para calcular a distribuição de valores de empréstimos no grande caso-amostra em que os valores de empréstimos *não* são normalmente distribuídos, CreditMetrics utiliza uma simulação Monte Carlo.

Considere a carteira de empréstimos na Tabela 10.4 e a correlação entre estes empréstimos (tomadores) na Tabela 10.5.

Tabela 10.4 Exemplo de Carteira

Ativo de Crédito	Classificação Principal	Montante no Vencimento	Mercado (Anos)	Valor
1	AAA	$7.000.000	3	$7.821.049
2	AA	1.000.000	4	1.177.268
3	A	1.000.000	3	1.120.831
4	BBB	1.000.000	4	1.189.432
5	BB	1.000.000	3	1.154.641
6	B	1.000.000	4	1.263.523
7	CCC	1.000.000	2	1.127.628
8	A	10.000.000	8	14.229.071
9	BB	5.000.000	2	5.386.603
10	A	3.000.000	2	3.181.246
11	A	1.000.000	4	1.181.246
12	A	2.000.000	5	2.483.322
13	B	600.000	3	705.409
14	B	1.000.000	2	1.087.841
15	B	3.000.000	2	3.263.523
16	B	2.000.000	4	2.527.046
17	BBB	1.000.000	6	1.315.720
18	BBB	8.000.000	5	10.020.611
19	BBB	1.000.000	3	1.118.178
20	AA	5.000.000	5	6.181.784

Fonte: CREDITMETRICS — Documento Técnico, 2 de abril de 1997, p. 121.

Para cada empréstimo, 20.000 (ou mais) valores de ativos subjacentes de tomadores são simulados, com base na classificação original do empréstimo, nas probabilidades de alteração conjunta para outras classificações e nas correlações

Tabela 10.5 Correlações de Ativos para o Exemplo de Carteira

	1	2	3	4	5	6	7	8	9	10	11	12	13	14	15	16	17	18	19	20
1	1	0,45	0,45	0,45	0,15	0,15	0,15	0,15	0,15	0,15	0,1	0,1	0,1	0,1	0,1	0,1	0,1	0,1	0,1	0,1
2	0,45	1	0,45	0,45	0,15	0,15	0,15	0,15	0,15	0,15	0,1	0,1	0,1	0,1	0,1	0,1	0,1	0,1	0,1	0,1
3	0,45	0,45	1	0,45	0,15	0,15	0,15	0,15	0,15	0,15	0,1	0,1	0,1	0,1	0,1	0,1	0,1	0,1	0,1	0,1
4	0,45	0,45	0,45	1	0,15	0,15	0,15	0,15	0,15	0,15	0,1	0,1	0,1	0,1	0,1	0,1	0,1	0,1	0,1	0,1
5	0,15	0,15	0,15	0,15	1	0,35	0,35	0,35	0,35	0,35	0,2	0,2	0,2	0,2	0,2	0,15	0,15	0,15	0,1	0,1
6	0,15	0,15	0,15	0,15	0,35	1	0,35	0,35	0,35	0,35	0,2	0,2	0,2	0,2	0,2	0,15	0,15	0,15	0,1	0,1
7	0,15	0,15	0,15	0,15	0,35	0,35	1	0,35	0,35	0,35	0,2	0,2	0,2	0,2	0,2	0,15	0,15	0,15	0,1	0,1
8	0,15	0,15	0,15	0,15	0,35	0,35	0,35	1	0,35	0,35	0,2	0,2	0,2	0,2	0,2	0,15	0,15	0,15	0,1	0,1
9	0,15	0,15	0,15	0,15	0,35	0,35	0,35	0,35	1	0,35	0,2	0,2	0,2	0,2	0,2	0,15	0,15	0,15	0,1	0,1
10	0,15	0,15	0,15	0,15	0,35	0,35	0,35	0,35	0,35	1	0,2	0,2	0,2	0,2	0,2	0,15	0,15	0,15	0,1	0,1
11	0,1	0,1	0,1	0,1	0,2	0,2	0,2	0,2	0,2	0,2	1	0,45	0,45	0,45	0,45	0,2	0,2	0,2	0,1	0,1
12	0,1	0,1	0,1	0,1	0,2	0,2	0,2	0,2	0,2	0,2	0,45	1	0,45	0,45	0,45	0,2	0,2	0,2	0,1	0,1
13	0,1	0,1	0,1	0,1	0,2	0,2	0,2	0,2	0,2	0,2	0,45	0,45	1	0,45	0,45	0,2	0,2	0,2	0,1	0,1
14	0,1	0,1	0,1	0,1	0,2	0,2	0,2	0,2	0,2	0,2	0,45	0,45	0,45	1	0,45	0,2	0,2	0,2	0,1	0,1
15	0,1	0,1	0,1	0,1	0,2	0,2	0,2	0,2	0,2	0,2	0,45	0,45	0,45	0,45	1	0,2	0,2	0,2	0,1	0,1
16	0,1	0,1	0,1	0,1	0,15	0,15	0,15	0,15	0,15	0,15	0,2	0,2	0,2	0,2	0,2	1	0,55	0,55	0,25	0,25
17	0,1	0,1	0,1	0,1	0,15	0,15	0,15	0,15	0,15	0,15	0,2	0,2	0,2	0,2	0,2	0,55	1	0,55	0,25	0,25
18	0,1	0,1	0,1	0,1	0,15	0,15	0,15	0,15	0,15	0,15	0,2	0,2	0,2	0,2	0,2	0,55	0,55	1	0,25	0,25
19	0,1	0,1	0,1	0,1	0,1	0,1	0,1	0,1	0,1	0,1	0,1	0,1	0,1	0,1	0,1	0,25	0,25	0,25	1	0,65
20	0,1	0,1	0,1	0,1	0,1	0,1	0,1	0,1	0,1	0,1	0,1	0,1	0,1	0,1	0,1	0,25	0,25	0,25	0,65	1

Fonte: CREDITMETRICS — Documento Técnico, 2 de abril de 1997, p. 122.

históricas entre os empréstimos.[12] O empréstimo (ou tomador) ou pode permanecer em sua classificação original ou migrar para outra classificação. (Ver a discussão anterior e a Figura 10.2.) Cada empréstimo é então revalorado após cada simulação (e alteração de classificação). Somando-se os valores simulados dos 20 empréstimos são produzidos 20.000 valores diferentes para a carteira de empréstimos como um todo. Um VAR para a carteira de empréstimos, com base no pior caso de 99 por cento, pode ser calculado como sendo o valor da carteira de empréstimos que tem o 200º pior valor dos 20.000 valores possíveis para esta carteira. Em conjunto com o valor médio da carteira de empréstimos, pode ser calculada uma exigência de capital.

A metodologia de carteira CreditMetrics também pode ser utilizada para calcular a contribuição de risco marginal para empréstimos individuais. Diferentemente da abordagem do tipo KMV, recursos são considerados como sendo flexivelmente ajustáveis para acomodarem uma oferta de empréstimos expandida, e "marginal" significa que empréstimos ou são concedidos ou não são concedidos a um tomador (ao invés de haver um montante adicional de novos empréstimos a um tomador corrente).

A Tabela 10.6 mostra as contribuições de risco individuais e marginais de 20 empréstimos em uma carteira hipotética de empréstimos com base em uma medida de desvio-padrão do risco (σ). As colunas individuais refletem o valor em dólares e o percentual de risco para cada empréstimo, considerado separadamente. O percentual individual do ativo classificado como CCC (número 7) é de 22,67 por cento e o ativo classificado como B (número 15) é de 18,72 por cento. As colunas de contribuição de risco marginal na Tabela 10.5 refletem o risco de adicionar cada empréstimo a uma carteira com os 19 empréstimos restantes (o desvio-padrão do risco de uma carteira de 20 empréstimos menos o desvio-padrão do risco de uma carteira com 19 empréstimos). É interessante observar que, na Tabela 10.6, em bases individuais, o ativo 7 (CCC) é mais arriscado do que o ativo 15 (B), mas quando o risco é medido em um contexto de carteira (pela sua contribuição de risco marginal), o ativo 15 é mais arriscado. O motivo pode ser verificado a partir da matriz de correlação na Tabela 10.5, onde o empréstimo de classe B (ativo 15) tem um nível "elevado" de correlação de 0,45 com os ativos 11, 12, 13 e 14. Em comparação, as correlações mais elevadas do empréstimo de classe CCC (ativo 7) são com os ativos 5, 6, 8, 9 e 10 no nível de 0,35.

Uma implicação de política é imediata e é demonstrada na Figura 10.3, onde o risco total (em um contexto de carteira) de um empréstimo é decomposto em dois componentes: (1) seu desvio-padrão marginal percentual (eixo vertical) e (2) o valor em dólares do total do crédito (eixo horizontal). Temos então:

Risco total de um empréstimo ($) = Desvio-padrão marginal (%)
$\times$ valor do crédito ($)

---

[12] Tecnicamente, decomponha a matriz de correlação (Σ) entre os empréstimos utilizando o processo de fatoração Cholesky, que encontra duas matrizes A e A' (sua transposição) tal que $\Sigma = AA'$. Cenários de retorno sobre ativos (y) são gerados multiplicando-se a matriz A' (que contém memória relativa a relações de correspondência históricas) por um vetor de números aleatórios z, ou seja, $y = A'z$.

SELEÇÃO E MEDINDO O RISCO DE CARTEIRAS DE EMPRÉSTIMOS

Tabela 10.6 Desvio-padrão de Mudança de Valor

Ativo	Rating de Crédito	Individual		Marginal	
		Absoluto ($)	Percentual	Absoluto ($)	Percentual
1	AAA	4.905	0,06	239	0,00
2	AA	2.007	0,17	114	0,01
3	A	17.523	1,56	693	0,06
4	BBB	40.043	3,37	2.934	0,25
5	BB	99.607	8,63	16.046	1,39
6	B	162.251	12,84	37.664	2,98
7	CCC	255.680	22,67	73.079	6,48
8	A	197.152	1,39	35.104	0,25
9	BB	380.141	7,06	105.949	1,97
10	A	63.207	1,99	5.068	0,16
11	A	15.360	1,30	1.232	0,10
12	A	43.085	1,73	4.531	0,18
13	B	107.314	15,21	25.684	3,64
14	B	167.511	15,40	44.827	4,12
15	B	610.900	18,72	270.000	8,27
16	B	322.720	12,77	89.190	3,53
17	BBB	28.051	2,13	2.775	0,21
18	BBB	306.892	3,06	69.624	0,69
19	BBB	1.837	0,16	120	0,01
20	AA	9.916	0,16	389	0,01

Fonte: CREDITMETRICS — Documento Técnico, 2 de abril de 1997, p. 130.

Assim, para o empréstimo de classe B

$$\$270.000 = 8{,}27 \text{ por cento} \times \$3.263.523$$

Também plotado na Figura 10.3, há um "isoquântico" de igual risco de $70.000. Suponha que os gerentes desejem impor limites de exposição total a risco de crédito de $70.000 a cada empréstimo medido em um contexto de carteira. Então, o ativo 15 (o empréstimo de classe B) e os ativos 16 e 9 têm claramente valores extremos. Uma solução possível seria o banco vender o ativo 15 a um outro banco ou trocá-lo por outro ativo de rating B que tenha uma correlação menor com os demais empréstimos (ativos) na carteira do banco. Ao fazê-lo, seus retornos esperados poderão permanecer relativamente estáveis, mas o risco de sua carteira de empréstimos provavelmente decrescerá.

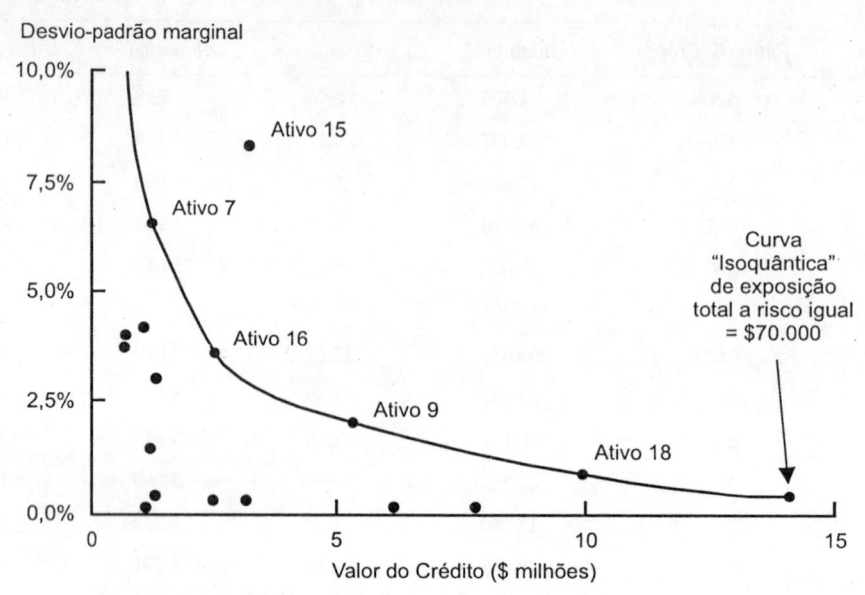

Fonte: CREDITMETRICS – Documento Técnico, 2 de abril de 1997, p. 131.

Figura 10.3 Limites de Crédito e Seleção de Empréstimos na Estrutura CreditMetrics.

OUTRAS ABORDAGENS DE CARTEIRA

CreditPortfolioView e Credit Risk Plus podem ser considerados como modelos MPT parciais, semelhantes a CreditMetrics, em que os retornos sobre empréstimos e sobre a carteira de empréstimos não são explicitamente modelados.

O papel da diversificação em CreditPortfolioView pode ser mais bem observado no contexto dos fatores de choque macro (ou fatores de risco não-sistemáticos) U e V (ver Capítulo 5), que impulsionam a probabilidade de inadimplência do tomador ao longo do tempo. À medida que a diversificação da carteira aumenta — por exemplo, através de países, na visão do modelo CreditPortfolioView — a importância relativa do risco não-sistemático em relação ao risco sistemático encolherá, e a exposição de uma carteira de empréstimos a choques também encolherá. Assim, no contexto das simulações Monte Carlo do modelo, a pior hipótese de perda de 99 por cento para uma carteira bem diversificada internacionalmente provavelmente será menor (todo o resto permanecendo igual) do que para uma carteira de empréstimos especializada em um só país ou setor industrial.

Em Credit Risk Plus, necessitamos distinguir entre dois tipos de modelo. No Modelo 1 assim denominado no Capítulo 7, havia duas fontes de incerteza na carteira de empréstimos: (1) a distribuição Poisson do número de inadimplências (em torno de um índice de inadimplência médio constante) e (2) a severidade das perdas (variável ao longo de faixas de exposição). Como a distribuição de Poisson implica que cada empréstimo tem uma pequena probabilidade de inadimplência e que esta probabilidade é independente de um empréstimo para outro, a correlação dos índices de inadimplência é, por definição, zero. No Modelo 2, entretanto, onde o próprio índice médio de inadimplência é variável (distribuição gama), serão induzidas correlações entre empréstimos da carteira, devido às suas ligações sistemáticas às alterações do índice médio de inadimplência. Como discutimos no Capítulo 8, a flutuação do índice médio de inadimplência pode ser modelada em termos de sensibilidades de fatores a diferentes "segmentos" independentes (que poderiam ser países ou setores industriais). Por exemplo, a probabilidade de inadimplência de uma empresa pode ser sensível tanto a um fator específico dos EUA quanto a um fator alemão. Dada esta característica, as correlações de inadimplência em Credit Risk Plus são demostradas como sendo iguais a:

$$\rho_{AB} = (m_A m_B)^{1/2} \sum_{k=1}^{N} \theta_{Ak} \theta_{Bk} \left(\frac{\sigma_k}{m_k}\right)^2 \qquad (10.17)$$

onde: ρ_{AB} = correlação de inadimplência entre os devedores A e B,
m_A = índice médio de inadimplência para devedor do tipo A,
m_B = índice médio de inadimplência para devedor do tipo B,
θ_A = alocação da volatilidade do índice de inadimplência do devedor A ao longo de N setores,
θ_B = alocação da volatilidade do índice de inadimplência do devedor B ao longo de N setores,
$(\sigma_k/m_k)^2$ = volatilidade proporcional do índice de inadimplência no setor k.

A Tabela 10.7 mostra um exemplo da equação (10.17) em que cada um dos dois devedores é sensível apenas a um setor de toda a economia ($\theta_{Ak} = \theta_{Bk} = 1$) e $\sigma_k/m_k = 0,7$ é estabelecido em um nível empiricamente razoável, refletindo as estatísticas nacionais de inadimplência de crédito. Como pode ser visto na Tabela 10.7, à medida que a qualidade de crédito dos devedores declina (ou seja, m_A e m_B ficam maiores), as correlações se tornam mais elevadas. Não obstante, mesmo no caso em que índices individuais médios de inadimplência forem altos (m_A = 10 por cento e m_B = 7 por cento), a correlação entre os tomadores ainda é bastante pequena (aqui, 4,1 por cento).

Também é útil discutir correlações derivadas de modelos baseados em intensidade. As correlações entre inadimplências refletem o efeito de eventos na indicação de saltos *simultâneos* nas intensidades de inadimplência dos devedores. As causas das inadimplências em si não são explicitamente modeladas; entretanto, são modeladas várias abordagens à intensidade de ocorrência de inadimplência que focalizam "tempos até a inadimplência" correlacionados. Isto permite que o modelo responda perguntas tais como: Qual a pior semana, o pior mês, ano, etc. dos últimos N anos, em termos de risco da carteira de empréstimos? Este pior período será quando as intensidades de inadimplência correlacionadas estiveram mais elevadas (inadimplências ocorridas ao mesmo tempo). Com eventos de crédito conjuntos, parte da intensidade de inadimplência de cada devedor é ligada a um evento semelhante com alguma probabilidade. Por exemplo, o modelo baseado em intensidade de Duffie e Singleton (1998) permite que intensidades de inadimplência sejam correlacionadas tanto através de mudanças nas próprias intensidades de inadimplência quanto eventos de crédito conjuntos.[13] Estes autores discutem vários algoritmos para estimar intensidades de correlação de inadimplência e oferecem uma excelente avaliação da literatura sobre modelos de intensidade.

Tabela 10.7 A Ligação Entre Índices Médios de Inadimplência e Correlações de Inadimplência

M_A	0,5%	5%	10%
M_B	1%	2%	7%
σ_{Ak}	1	1	1
θ_{Bk}	1	1	1
σ_k/M_k	70%	70%	70%
ρ_{AB}	0,35%	1,55%	4,1%

Fonte: Credit Risk+, Documento Técnico, Credit Suisse Financial Products, outubro de 1997.

Resumo

Este capítulo avaliou várias abordagens à aplicação de modelos do tipo MPT a uma carteira de empréstimos.

A maioria dos novos modelos não são modelos MPT plenos (retornos são freqüentemente não-modelados), mas sua importância reside na ligação que demonstram entre (1) correlações de inadimplência e o risco de carteiras de empréstimos e (2) a diversificação da carteira e o risco das carteiras de empréstimos. Em especial, o consenso da literatura até aqui parece ser que, em média, as correlações de inadimplência são baixas e os ganhos através da diversificação de carteiras de empréstimos são potencialmente altos. Além disso, uma implicação importante

---

[13] Um dos modelos discutidos por Duffie e Singleton (1998) dá uma boa idéia da abordagem. Este modelo se baseia em processos de saltos de intensidade correlacionados. Neste modelo, devedores têm intensidades de inadimplência que revertem à média correlacionada com a "regra de distribuição de Poisson" de saltos de tamanho aleatório. Eles então formulam as ocorrências de intensidade de inadimplência de devedores individuais como exponenciais multivariadas, o que permite que desenvolvam um modelo para a simulação de inadimplências correlacionadas.

desses modelos é que os atuais 8 por cento do índice de capital baseado em risco do BIS, que desconsidera correlações entre empréstimos na determinação de exigências de capital, podem ser falhos. Em especial, modelos baseados em MPT sugerem que carteiras de empréstimos nas quais riscos de inadimplência de empréstimos individuais são altamente correlacionados, devem ser sujeitas a exigências de capital mais elevadas do que carteiras de empréstimos do mesmo porte, nas quais as correlações de riscos de inadimplência são relativamente baixas. Em contraste, os regulamentos do BIS especificam que a mesma exigência de capital será imposta a carteiras de empréstimos do setor privado de igual porte, independentemente de seu país, setor industrial ou sua composição de tomadores.

APÊNDICE 10.1

A Solução Simplificada da Subcarteira de Dois Ativos para o Caso da Carteira de N Ativos

A fórmula-padrão para o risco de uma carteira é:

$$\sigma_p^2 = \sum_{i=1}^{n} \sigma^2(V_i) + 2 \cdot \sum_{i=1}^{n-1} \sum_{j=i+1}^{n} COV(V_i, V_j) \qquad (10.1A)$$

Alternativamente, podemos relacionar os termos de covariância às variâncias de pares de ativos, onde

$$\sigma^2(V_i + V_j) = \sigma^2(V_i) + 2 \cdot COV(V_i, V_j) + \sigma^2(V_j) \qquad (10.2A)$$

e assim

$$2COV(V_i, V_j) = \sigma^2(V_i + V_j) - \sigma^2(V_i) - \sigma^2(V_j) \qquad (10.3A)$$

Substituindo a equação por $2COV(V_i, V_j)$ na equação (10.1A), podemos expressar o desvio-padrão da carteira em termos dos desvios-padrão das subcarteiras contendo dois ativos:

$$\sigma_p^2 = \sum_{i=1}^{n-1} \sum_{j=i+1}^{n} \sigma^2(V_i + V_j) - (n-2) \cdot \sum_{i=1}^{n} \sigma^2(V_i) \qquad (10.4A)$$

Capítulo 11

Testes Retroativos e Testes de Estresse de Modelos de Risco de Crédito

Introdução

Uma questão-chave para banqueiros e reguladores é a validação de modelos internos e acurácia previsiva. No contexto de modelos de mercado, esta questão tem levado a numerosos esforços para "testar retroativamente" os modelos com a finalidade de determinar sua acurácia previsiva. Atualmente, sob as exigências de capital baseado no risco de mercado do BIS, um banco deve testar seu modelo interno de mercado retroativamente ao longo de um mínimo de 250 dias anteriores se for utilizado para cálculos de exigência de capital. Se os erros no VAR previsto nestes 250 dias forem demasiadamente grandes (ou seja, o risco é subestimado em demasiados dias), um sistema de penalidades é imposto pelos reguladores para criar incentivos para que banqueiros acertem seus modelos.[1]

Muitos observadores têm argumentado, entretanto, que o teste retroativo ao longo de 250 dias simplesmente não basta, dados os elevados erros-padrão que provavelmente serão envolvidos se o período não for representativo. Para mostrar a probabilidade deste tipo de erro, o Apêndice a este capítulo apresenta um exemplo de teste retroativo de um modelo VAR bastante simples, de moeda estrangeira (FX), baseado em simulações históricas. Para reduzir erros deste tipo, uma sugestão tem sido aumentar o número de observações diárias anteriores ao longo das quais o teste retroativo de um modelo é realizado. Por exemplo, considera-se comumente que

---

[1] Sob as regras para modelos internos do BIS para risco de mercado, o VAR interno do banco deve ser multiplicado por um valor mínimo de 3. Intuitivamente, este 3 pode ser considerado como um múltiplo de teste de estresse acomodando valores extremos na tail extremidade de 99 por cento da distribuição. Se, ao testar um modelo retroativamente, reguladores/auditores verificarem que o modelo subestimou o VAR em menos de 4 dos últimos 250 dias, este é colocado em uma zona verde e o multiplicador de VAR permanece em seu valor mínimo de três. Se forem verificados entre 4 e 9 dias de risco subestimado (de um total de 250 dias), o modelo é colocado na zona amarela e o multiplicador é aumentado para um valor entre 3,4 e 3,85. Se forem encontrados mais de 10 erros diários, o fator de multiplicação para o VAR interno é estabelecido em 4 (o modelo é colocado na zona vermelha). Alguns observadores rotularam este sistema regulamentar de penalidades de sistema "sinal de trânsito".

pelo menos 1.000 observações diárias anteriores seriam adequadas para assegurar que o período escolhido seja "representativo" em termos de teste de acurácia previsiva de qualquer dado modelo. Infelizmente, mesmo no caso de ativos financeiros negociados comercialmente como moedas, um período de 1.000 dias anteriores exige voltar 4 anos atrás no tempo e poderá envolver uma faixa larga e não-representativa de regimes FX.

TESTE RETROATIVO DE MODELOS DE RISCO DE CRÉDITO

Para aplicar testes retroativos ou de estresse a modelos de risco de mercado de forma apropriada, 250 observações podem ser consideradas demasiadamente poucas, mas é pouco provável que um banco seja capaz de gerar sequer este número de observações de série temporal passadas para testar retroativamente seus modelos internos de risco de crédito. Por exemplo, com observações anuais (que são as mais prováveis de estarem disponíveis), um banco poderia ser capaz de gerar apenas 40 observações anteriores cobrindo 5 ou 6 ciclos de crédito.[2] Portanto, um banqueiro/regulador terá problemas sérios em realizar testes retroativos de série temporal similares aos atualmente disponíveis para modelos de risco de mercado.

TESTE DE ESTRESSE DE SÉRIE TEMPORAL *VERSUS* DE CORTE TRANSVERSAL

Em um conjunto recente de papers, Granger e Huang (1997), em um nível teórico, e Carey (1998) e Lopez e Saidenberg (1998), em um nível de simulação/empírico, mostram que testes de estresse similares aos realizados ao longo do tempo para modelos de risco de mercado podem ser realizados utilizando dados de corte transversal ou de "panel" para modelos de risco de crédito. Em especial, suponha que em qualquer ano dado, um banco tem uma amostra de N empréstimos em sua carteira, onde N é grande. Através de subamostragem repetida da carteira total de empréstimos, é possível desenvolver uma distribuição de corte transversal de perdas esperadas, perdas inesperadas e a função plena de densidade da probabilidade de perdas. Comparando as distribuições de perdas de corte transversal das subcarteiras com a distribuição plena de perdas efetivas da carteira, é possível gerar uma idéia da acurácia previsiva do modelo de risco de crédito. Por exemplo, se o modelo for um bom previsor, o índice mediano médio de perdas e o índice médio de perdas do 99º percentil de 10.000 subcarteiras, aleatoriamente escolhidas da carteira total de empréstimos, devem estar bastante próximos dos índices de perdas médio e do 99º percentil efetivos da carteira de empréstimos total experimentados naquele ano. Com efeito, diferentes modelos podem ter diferentes erros de previsão,

---

[2] Mesmo isto é um tanto otimista; nem as entidades classificadoras possuem históricos de inadimplência que remontem a tanto tempo. Atualmente, a maioria dos bancos tem talvez dois ou três anos de dados utilizáveis.

e o tamanho relativo dos erros de previsão, pode ser utilizado para determinar o "melhor" modelo [ver Lopez e Saidenberg (1998)].

Diversas questões estatísticas surgem com os testes de estresse de corte transversal, mas estas geralmente são semelhantes às que surgem com os testes de estresse de série temporal (ou testes retroativos). A primeira questão é que o número de empréstimos na carteira tem que ser grande. Por exemplo, a amostra de Carey (1998) é baseada em 30.000 bonds de colocação privada detidos por uma dezena de companhias de seguros de vida entre 1986 e 1992, um período durante o qual mais de 300 eventos relacionados a crédito (inadimplências, reestruturações de dívida, e assim por diante) ocorreram com os emitentes dos bonds. As subamostras escolhidas variaram em tamanho; por exemplo, carteiras de $0,5 bilhão a $15 bilhões em tamanho contendo não mais que 3 por cento dos bonds de qualquer emitente único. A Tabela 11.1 mostra os índices de perda simulados de 50.000 carteiras de subamostra retiradas da população de 30.000 bonds. Subcarteiras foram limitadas a $1 bilhão em termos de tamanho.

Tabela 11.1 Distribuição de Índices de Perda Quando as Amostras Monte Carlo são de Anos Bons *versus* Anos Ruins.

Esta tabela compara estimativas Monte Carlo de perdas de carteiras no percentil médio e em vários percentis da distribuição de índices de perda, quando as amostras Monte Carlo são limitadas a anos "bons", 1986-1989, aos anos "ruins", 1990-1992 e ao ano "pior", 1991. Todas as carteiras utilizadas como amostra têm tamanho de $1 bilhão. Os dois painéis, cada um com três linhas, exibem resultados obtidos quando todos os ativos da carteira são classificados como "investiment grade" e quando estão abaixo desse nível (classificados pior que BBB), respectivamente. Um limite de exposição a um só tomador de 3 por cento do tamanho da carteira foi imposto na construção de carteiras simuladas. Os resultados de cada linha se baseiam em 50.000 carteiras simuladas.

Características da Carteira			Índices Simulados de Perda de Carteiras (Percentual)					
				Nos Percentis de Distribuição de Perdas				
% Classificado < BBB	Anos Utilizados no Monte Carlo	Média	95	97,5	99	99,5	99,9	99,95
0%	Bom: 1986-1989	0,09	0,53	0,74	1,40	1,46	1,98	2,14
0%	Ruim: 1990-1992	0,15	0,87	1,26	1,45	1,59	2,22	2,28
0%	Muito Ruim: 1991	0,16	0,91	1,40	1,54	1,67	2,28	2,36
100%	Bom: 1986-1989	1,73	4,18	4,63	5,11	5,43	5,91	6,05
100%	Ruim: 1990-1992	2,53	5,59	6,31	7,19	7,82	8,95	9,33
100%	Muito Ruim: 1991	3,76	6,68	7,30	8,04	8,55	9,72	10,19

Fonte: Mark Carey, "Credit Risk in Private Debt Portfolios", *Journal of Finance*, Vol. 53, agosto, 1998, pp. 1363-1387.

Os índices de perdas variam a cada ano. Em 1991, que foi o pior ano da última recessão dos EUA, 50.000 carteiras simuladas contendo bonds classificados abaixo de "investment grade" (< BBB), produziram um índice (médio) de perda de 8,04 por cento, bastante próximo da exigência de capital baseado no risco de 8 por cento do BIS. Entretanto, observe que nos anos relativamente bons (ou seja, 1986-1989), o índice de perda de 99 por cento foi muito mais baixo: 5,11 por cento.

A segunda questão é o efeito de valores extremos sobre as distribuições simuladas de perdas. Alguns valores muito extremos podem afetar seriamente a média, a variância, o viés e a curtose de uma distribuição estimada, bem como as correlações entre empréstimos implícitas na carteira. Em um contexto de modelo de risco de mercado, Stahl (1998) demonstrou como apenas 5 valores extremos em 1.000, em termos de taxas de câmbio de moedas estrangeiras, podem ter um grande impacto nas correlações estimadas entre moedas-chave. Com respeito a risco de crédito, o perigo é que algumas grandes inadimplências em qualquer ano dado poderiam distorcer seriamente o poder de previsão de qualquer teste de corte transversal de um dado modelo.

A terceira questão, e talvez a mais preocupante, é a representatividade de qualquer ano dado ou subperíodo escolhido na avaliação de momentos estatísticos como o índice (médio) esperado de perdas e o índice de perdas inesperadas de 99 por cento. Suponha que examinemos 1991, um ano de recessão. Um conjunto de fatores de risco sistemáticos e não-sistemáticos provavelmente determinou a intensidade da recessão. Quanto mais um ano de recessão reflete fatores de risco sistemáticos ao invés de fatores não-sistemáticos, mais representativa será a experiência de perdas daquele ano, em um sentido "preditivo", para anos recessivos ruins no futuro. Isto sugere que algum tipo de teste de filtragem precisa ser realizado para vários anos recessivos antes que a experiência de perdas de um determinado ano possa ser escolhida como benchmark para testar a acurácia previsiva entre modelos de risco de crédito e para o cálculo de exigências de capital.[3]

Resumo

Uma medida-chave da utilidade dos modelos internos de risco de crédito é a sua capacidade de previsão. Testes de capacidade previsiva — como testes retroativos — são difíceis para modelos de risco de crédito devido à falta de dados de série temporal suficientemente extensos. Não obstante, dada uma carteira de empréstimos grande e representativa (em um sentido de risco de inadimplência), é possível submeter a testes de estresse modelos de risco de crédito utilizando técnicas de amostragem de corte transversal de subcarteiras que oferecem informações previsivas sobre índices médios de perdas e índices de perdas inesperadas. Além disso, a acurácia previsiva — em um sentido de corte transversal — de diferentes modelos pode ser utilizada para escolher dentre modelos diferentes. No futuro, conjuntos de dados e até mesmo experiências de série temporal de perdas decorrentes de empréstimos mais abrangentes, provavelmente serão desenvolvidos por bancos e/ou por consórcios de bancos. Por estarmos no início de tal exercício, é importante

---

[3] A analogia com modelos de teste retroativo utilizando dados de série temporal é ligada ao quão representativo é o período passado (ou seja, os últimos 250 dias, sob as regras do BIS).

observar que, para serem verdadeiramente úteis, estes conjuntos de dados de experiência de carteiras de empréstimos devem incluir não apenas a experiência de perdas mas também as variáveis condicionantes que os diferentes modelos exigem (ex.: recuperações, tamanho de empréstimo, classificações, taxas de juros, comissões, e assim por diante; ver Capítulo 8).

APÊNDICE 11.1

VAR e Modelos de Risco de Mercado: A Abordagem de Simulação Histórica

A idéia essencial é tomar uma carteira de ativos de mercado (FX, bonds, ações, etc.) e reavaliá-los com base nos preços efetivos (retornos) existentes para estes ativos no dia anterior, no dia anterior àquele, e assim por diante. Por exemplo, uma IF poderia calcular o VAR de sua carteira de FX com base em preços (taxas de câmbio) existentes para estes ativos em cada um dos 500 dias anteriores.

Considere o exemplo na Tabela 11.1A, em que uma IF dos EUA está negociando duas moedas: o iene japonês e o franco suíço. No fechamento do pregão em 1 de dezembro de 2000, ela tem uma posição comprada de ienes japoneses de ¥500.000.000 e uma posição comprada em francos suíços de SF20.000.000. Deseja avaliar seu VAR de 5 por cento; ou seja, se amanhã for um dia ruim em 20 (o caso de 5 por cento de dia ruim), quanto poderá perder sobre sua posição total em moeda estrangeira? Como demonstrado na Tabela 11.1A, seis passos são necessários para se calcular o VAR de sua carteira de moedas estrangeiras. A mesma abordagem metodológica seria seguida para calcular o VAR de qualquer ativo ou passivo (ou seja, bonds, empréstimos, e assim por diante), desde que os preços de mercado sejam disponíveis para um período de tempo suficientemente extenso.

PASSO 1. MEDIR EXPOSIÇÕES

Converter as posições em moedas estrangeiras para seus equivalentes em dólares dos EUA às taxas de câmbio de hoje. Assim, avaliando sua posição em FX em 1 de dezembro de 2000, a IF tem uma posição comprada de $3.846.154 em ienes e de $14.285.714 em francos suíços.

PASSO 2. MEDIR SENSIBILIDADE

Meça a sensibilidade de cada posição FX calculando seu delta, onde delta mede as variações no valor em dólares de cada posição FX se o iene e o franco suíço depreciarem (declínio de valor) em 1 por cento em relação ao dólar. Como pode ser verificado na linha 6 da Tabela 11.1A, o delta é –$38.081 para a posição em ienes japoneses e –$141.442 para a posição em francos suíços.

TESTES RETROATIVOS E TESTES DE ESTRESSE DE MODELOS DE RISCO DE CRÉDITO

Tabela 11.1A Exemplo Hipotético da Abordagem Histórica ou de Simulação Retroativa Utilizando Duas Moedas em 1 de Dezembro de 2000

Passo 1. Medir Exposições

		Ienes (¥)	Francos Suíços (SF)
1.	Posição de fechamento em 1 de dezembro de 2000	500.000.000	20.000.000
2.	Taxa de câmbio em 1 de dezembro de 2000	¥130/$1	SF1,4/$1
3.	Posição equivalente em US$ em 1 de dezembro de 2000	$3.846.154	$14.285.714

Passo 2. Medir Sensibilidade

		Ienes (¥)	Francos Suíços (SF)
4.	1,01 × Taxa de câmbio atual	¥131,3	SF1,414
5.	Posição reavaliada ($)	$3.808.073	$14.144.272
6.	Delta da posição ($) (Medição da sensibilidade a uma mudança adversa de 1 por cento na taxa de câmbio, ou item 5 menos item 3)	–$38.081	–141.442

Passo 3. Medir Risco em 1 de dezembro de 2000, Posição de Fechamento, Utilizando as Taxas de Câmbio Existentes em Cada Um dos Últimos 500 Dias

30 de novembro de 2000

7.	Variação da taxa de câmbio (%) em 30 de novembro de 2000	0,5%	0,2%
8.	Risco (delta × variação da taxa de câmbio)	–$19.040,5	–$28.288,4
9.	Soma dos riscos = –$47.328,9		

Passo 4. Repetir o Passo 3 para Cada Um dos 499 Dias Restantes

29 de novembro de 2000	...	...
15 de abril de 1999	...	...
30 de novembro de 1998	...	...

Passo 5. Classificar os Dias, do Pior para o Melhor

Dia	Data	Risco ($)
1	6 de maio de 1999	–105.669
2	27 de janeiro de 2000	–103.276
3	1 de dezembro de 1998	–90.939
.		
25	30 de novembro de 2000	–47.328,9
.		
499	8 de abril de 2000	+98.833
500	28 de julho de 1999	+108.376

Passo 6. VAR (25º Pior Dia dos Últimos 500)

VAR = $47.328,9 (30 de novembro de 2000)

Este é o VAR esperado para o próximo dia de negociação (2 de dezembro de 2000, em nosso exemplo)

Passo 3. Medir o Risco

Verifique os percentuais efetivos de variações nas taxas de câmbio (¥/$ e SF/$) em cada um dos 500 dias anteriores. Assim, durante o dia 30 de novembro de 2000, o iene declinou de valor em relação ao dólar em 0,5 por cento e o franco suíço em 0,2 por cento. (Se as moedas valorizassem em relação ao dólar, o sinal do número na linha 7 da Tabela 11.1A seria negativo, porque menos unidades de moeda estrangeira seriam necessárias para comprar um dólar do que no dia anterior.) Na linha 8, combinando o delta (para uma variação de 1%) e a variação percentual efetiva em cada taxa de FX significa uma perda total de $47.328,90 se a IF tivesse mantido as posições correntes de ¥500.000.000 e SF20.000.000 em 30 de novembro de 2000.

Passo 4. Repetir o Passo 3

O passo 4 repete o mesmo exercício para as posições em ienes e em francos suíços, mas utiliza as taxas de câmbio em 29 de novembro de 2000, 28 de novembro de 2000, e assim por diante. As perdas e/ou ganhos em cada um dos 500 dias anteriores são calculados, excluindo fins de semana e feriados nos quais o mercado de FX está fechado. Isto representa voltar no tempo mais de 2 anos. Para cada um desses dias a mudança efetiva nas taxas de câmbio é calculada (linha 7) e multiplicada pelo delta de cada posição (os números na linha 6 da Tabela 11.1A). Estes dois números são somados para se chegar às medições de risco total para cada um dos 500 dias anteriores.

Passo 5. Classificar Dias por Risco, do Pior para o Melhor

Estas medições de risco podem então ser classificadas de pior para melhor. O pior caso de perda teria ocorrido nesta posição em 6 de maio de 1999, quando a perda total foi de $105.669. Este "cenário de pior hipótese" seria do interesse de gerentes de IF, mas nós estamos interessados, para fins deste exemplo, no pior caso de 5 por cento; ou seja, uma perda que exceda este valor não ocorre em mais de 25 dias durante os 500 dias (25/500 é igual a 5 por cento). Em nosso exemplo, a 25ª pior perda em 500 ocorreu em 30 de novembro de 2000. A perda montou em $47.328,90.

Passo 6. VAR

Se for suposto que a distribuição passada recente de taxas de câmbio é um previsor acurado da provável distribuição da variação das taxas de câmbio no futuro próximo, ou seja, que as taxas de câmbio têm uma distribuição "estacionária", então os $47.328,90 podem ser considerados como a exposição do VAR do FX da IF em 1 de dezembro de 2000. Se o dia seguinte (no nosso exemplo, 2 de dezembro de 2000) for um dia ruim nos mercados de FX, e dada a posição comprada de ¥500 milhões e de SF 20 milhões, a IF pode esperar perder $47.328,90 (ou mais) com uma probabilidade de 5 por cento. Esta previsão de VAR pode então ser comparada à realização efetiva de perdas/ganhos em 2 de dezembro de 2000. A medição de VAR é então atualizada a cada dia à medida que a posição de FX muda, assim como mudam o delta e os componentes da janela de 500 dias, com um dia retirado (o mais antigo) e um dia adicionado (o mais recente). Por exemplo, dada a natureza da negociação FX, as posições detidas em 5 de dezembro de 2000 podem ser muito diferentes das do dia 1 de dezembro de 2000. Além disso, uma mudança significativa em uma taxa de câmbio importante entre os dias 1 e 5 de dezembro pode ter um grande impacto no VAR de 5 por cento calculado durante períodos de janelas móveis de 500 dias. O VAR previsto (do dia seguinte) é comparado aos ganhos/perdas efetivos de FX realizados naquele dia para cada um dos 250 dias seguintes (supondo 250 dias de negociação entre 2 de dezembro de 2000 e 1 de dezembro de 2001). Também supomos que os testes retroativos estejam sendo realizados em 2 de dezembro de 2001, e que o regulador/auditor de modelo esteja avaliando o desempenho do modelo ao longo dos 250 dias anteriores (2 de dezembro de 2000 a 1 de dezembro de 2001). Se o modelo estiver "previsivamente" correto, as perdas realizadas devem igualar ou exceder os VARs do modelo em $12\frac{1}{2}$ dias dos 250 dias de negociação (5 por cento do tempo). Se as perdas realizadas excederem os VARs do modelo em mais de $12\frac{1}{2}$ dias, ou há um erro no modelo ou o período de 250 dias é curto demais ou representativo de menos para testar a validade do modelo. Por exemplo, a janela de 500 dias pode ser estreita demais para simular os VARs historicamente e/ou os 250 dias podem constituir um período "não-representativo" para testar por estresse o modelo.

CAPÍTULO 12

Modelos RAROC

INTRODUÇÃO

Hoje, praticamente todos os principais bancos e IF desenvolveram modelos RAROC (retorno sobre capital ajustado ao risco) para avaliarem a lucratividade de várias linhas de negócios, incluindo seus empréstimos. O conceito RAROC foi introduzido pela primeira vez pelo Bankers Trust na década de 70. A recente onda entre bancos e outras IFs de adoção de formas privativas na abordagem RAROC pode ser explicada por duas forças principais: (1) a exigência dos acionistas por desempenho melhorado, especialmente pela maximização do valor para o acionista, e (2) o crescimento de conglomerados de IFs construídos em torno de unidades de negócios (ou centros de lucros) separadas. Estes dois acontecimentos foram o ímpeto para que bancos desenvolvessem uma medida de desempenho comparável através de unidades de negócios, especialmente quando o capital do banco é tanto caro quanto limitado.

O QUE É RAROC?

Em termos da moderna teoria de carteiras (MPT), RAROC pode ser mais bem descrito como um coeficiente de Sharpe para unidades de negócios, inclusive para empréstimos. Seu numerador, como explicado abaixo, é alguma medida de lucro ajustado ao longo ou de um período futuro (o próximo ano) ou de um período anterior (o ano passado). O denominador é uma medida da perda inesperada de capital econômico em risco (VAR) como resultado daquela atividade. Assim:

$$\text{RAROC} = \frac{\text{Lucro ajustado}}{\text{Capital em risco}} \qquad (12.1)$$

Neste capítulo, nos concentraremos na medição de RAROC em termos de empréstimos, mesmo que, como observado acima, este possa ser aplicado a todas as áreas do banco.[1] Uma vez calculado, o RAROC de um empréstimo deve ser comparado a alguma taxa de atratividade que reflita o custo de recursos do banco ou o custo de oportunidade dos acionistas por deterem capital do banco. Assim, em alguns modelos RAROC, a taxa de atratividade é o retorno sobre capital (ROE) dos acionistas; em outros é alguma medida da média ponderada do custo de capital (WACC).[2]

Se:

$$\text{RAROC} > \text{Taxa de atratividade} \tag{12.2}$$

então o empréstimo é considerado como agregador de valor, e o escasso capital do banco deve ser alocado a esta atividade.

Como RAROC tem sido historicamente calculado em bases individuais, desprezando correlações entre atividades, o número de projetos/atividades que satisfazem a equação 12.2 freqüentemente excede o capital (econômico) disponível do banco. Poderá levar tempo para levantar capital novo para financiar todos os projetos "valiosos" (em um sentido de RAROC), e portanto uma segunda rodada de alocação de capital econômico geralmente ocorre [ver Dermine (1998) e Crouhy, Turnbull e Wakeman (1998)]. Para calcular um peso (w_j) de tal forma que:

$$w_j = EC_B / \sum_{j=1}^{n} EC_j \tag{12.3}$$

onde EC_B é o capital econômico disponível do banco e EC_j a alocação individual de capital econômico aos projetos viáveis (aceitáveis) na equação (12.2). O capital econômico marginal alocado para a jª unidade de negócios é:

$$w_j EC_j \tag{12.4}$$

e para todas as unidades de negócios:

$$\sum_{j=1}^{n} w_j EC_j = EC_B \tag{12.5}$$

RAROC vs. ROA vs. RORAC

Antes de examinarmos as diferentes formas que podem ser tomadas pelo RAROC, vale a pena comparar rapidamente RAROC com ROA (retorno sobre

---

[1] De acordo com Zaik, Walter e Kelling (1996), o Bank of America aplica seu modelo RAROC a 46 diferentes unidades de negócios do banco.

[2] De modo geral, a WACC será menor que o ROE, especialmente se os custos de endividamento forem deduzíveis do imposto de renda.

ativos) e com RORAC (retorno sobre capital ajustado ao risco). As fórmulas para estas medições alternativas de desempenho (de empréstimos) são:

$$ROA = \frac{\text{Lucro ajustado}}{\text{Ativos emprestados}} \qquad (12.6)$$

$$RORAC = \frac{\text{Lucro ajustado}}{\text{Exigência de capital baseado em risco do BIS}} \qquad (12.7)$$

Todas as três medições — RAROC, ROA e RORAC — têm o potencial de calcular lucro de forma semelhante, mas diferem no cálculo do denominador. Assim, o ROA, uma medida tradicional de desempenho, descarta totalmente o risco da atividade de emprestar, e utiliza ativos emprestados como denominador. RORAC utiliza a exigência regulamentar de capital do BIS como medida do capital em risco da atividade. Para empréstimos ao setor privado, isto significa multiplicar o valor contábil do empréstimo pendente por 8 por cento. Em comparação, as formas alternativas do RAROC discutidas a seguir procuram medir mais precisamente a exposição econômica, ou VAR, decorrente da atividade de emprestar.

FORMAS ALTERNATIVAS DE RAROC

Discutiremos aqui os dois componentes do coeficiente: (1) o numerador e (2) o denominador.

O Numerador

Como demonstrado na equação (12.1), o numerador reflete o lucro esperado ajustado de um empréstimo de um ano. O numerador pode refletir todos os fatores ou um subconjunto destes na equação (12.8):

$$\text{Lucro ajustado} = \text{Spread} + \text{Taxas e Comissões} - (\text{Perda esperada}) - (\text{Custos operacionais}) \qquad (12.8)$$

O termo referente a spread reflete o lucro direto ganho sobre o empréstimo — essencialmente a diferença entre a taxa de empréstimo e o custo de recursos do banco. A isto devem ser somados as outras receitas diretamente atribuíveis ao empréstimo ao longo do próximo ano. Por exemplo, taxas de abertura de crédito seriam adicionadas, bem como comissões de compromisso. Existem, entretanto, várias áreas "indefinidas". Suponha que, ao conceder um empréstimo a uma pequena empresa, esta traga como reciprocidade a administração de seus recebíveis para o banco (o efeito de relacionamento com cliente) e que aquele negócio também gere receitas adicionais. Um gerente de negócios poderá considerar estas receitas de gestão de ativos como parte da lucratividade do empréstimo e, portanto, parte do cálculo do RAROC do empréstimo. O gerente de negócios do banco também apropriará algumas das receitas, como parte de seu cálculo RAROC para a unidade de gestão de ativos. O perigo é que as receitas sejam objeto de contagem tríplice. Uma alocação de receitas muito cuidadosa, através de alguma matriz de alocação é necessária, para evitar o problema de "contagem dupla".[3]

Em muitos modelos RAROC, duas deduções são comumente realizadas do spread e das taxas para fins de cálculo do lucro. A primeira reconhece que perdas esperadas fazem parte dos negócios bancários normais e as deduz da receita direta. Uma maneira de fazer isso seria utilizar um modelo tipo KMV no qual:

$$\text{Perda esperada}_i = \text{EDF}_i \times \text{LGD}_i \tag{12.9}$$

Alternativamente, algumas reservas anuais para perdas baseadas em contabilidade podem ser alocadas ao empréstimo. Como observa Dermine (1998), isto pode distorcer o cálculo se houver uma ligação entre o prazo até o vencimento do empréstimo e o montante das reservas anuais para perdas. Por fim, alguns modelos RAROC deduzem medidas de custos operacionais de um empréstimo, como o tempo e recursos do gerente de negócios na originação e no monitoramento do empréstimo. Na prática, a alocação precisa de tais custos aos empréstimos tem se mostrado muito difícil.

O Denominador

Historicamente, duas abordagens emergiram para medir o denominador da equação RAROC ou capital econômico em risco. A primeira abordagem, seguindo o Bankers Trust, desenvolve uma medida baseada em mercado. A segunda, seguindo o Bank of America entre outros, desenvolve uma medida experiencial ou historicamente baseada.

A abordagem original do Bankers Trust era a de medir o capital em risco como sendo igual à mudança (adversa) máxima no valor de mercado de um empréstimo ao longo do ano seguinte. Começando pela equação de "duration":

$$\frac{\Delta L}{L} = - D_L \frac{\Delta R}{1 + R_L} \tag{12.10}$$

$(\Delta L/L)$ é a mudança percentual no valor de mercado do empréstimo esperada para o próximo ano, D_L é a "duration" de Macauley do empréstimo e $(\Delta R/1 + R_L)$ é a mudança máxima descontada esperada no prêmio de risco de crédito do empréstimo durante o próximo ano.[4]

---

[3] Não obstante, alguns bancos adotam uma abordagem de "relacionamento com clientes" e calculam o RAROC para o relacionamento como um todo.

[4] O risco de crédito difere do risco do mercado em que a taxa de juros do empréstimo pode ser decomposta em:

$R_L = R_F + R,$

onde R_L é a taxa do empréstimo, R_F é a taxa livre de risco de crédito ("Treasury rate") de um bonds de "duration" similar e R é o spread de crédito. Aqui, não estamos preocupados com as mudanças em $R_F(\Delta R_F)$ que afetam o valor de mercado do empréstimo, e sim com os efeitos de variações em $R(\Delta_R)$, o spread de crédito.

MODELOS RAROC

Podemos reescrever a equação da "duration" com a seguinte interpretação:

ΔL	=	$-D_L$	×	L	×	$(\Delta R / 1 + R_L)$	
(Exposição a risco do capital em dólares ou montante de perdas)		("Duration" do empréstimo)		(Montante em risco ou valor do empréstimo)		(Mudança descontada esperada no prêmio de crédito ou fator de risco do empréstimo)	(12.11)

A "duration" do empréstimo (digamos, 2,7 anos) e o montante do empréstimo (digamos $1 milhão) são facilmente estimados. É mais difícil estimar a mudança máxima do prêmio de risco de crédito sobre o empréstimo esperada para o próximo ano. Dados publicamente disponíveis sobre prêmios de risco de empréstimos são escassos, e assim usuários desta abordagem se voltam para dados publicamente disponíveis do mercado de bonds corporativos para estimar prêmios de risco de crédito. Primeiro, um rating de crédito da Standard & Poor's (S&P) ou de outra entidade classificadora (AAA, AA, A, e assim por diante) é atribuído a um tomador. Daí em diante, são analisadas as mudanças de prêmios de risco de todos os bonds negociados naquela classe específica, ao longo do ano anterior. O ΔR na equação RAROC será então:

$$\Delta R = \text{Max} \, [\Delta \, (R_i - R_G) > 0] \tag{12.12}$$

onde $\Delta \, (R_i - R_G)$ é a mudança no spread de rendimentos entre bonds corporativos da classe de crédito i (R_i) e bonds do Tesouro de duração equivalente (R_G) ao longo do ano anterior. Considerado apenas o cenário da pior hipótese, é escolhida a mudança do spread de rendimentos, ao invés da mudança da média.

Como exemplo, vamos avaliar o risco de crédito de um empréstimo a um tomador AAA. Suponha que há atualmente 400 bonds naquela classe negociados em bolsa (os bonds foram emitidos por empresas cuja classificação é semelhante à do tomador). O primeiro passo é avaliar as variações efetivas dos prêmios de risco de crédito ($R_i - R_G$) para cada bonds ao longo do ano anterior. Estas variações (hipotéticas) são plotadas da curva de freqüência da Figura 12.1. Vão desde uma queda do prêmio de risco de 1 por cento até um aumento de 3,5 por cento. Como o maior aumento pode representar um número demasiadamente extremo (não-representativo), a pior hipótese de 99 por cento será escolhida. (Apenas 4 bonds em 400 têm aumentos de prêmio de risco excedendo a pior hipótese de 99 por cento. Para o exemplo mostrado na Figura 12.1, isto é igual a 1,1 por cento.)

A estimativa do risco do empréstimo (ou de capital), supondo que o nível médio corrente de taxas para bonds AAA seja de 10 por cento, é:

$$\begin{aligned}\Delta L &= -D_L \times L \times \frac{\Delta R}{1 + R_L} \\ &= -(2{,}7)(\$1 \text{ milhão})\left(\frac{0{,}011}{1{,}1}\right) \\ &= -\$27.000\end{aligned} \tag{12.13}$$

Assim, embora o valor de face do montante do empréstimo seja de $1 milhão, o montante em risco, ou a mudança no valor de mercado do empréstimo devido a um declínio na sua qualidade de crédito, é de $27.000.

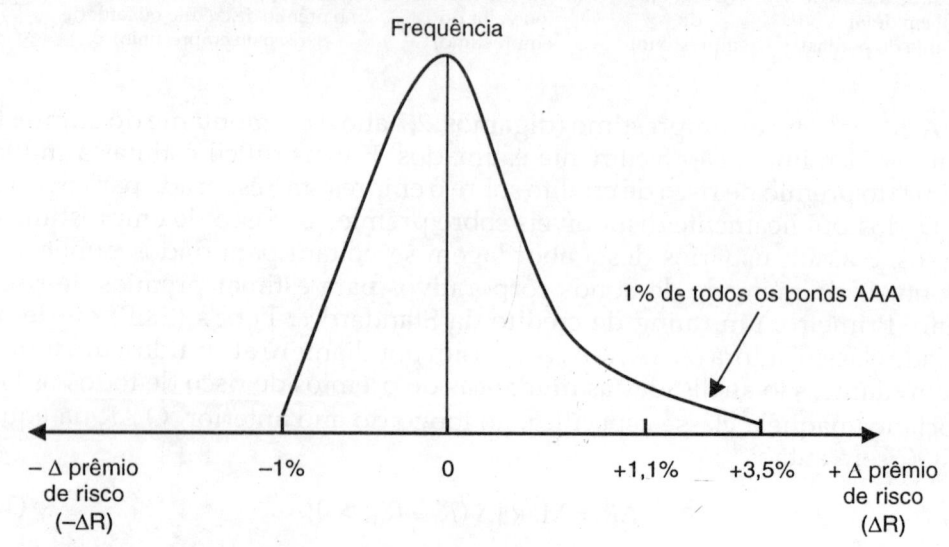

Figura 12.1 Estimando a Mudança no Prêmio de Risco.

Para determinar se vale a pena conceder o empréstimo, o risco estimado do empréstimo é comparado ao lucro ajustado do empréstimo. Suponha que o lucro ajustado anual projetado é:[5]

$$\text{Spread} = 0{,}2 \text{ por cento} \times \$1 \text{ milhão} = \$2.000$$
$$\text{Receitas} = 0{,}15 \text{ por cento} \times \$1 \text{ milhão} = \$1.500$$
$$\text{Perda esperada} = 0{,}1 \text{ por cento} \times \$0{,}5 \text{ milhão} = \underline{\$(500)} \quad (12.14)$$
$$\$3.000$$

$$\text{RAROC} = \frac{\text{Lucro ajustado de um ano do empréstimo}}{\text{Capital em risco } (\Delta L)} = \frac{\$3.000}{\$27.000}$$
$$= 11{,}1 \text{ por cento}$$

Se este RAROC (11,1 por cento) exceder a taxa de atratividade do banco, o empréstimo deve ser concedido.[6] A maioria dos bancos, entretanto, adota uma maneira diferente de calcular o denominador da equação RAROC ou capital em risco (perda inesperada). O cálculo geralmente envolve uma modelagem experien-

---

[5] Para fins de simplicidade, desconsideramos os custos operacionais aqui.
[6] Suponha que a taxa de atratividade do banco fosse seu ROE de 10 por cento. Então o empréstimo seria lucrativo e deveria ser concedido sob os critérios RAROC.

cial baseada em uma base de dados históricos de inadimplências de empréstimos (ou de bonds). Essencialmente, para cada tipo de tomador, o lucro ajustado de um ano é dividido pelo índice de inadimplência inesperada e o resultado é multiplicado pela perda decorrente de inadimplência (LGD), onde o índice de inadimplência inesperada é algum múltiplo do desvio-padrão histórico dos índices de inadimplência para tais tomadores. O múltiplo de σ utilizado refletirá tanto a classificação de crédito desejada do banco quanto a distribuição efetiva das perdas. Por exemplo, suponha que o banco deseje alcançar uma classificação AA e, em média, apenas 0,03 por cento das "empresas" AA sejam inadimplentes em um ano. Conseqüentemente, o montante de capital necessário precisa cobrir até 99,97 por cento das perdas de empréstimos (ativos). Com base na distribuição normal padronizada, o desvio-padrão das perdas (σ) teria que ser multiplicado por 3,4; ou seja:[7]

$$\text{Perda inesperada}_i = 3{,}4 \times \sigma_i \times \text{LGD}_i \times \text{Exposure}_i \qquad (12.15)$$

No entanto, conforme discutido nos Capítulos 3 a 7, as distribuições de perdas de crédito tendem a apresentar desvios e a ter "extremidades ampliadas" e, dependendo dessa ampliação da extremidade, o multiplicador de σ é aumentado. Por exemplo, Zaik, Walter e Kelling (1996) reportaram que o Bank of America usa um multiplicador de 6:

$$\text{Perda inesperada}_i = 6 \times \sigma_i \times \text{LGD}_i \times \text{Exposure} \qquad (12.16)$$

Outros têm argumentado em favor de um multiplicador da ordem de até 10 se um banco quiser alcançar o *status* AAA.

O Denominador RAROC e Correlações

Nem a versão baseada em mercado [equação (12.10)] nem a versão baseada em diferencial [equação 12.15)] do denominador RAROC admitem correlações (e, portanto, a diversificação) entre riscos de linhas de negócios, incluindo empréstimos. Que a equação RAROC deva levar em conta tais correlações pode ser verificado através do cálculo do RAROC, a partir de um modelo de precificação de ativos de capital de um só fator (CAPM) que descreva os trade-offs de equilíbrio de risco/retorno entre ativos. Este RAROC teórico inclui um ajuste para correlação em seu denominador. Especificamente, em conformidade com James (1996) e Crouhy, Turnbull e Wakeman (1998), o CAPM requer:

$$R_i - R_f = \beta_i(R_m - R_f) \qquad (12.17)$$

---

[7] Como discutido anteriormente, uma maneira simples de calcular σ é através do modelo binomial. Com base em N anos de dados, onde p_i é o índice de inadimplência no ano i para este tipo de tomador:

$$\sigma = \sqrt{\frac{\sum_{i=1}^{N}(p_i)(1-p_i)}{N}}$$

onde R_i = retorno sobre um ativo de risco,
R_f = taxa livre de risco,
R_m = retorno sobre a carteira de mercado,
β_i = risco sistemático do ativo de risco,
e

$$\beta_i = \frac{\sigma_{im}}{\sigma_m^2} = \frac{\rho_{im}\sigma_i\sigma_m}{\sigma_m^2} = \frac{\rho_{im}\sigma_i}{\sigma_m} \qquad (12.18)$$

onde σ_{im} = covariância entre retornos sobre o ativo de risco i e a carteira de mercado m,
σ_m = desvio-padrão do retorno sobre a carteira de mercado,
ρ_{im} = correlação entre os retornos sobre o ativo de risco i e a carteira de mercado,
$\rho_{im}\sigma_i\sigma_m = \sigma_{im}$, por definição.

Substituindo a equação (12.18) na equação (12.17), temos:

$$R_i - R_f = \rho_{im}\sigma_i\frac{(R_m - R_f)}{\sigma_m} \qquad (12.19)$$

e, rearranjando:

$$\frac{R_i - R_f}{\rho_{im} \cdot \sigma_i} = \frac{R_m - R_f}{\sigma_m}$$

(RAROC) = (taxa de atratividade) \qquad (12.20)

O lado esquerdo da equação (12.20) é o RAROC teórico; o lado direito é a taxa de atratividade. Como pode ser verificado determinando $\rho_{im} = 1$, o RAROC teórico toma a forma individual adotada pela maioria dos bancos, que é o coeficiente de Sharpe tradicional $(R_i - R_f/\sigma_i)$ para um ativo de risco. Isto claramente produzirá uma tendência contra projetos para os quais os retornos (excedentes) $(R_i - R_f)$ podem ser baixos mas que possuem baixas correlações com outros projetos no banco. Há informações de que alguns bancos estão incorporando correlações a seus denominadores RAROC; ou seja, estão medindo a perda inesperada como:

$$\text{Perda inesperada}_i = \rho_{im} \times \text{Multiplicador} \qquad (12.21)$$
$$\times \sigma_i \times \text{LGD}_i \times \text{Exposure}_i$$

Ao fazê-lo, surgem duas questões. Primeiro, a verificação da correlação do retorno sobre o empréstimo com o mercado (mesmo que estimável) pode levar a erro, a não ser que o banco detenha uma carteira muito bem diversificada de ativos (ou seja, uma carteira de mercado). Alguma especificação multifator da equação (12.17) pode ser mais apropriada em muitos casos. Segundo, a fórmula RAROC em (12.21) se torna não-implementável se ρ_{im} estiver situado na faixa $-1 \leq \rho_{im} \leq 0$.

RAROC E EVA

Existe, também, uma ligação entre RAROC e valor econômico adicionado (EVA), que é uma medida de desempenho ajustada para risco cada vez mais utilizada por bancos e outras corporações. No contexto de empréstimos, EVA requer que um empréstimo somente seja concedido se adicionar algo ao valor econômico do banco a partir da perspectiva do acionista. Na verdade, uma fórmula EVA pode ser diretamente desenvolvida a partir da fórmula RAROC.

Suponha que ROE seja a taxa de atratividade para RAROC. Um empréstimo deve ser concedido se:

$$\text{RAROC} > \text{ROE} \qquad (12.22)$$

ou

$$\frac{(\text{Spread} + \text{Receitas} - \text{Perda esperada} - \text{Custos operacionais})}{\text{Capital em risco ou capital econômico (K)}} > \text{ROE} \qquad (12.23)$$

Rearranjando, o EVA por dólar do empréstimo é positivo se:

$$(\text{Spread} + \text{Receitas} - \text{Perda esperada} - \text{Custos operacionais}) - \text{ROE} \cdot K \geq 0$$

Resumo

Este capítulo abordou o modelo RAROC de empréstimos (e de desempenho de outras unidades de negócios). RAROC é semelhante a um coeficiente de Sharpe comumente analisado na avaliação do desempenho de ativos de risco (como fundos mútuos). Há duas abordagens diferentes ao cálculo do RAROC: (1) a abordagem baseada em mercado e (2) a abordagem experiencial. Um dos principais pontos fracos do modelo RAROC é sua falha explícita de levar correlações em conta. Tal informação é necessária; caso contrário, decisões de investimento tenderão a ter uma tendência contra atividades de baixo retorno que possuam um alto valor de diversificação potencial. Uma ligação direta entre RAROC e EVA também foi descrita.

Capítulo 13

Risco de Crédito Extrabalanço (OBS)

Introdução

O enorme crescimento de contratos de balcão (OTC) extrabalanço (OBS), como swaps, contratos a termo e opções customizadas, tem suscitado questões como aonde realmente reside a exposição ao risco de crédito: No balanço patrimonial ou fora dele? Por exemplo, no final de 1997, os ativos totais (em balanço) dos bancos dos EUA eram de $4,9 trilhões. O valor técnico total de suas posições OBS era de $28,4 trilhões, e o valor técnico somente de todos os swaps de taxas de juros em circulação era de $8,9 trilhões.

Dados o crescimento e a importância de exposições OBS, surge uma questão quanto à aplicabilidade dos modelos discutidos nos Capítulos de 3 a 12 às atividades OBS. Até o ponto em que um modelo está procurando prever a probabilidade de inadimplência (como o da KMV), é tão aplicável à medição do risco de inadimplência pela contraparte em um contrato de swap quanto à inadimplência de um tomador em um contrato de empréstimo.[1] As diferenças surgem, entretanto, na medição do VAR de uma posição OBS e na avaliação de uma carteira de posições OBS.

Neste capítulo, avaliaremos o VAR de crédito de contratos OBS. Devido à importância de swaps de taxas de juros nas carteiras OBS da maioria dos bancos, grande parte da discussão será desenvolvida em torno destes instrumentos.

Medindo o Risco de Crédito e o VAR de Swaps de Taxas de Juros

Como é bem conhecido, o risco de crédito de um swap de taxas de juros é menor que o risco de crédito de um empréstimo de montante equivalente [veja, por

---

[1] Pode ser argumentado que obrigações líquidas de curto prazo (pagamentos) de contratos de swap e outros instrumentos OBS têm que ser somados a obrigações de curto prazo no balanço patrimonial ao se definir o ponto de exercício de inadimplência (ver Capítulo 3).

exemplo, Smith, Smithson e Wilford (1990)]. Especificamente, fora o fato de que a exposição a um swap de taxas de juros reflete apenas a diferença entre dois fluxos de caixa ligados por taxas de juros, e não o valor total do principal, como no caso de um empréstimo, pelo menos duas condições têm que existir para uma contraparte inadimplir em um swap: (1) o contrato de swap tem que estar fora do preço para uma contraparte (ou seja, tem que ter um NPV < 0), e (2) a contraparte tem que estar em dificuldades financeiras. Além destas pré-condições, bancos e outras IFs que se engajam em swaps têm que implementar uma série de outros mecanismos que reduzem ainda mais a probabilidade de inadimplência em um contrato de swap ou a perda decorrente de inadimplência. Estes mecanismos são:

1. Racionar ou atribuir um cap ao valor teórico da exposição do swap de qualquer contraparte dada.
2. Estabelecer cálculo pelo líquido (netting) bilateral e multilateral para todos os contratos (ver abaixo).
3. Estabelecer exigências de garantias reais.
4. Reajustar contratos de swap de longo prazo a preço de mercado a intervalos relativamente freqüentes.
5. Restringir prazos até os vencimentos de contratos.
6. Estabelecer veículos especiais (com capitalização elevada) através dos quais engajar-se em contratos de swap.
7. Ajustar a taxa fixa do contrato de swap para um prêmio de risco que reflita o risco de crédito da contraparte.[2]

Embutir todas essas características em um modelo de VAR de crédito é difícil mas não é inviável. Aqui examinaremos primeiro como o BIS calcula a exigência de capital para swaps e outros instrumentos derivativos OTC, e depois como CreditMetrics e outros abordam a estimativa de VAR de crédito para um contrato convencional de swap de taxas de juros.

Risco de Crédito Para Swaps: O Modelo do BIS

Sob as regras de coeficiente de capital baseado em risco do BIS, existe uma importante distinção entre contratos de derivativos negociados em bolsa e instrumentos negociados no mercado de balcão (OTC) (ou seja, contratos a termo, swaps, caps e floors). O risco de crédito ou de inadimplência de derivativos negociados em bolsa é de aproximadamente zero, porque quando uma contraparte se torna inadimplente em relação a suas obrigações, a própria bolsa assume totalmente as obrigações daquela contraparte. Entretanto, não existe qualquer garantia para contratos OTC negociados bilateralmente, originados e negociados fora de bolsas

---

[2] Evidências apresentadas por Fehle (1998) e por Duffie e Huang (1996) sugerem que existe um prêmio de risco de inadimplência de entre 1/2 ponto-base e 1 ponto-base no spread entre a taxa fixa do swap e um bonds do Tesouro de vencimento semelhante nos Estados Unidos.

RISCO DE CRÉDITO EXTRABALANÇO (OBS)

organizadas. Assim, a maioria das posições OBS de contratos a termo e opções não tem exigências de capital para um banco, embora a maioria dos contratos a termo, swaps, caps e floors tenham.

Para fins de regulamentação de capital sob as normas do BIS, o cálculo dos valores de ativos ajustados para risco de contratos de mercados OBS requer uma abordagem de dois passos: (1) montantes equivalentes de crédito são calculados para cada contrato e (2) os montantes equivalentes de crédito são multiplicados por um peso de risco apropriado.

Especificamente, os valores teóricos ou de face de todos os contratos de swaps, a termo e de outros derivativos são primeiramente convertidos para valores equivalentes de crédito. O próprio montante equivalente de crédito é dividido em um elemento de exposição potencial e um elemento de exposição corrente:

$$\text{Montante equivalente de crédito de itens de títulos derivativos OBS (\$)} = \text{Exposição potencial (\$)} + \text{Exposição corrente (\$)} \quad (13.1)$$

O componente de exposição potencial reflete o risco de crédito se a contraparte no contrato inadimplir no futuro. A probabilidade de tal ocorrência é modelada como dependendo da volatilidade futura das taxas de juros/taxas de câmbio. Com base em um exercício de simulação Monte Carlo do Federal Reserve e do Banco da Inglaterra (ver Apêndice 13.1), o BIS chegou a um conjunto de fatores de conversão que variavam por tipo de contrato (ou seja, de taxas de juros ou de taxas de câmbio) e por cesta de vencimentos (ver Tabela 13.1). Os fatores de conversão de exposição potencial na Tabela 13.1 são maiores para contratos de taxas de câmbio do que para os de taxas de juros. Da mesma forma, observe a exposição potencial mais elevada a risco de crédito para contratos de mais longo prazo de ambos os tipos.

Tabela 13.1 Fatores de Conversão de Crédito para Contratos de Taxas de Juros e de Taxas de Câmbio no Cálculo de Exposição Corrente (como % do Valor Nominal do Contrato)

Prazo Remanescente até o Vencimento	(1) Contratos de Taxas de Juros	(2) Contratos de Taxas de Câmbio
1. Um ano ou menos	0	1,0%
2. De um a cinco anos	0,5%	5,0%
3. Mais de cinco anos	1,5%	7,5%

Fonte: Press release do Conselho Diretor do Federal Reserve, agosto de 1995, Seção II.

Além de calcular a exposição potencial de um instrumento de mercado OBS, um banco deve calcular sua exposição corrente ao instrumento: o custo de reposição de um contrato se uma contraparte inadimplir hoje. O banco calcula este custo de reposição ou exposição corrente substituindo a taxa ou preço inicial do contrato pela taxa ou preço corrente de um contrato similar, e então recalcula todos os fluxos de caixa correntes e futuros para chegar a uma medição de valor presente corrente do custo de reposição do contrato.

Se NPV > 0, então o valor de reposição é igual à exposição corrente. Se, entretanto, NPV < 0, então a exposição corrente é determinada como zero porque não se pode permitir que um banco ganhe ao inadimplir um contrato fora do preço de mercado.

Depois que os montantes das exposições correntes e potenciais forem somados para produzir o valor equivalente de crédito de cada contrato, multiplicamos este valor em dólares por um peso de risco, para produzir o valor final ajustado para risco de contratos de mercado OBS. De modo geral, o peso de risco apropriado é de 0,5, ou 50 por cento:

$$\text{Valor ajustado para risco de contratos de mercado OBS} = \text{Montante total equivalente de crédito} \times 0{,}5 \text{ (peso de risco)} \quad (13.2)$$

Um Exemplo

Suponha que o banco assumisse uma posição de hedging de taxas de juros no mercado de taxas de juros fixas/flutuantes por 4 anos com um valor teórico em dólares de $100 milhões, e um contrato a termo de taxas de câmbio $/£ de $40 milhões. O montante equivalente de crédito para cada item ou contrato é mostrado na Tabela 13.2.

Para o swap de taxas de juros fixas/flutuantes de 4 anos, o valor teórico (valor de face do contrato) do swap é de $100 milhões. Como este é um contrato de taxas de juros de longo prazo, de mais de um ano e menos de cinco anos, seu valor de face é multiplicado por 0,005 para obter uma exposição potencial ou valor equivalente de crédito de $0,5 milhão (ver Tabela 13.2). Somamos esta exposição potencial ao custo de reposição (exposição corrente) deste contrato para o banco. O custo de reposição reflete o custo de ter que entrar em um novo contrato de swap fixo/flutuante, às taxas de juros de hoje, para a vida remanescente do swap. Pressupondo que as taxas de juros de hoje sejam menos favoráveis, em bases de valor presente, o custo de reposição do contrato existente pela sua vida remanescente seria de $3 milhões. Assim, o montante total equivalente de crédito — exposição corrente mais exposição potencial para o swap de juros — é de $3,5 milhões.

Em seguida, podemos examinar o contrato a termo de taxas de câmbio de dois anos de $40 milhões. Por ser um contrato de mais de um ano e menos de cinco anos de taxas de câmbio, o risco de crédito potencial (futuro) é de $40 milhões × 0,05 ou $2 milhões (ver Tabela 13.2). No entanto, seu custo de reposição é de *menos* $1 milhão, e quando o custo de reposição de um contrato for negativo, a exposição corrente tem que ser determinada como zero (como mostrado). Assim, a soma da exposição potencial ($2 milhões) e a exposição corrente ($0) produz um montante total equivalente de crédito de $2 milhões para este contrato.

RISCO DE CRÉDITO EXTRABALANÇO (OBS)

Tabela 13.2 Exposição Potencial + Exposição Corrente ($ milhões)

Tipo de Contrato (prazo remanescente até o vencimento)	Principal Técnico	×	Fator de Conversão de Exposição Potencial	=	Exposição Potencial ($)	Custo de Reposição	Exposição Corrente	=	Montante Equivalente de Crédito
Swap de taxas de juros fixas/flutuantes de 4 anos	$100	×	0,005	=	0,5	3	3	=	$3,5
Contrato a termo de taxas de câmbio de dois anos	$40	×	0,05	=	2	–1	0	=	$2

A$_{bruto}$ = $2,5   Exposição líquida corrente = $2   Exposição corrente = $3

Como o banco tem apenas dois contratos de derivativos OBS, a soma dos dois montantes equivalentes de crédito produz um montante total equivalente de crédito de $3,5 milhões + $2 milhões = $5,5 milhões para os contratos OBS do banco. O próximo passo é multiplicar este montante equivalente de crédito pelo peso de risco apropriado. Especificamente, para calcular o valor ajustado para risco dos ativos para os contratos de derivativos OBS ou de mercado do banco, multiplicamos o montante equivalente de crédito pelo peso de risco apropriado que, para praticamente todos os instrumentos derivativos de mercado de balcão, é 0,5, ou 50 por cento:[3]

Valor ajustado para risco dos ativos dos derivativos OBS = $5,5 milhões (montante equivalente de crédito) × 0,5 (peso de risco) = $2,75 milhões

Assim como no caso de exigências de capital baseado em risco para empréstimos, os regulamentos do BIS não levam diretamente em conta reduções potenciais de risco de crédito decorrentes da posse de uma carteira diversificada de contratos OBS. Como Hendricks (1994) e outros têm demonstrado, uma carteira de 50 contratos de swap de taxas fixas e 50 de taxas flutuantes será menos arriscada do que uma carteira de 100 contratos de swap de taxas fixas (ou flutuantes). (Ver Apêndice 13.2.) Não obstante, embora a diversificação de carteira não seja diretamente reconhecida, tem sido reconhecida indiretamente desde outubro de 1995, quando foi permitido aos bancos calcular contratos pelo líquido (netting) com a mesma contraparte sob contratos-mestre padrão.

---

[3] A exigência de capital seria então 8 por cento de $2,75 milhões, ou $220.000.

As regras pós-1995 definem a exposição líquida corrente como a soma líquida de todos os custos de reposição positivos e negativos (ou valores a preço de mercado dos contratos de derivativos individuais). A exposição líquida potencial é definida por uma fórmula que ajusta a exposição bruta potencial anteriormente estimada:

$$A_{\text{líquido}} = (0,4 \times A_{\text{bruto}}) + (0,6 \times \text{NGR} \times A_{\text{bruto}})$$

onde $A_{\text{líquido}}$ é a exposição líquida potencial (ou soma ajustada de exposições potenciais futuras de crédito), A_{bruto} é a soma das exposições potenciais de cada contrato e NGR é o coeficiente entre a exposição líquida corrente e a exposição bruta corrente. Os 0,6 é o montante de exposição potencial que é reduzido como resultado do cálculo pelo líquido.[4]

O mesmo exemplo (sem cálculo pelo líquido) será utilizado para demonstrar o efeito do cálculo pelo líquido sobre o montante total equivalente de crédito. Aqui, iremos supor que ambos os contratos sejam com a mesma contraparte (ver Tabela 13.2).

A exposição líquida corrente é a soma dos custos de reposição positivos e negativos, ou seja, + $3 milhões e – $1 milhão = $2 milhões. A exposição bruta potencial (A_{bruto}) é a soma das exposições potenciais individuais: $2,5 milhões. Para determinar a exposição líquida potencial, é utilizada a fórmula a seguir:

$$A_{\text{líquido}} = (0,4 \times A_{\text{bruto}}) + (0,6 \times \text{NGR} \times A_{\text{bruto}})$$
$$\text{NGR} = \text{Exposição líquida corrente}/\text{Exposição corrente} = {}^2/_3 \quad (13.5)$$
$$A_{\text{líquido}} = (0,4 \times 2,5) + (0,6 \times {}^2/_3 \times 2,5)$$
$$= \$2 \text{ milhões}$$

$$\text{Montante total equivalente de crédito} = \text{Exposição líquida potencial} + \text{Exposição líquida corrente} \quad (13.6)$$

$$\$4 \text{ milhões} = \$2 \text{ milhões} + \$2 \text{ milhões}$$

$$\text{Valor ajustado para risco dos ativos dos contratos de mercado OBS} = \text{Montante total equivalente de crédito} \times 0,5 \text{ (peso de risco)} \quad (13.7)$$

$$= \$4 \text{ milhões} \times 0,5 = \$2 \text{ milhões}$$

Como pode ser verificado, a utilização do cálculo pelo líquido reduz o valor ajustado para risco dos ativos de $2,75 milhões para $2 milhões. E, dada a exigência de capital de 8 por cento do BIS, o capital exigido para os contratos OBS é reduzido de $220.000 para $160.000.

---

[4] Ver *press release* do Conselho Diretor do Federal Reserve, 29 de agosto de 1995, p. 17.

RISCO DE CRÉDITO EXTRABALANÇO (OBS)

CreditMetrics e Crédito de Swap: VAR

O BIS se preocupa com o cálculo do risco de inadimplência de um instrumento OBS, como um swap, se a inadimplência fosse ocorrer hoje (exposição corrente) ou em qualquer momento futuro durante a vida remanescente do contrato (exposição potencial). CreditMetrics concentra seu cálculo de VAR no horizonte de um ano. Supondo que algum evento de crédito ocorra durante o próximo ano, como será afetado o valor do swap durante sua vida remanescente?

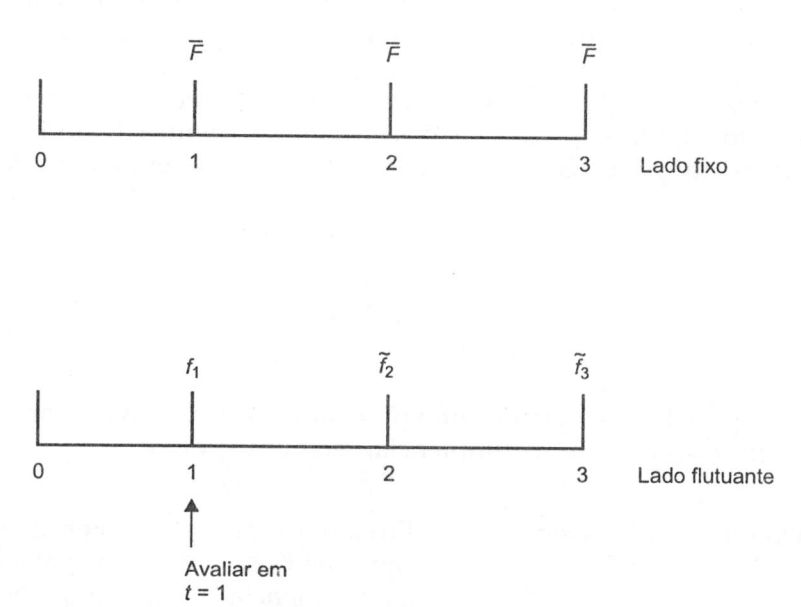

Figura 13.1 Calculando o Valor a Termo de um Swap Livre de Risco de Inadimplência.

Conceitualmente, o valor do swap é a diferença entre dois componentes. O primeiro componente é o NPV de um swap entre duas contrapartes livres do risco de inadimplência. Isto envolve valorar o swap no horizonte de um ano, com base em taxas fixas e esperadas (a termo) do governo e descontar pela curva zero a termo (ver Capítulo 4, Apêndice 4.1).

Por exemplo, em um swap convencional de três anos (ver Figura 13.1), o valor líquido presente esperado no horizonte de um ano [daqui por diante, valor do swap a termo (FV)] seria:

$$FV = \frac{\overline{F} - \widetilde{f}_2}{1 + z_1'} + \frac{\overline{F} - \widetilde{f}_3}{(1 + z_2')^2} \qquad (13.8)$$

onde F = taxa fixa do swap,
$\widetilde{f}_i$ = taxas a termos (taxas flutuantes esperadas),
z'_i = taxas de cupom zero a termo.

Observe que qualquer FV negativo ou positivo reflete movimentos em curvas de rendimento do governo e, portanto, no risco de taxas de juros (ou de mercado) do swap em vez do risco de inadimplência do swap — embora, como observado anteriormente e no que segue, seja difícil separar os dois, já que quanto mais fora do preço um contrato se torna para qualquer parte dada, maior o incentivo para inadimplir.

O segundo componente é um ajuste para risco de crédito. CreditMetrics deduz um valor de perdas esperadas refletindo risco de crédito do FV de qualquer swap. Este valor de perdas esperadas variará até o final do ano 1 em termos do horizonte da categoria de rating da contraparte (ou seja, AAA *versus* C) e por inadimplência (D). Assim, como no caso de empréstimos, oito perdas esperadas diferentes estarão associadas às oito diferentes possibilidades de alteração dentro do horizonte de um ano (incluindo o rating de crédito da contraparte, permanecendo inalterado).

Portanto:

$$\text{Valor do swap no ano 1 para nível de classificação R} = \text{FV (valor futuro livre de risco no ano 1)} - \text{Perda esperada nível de classificação R, (ano 1 até o vencimento)} \quad (13.9)$$

A perda esperada é calculada como produto de três variáveis para cada uma das sete classificações de não-inadimplência, cada uma por vez:

$$\text{Perda esperada (nível de classificação R)} = \text{Exposição média (ano 1 ao ano } N\text{)} \times \text{Probabilidade acumulada de inadimplência (ano 1 ao ano } N\text{)} \times \text{Perda decorrente de inadimplência} \quad (13.10)$$

Discutiremos cada variável a seguir.

Exposição Média

Como é sabido, duas forças gerais impelem a exposição a risco de inadimplência em um swap fixo/flutuante. A primeira é o que se poderia chamar de efeito de difusão das taxas de juros — a tendência das taxas flutuantes a se afastarem das taxas fixas com a passagem do tempo. O grau de afastamento depende do tipo de modelo de taxas de juros utilizado (de reversão para a média ou de não-reversão para a média) mas, de modo geral, o efeito da difusão sobre a exposição pode ser como o mostrado na Figura 13.2(a): aumentando com o prazo do swap. Compensando o efeito da difusão, em termos de custo de reposição, está o efeito do prazo até o vencimento. À medida que o tempo passa e o swap se aproxima de seu vencimento, o número de períodos de pagamento que um contrato de reposição deverá cobrir declina. Assim, o efeito do prazo até o vencimento reduz a exposição à medida que o tempo remanescente até o vencimento do swap encolhe [ver Figura 13.2(b)]. O efeito geral das duas forças sobre o custo de reposição futuro (exposição)

RISCO DE CRÉDITO EXTRABALANÇO (OBS)

(a) Efeito da difusão de taxas de juros

(b) Efeito do prazo até o vencimento

(c) Exposição anual e exposição média

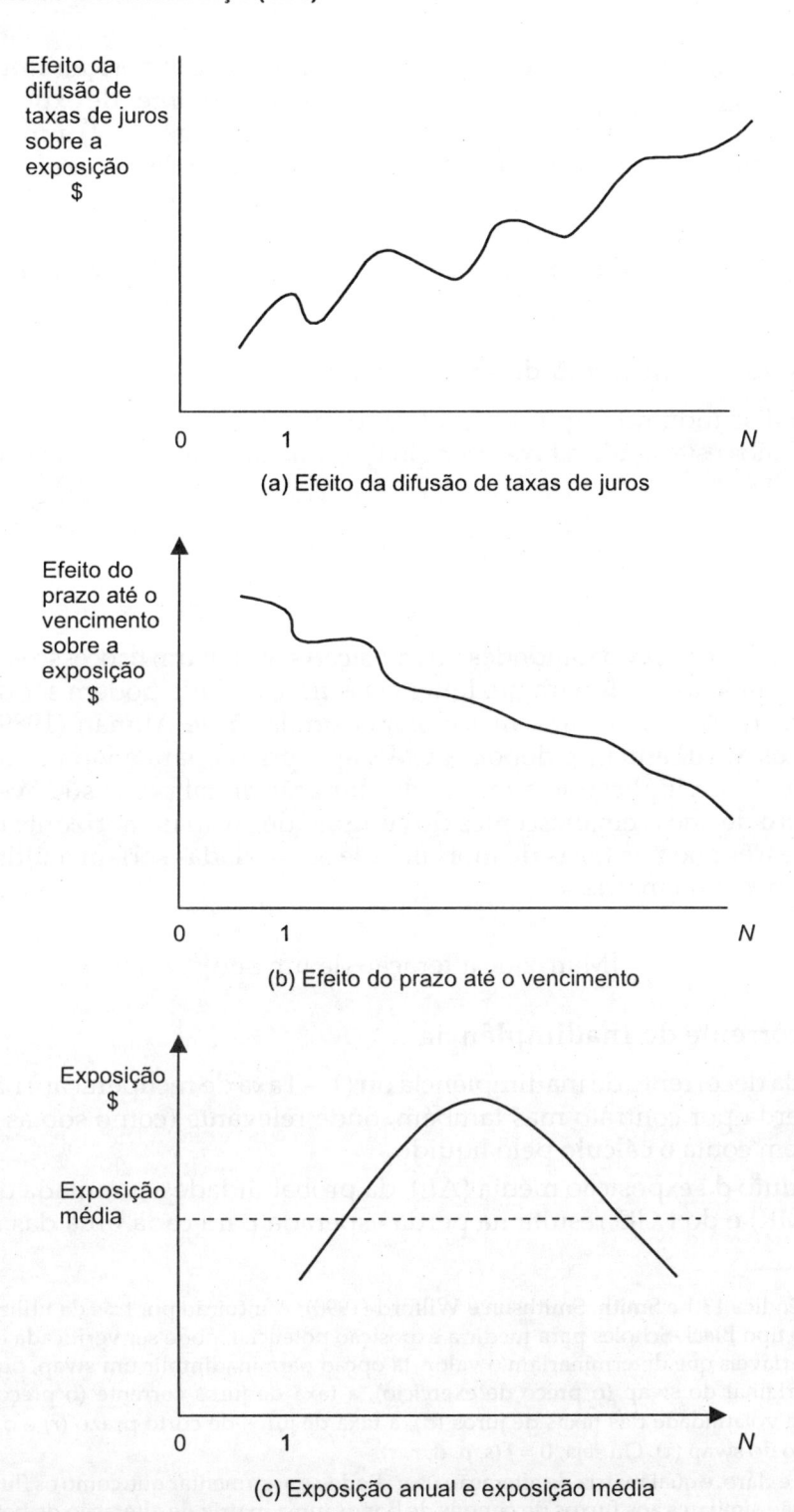

Figura 13.2 Medindo Exposição Futura de Swaps.

é mostrado na Figura 13.2(c), que sugere que os níveis de exposição futura sobem, atingem um máximo, e depois declinam. Para medir montantes de exposição a cada ano no futuro, são normalmente adotadas duas abordagens: (1) um método de simulação Monte Carlo ou (2) um método de precificação de opções.[5]

A Figura 13.2(c) mostra o montante anual de exposição. Para um swap de três anos, com dois anos a decorrer após o horizonte de evento de crédito de um ano, a exposição média é a média da exposição do swap como medida no início dos anos 2 e 3.

Probabilidade Acumulada de Inadimplência

Como discutido no Capítulo 7, a taxa de mortalidade acumulada (CMR) ao longo de N anos está ligada a taxas marginais (anuais) de mortalidade (MMRr) por:

$$CMR = 1 - \prod_{i=1}^{N} (1 - MMR_i) \tag{13.11}$$

Supondo que as probabilidades de transição seguem um processo estacionário de Markov, então as CMR para qualquer classificação dada podem ser determinadas ou por: (1) utilizando uma metodologia similar à de Altman (1989), ou seja, calculando os MMR anuais e depois a CMR apropriada para a vida remanescente do swap, ou (2) multiplicando a matriz de alteração anual por si só N vezes (onde N é o número de anos remanescentes do contrato de swap no horizonte de 1 ano).[6] No swap de três anos, as taxas de mortalidade acumuladas seriam a última coluna calculada a partir da matriz:

$$[\text{Matriz de alteração de um ano}]^2 \tag{13.12}$$

Perda Decorrente de Inadimplência

A perda decorrente de inadimplência ou (1 – Taxa de recuperação) não só deve refletir a perda por contrato mas também, onde relevante (como sob as regras do BIS), levar em conta o cálculo pelo líquido.

O produto da exposição média (AE), da probabilidade acumulada de inadimplência (CMR) e do LGD resulta na perda esperada para cada uma das alterações

---

[5] Veja o Apêndice 13.1 e Smith, Smithson e Wilford (1990). A intuição por trás da utilização de um modelo do tipo Black-Scholes para medir a exposição potencial, pode ser verificada examinando as cinco variáveis que determinariam o valor da opção para inadimplir um swap, ou seja, a taxa de juros original do swap (o preço de exercício), a taxa de juros corrente (o preço subjacente corrente), a volatilidade das taxas de juros (σ), a taxa de juros de curto prazo (r) e o prazo até o vencimento do swap (τ). Ou seja, $0 = f(s, p, \sigma, r, \tau)$.

[6] A questão, é claro, é qual matriz de alteração usar. Pode-se argumentar que como os fluxos de caixa de swaps são similares aos fluxos de cupons de bonds, uma matriz de alteração de bonds pode se mostrar adequada.

RISCO DE CRÉDITO EXTRABALANÇO (OBS)

de classificação de não-inadimplência. Para a alteração para a inadimplência no horizonte de crédito (ou seja, durante o ano 1 do swap), a perda esperada é dada como:

$$\text{Perda esperada decorrente da inadimplência} = \text{Exposição esperada no ano 1} \times \text{LGD} \qquad (13.13)$$

Especificamente, no swap de três anos, onde a inadimplência é suposta ocorrer ao final do ano 1, a exposição será medida pelo custo total de reposição ao longo dos dois anos remanescentes do swap.[7]

Um Exemplo

Segundo CreditMetrics, considere um exemplo de um swap fixo/flutuante com valor teórico de $10 milhões, um LGD de 50 por cento e uma exposição média, medida no fim do ano 1, de $ 61.627. Com base em matrizes de alteração históricas de bonds (nas CMR calculadas a partir destas) para uma contraparte classificada como AA no fim do horizonte de evento de crédito de um ano, o valor do swap é:

$$\begin{aligned}
\text{Valor do swap no horizonte de crédito} &= \text{FV} - \text{Perda esperada} \\
&= \text{FV} - [\text{AE} \times \text{CMR}_{AA} \times \text{LGD}] \\
&= \text{FV} - [\$61.627 \times 0{,}0002 \times 0{,}5] \\
&= \text{FV} - \$6
\end{aligned}$$

Para um swap de três anos onde a contraparte for classificada como CCC no final do horizonte de evento de crédito de um ano:

$$\begin{aligned}
\text{Valor do swap no horizonte de crédito} &= \text{FV} - [\$61.627 \times 0{,}3344 \times 0{,}5] \\
&= \text{FV} - \$10.304
\end{aligned}$$

O valor menor do swap da contraparte CCC reflete o CMR mais elevado daquele tipo de contraparte ao longo dos dois anos remanescentes do swap.

Para um swap em que a contraparte fica inadimplente durante o horizonte de um ano, a exposição esperada (EE; custo de reposição) ao longo dos dois anos remanescentes é suposta ser de $101.721. Assim:

$$\begin{aligned}
\text{Valor do swap no horizonte de um ano} &= \text{FV} - [\text{EE} \times \text{LGD}] \\
&= \text{FV} - [\$101.721 \times 0{,}5] \\
&= \text{FV} - \$50.860
\end{aligned}$$

---

[7] Isto é uma aproximação. A inadimplência pode ocorrer a qualquer momento entre o momento 0 e o fim do horizonte de evento de crédito de 1 ano.

A Tabela 13.3 resume os valores estimados do swap no final do ano 1 sob sete alterações de classificação possíveis e um único estado de inadimplência.

O tamanho das perdas de valor esperadas e inesperadas de um swap dependerá da classificação inicial da contraparte no momento 0 (hoje), das probabilidades de alteração em um ano durante o primeiro ano e dos valores a termo ou futuros esperados (FV) calculados na Tabela 13.4, onde a contraparte é classificada como AA hoje (momento 0).

Tabela 13.3 Valor de Um Swap de Três Anos no Final do Ano 1

Rating	Valor ($)
AAA	FV –1
AA	FV –6
A	FV –46
BBB	FV –148
BB	FV –797
B	FV –3.209
CCC	FV –10.304
D	FV –50.860

Fonte: CREDITMETRICS — Documento Técnico, 2 de abril de 1997, p. 51.

A perda de valor relacionado a crédito esperada do swap é de $21,8, e a perda de valor inesperada de 99 por cento (VAR) é de aproximadamente $126,2. Se o rating original da contraparte do swap for mais baixo, as perdas esperadas e inesperadas de valor provavelmente serão maiores.

Uma metodologia semelhante poderia ser utilizada para calcular o VAR de crédito de contratos a termo (swaps podem ser considerados como uma sucessão de contratos a termo) bem como de opções e caps sobre taxas de juros. Por exemplo, a exposição média de um cap de taxas de juros de três anos, medida no final do horizonte de um ano, seria a média do custo de reposição do cap (o valor justo do prêmio do cap[8] sob o modelo apropriado de taxas de juros) medido no início do ano 2 e no início do ano 3. Assim como com swaps, os custos de reposição tendem a refletir uma forma semelhante de U invertido, como mostrado na Figura 13.2(c), devido aos resultados compensadores do efeito da difusão das taxas de juros e do efeito do prazo até o vencimento.[9]

---

[8] Um cap pode ser valorado como uma opção de compra sobre taxas de juros ou uma opção de venda sobre o preço de um bonds.

[9] CreditMetrics atualmente admite a estimativa do VAR para atividades OBS, como compromissos de empréstimos e garantias de crédito (como cartas de crédito). Há informações de que brevemente estará adicionando uma rotina para calcular o VAR de Títulos Lastreados em Ativos, também.

Tabela 13.4 Perda Esperada e Inesperada de Um Swap de $10 milhões de Três Anos para Uma Contraparte AA

Rating no Ano 1	Probabilidade de Alteração em Um Ano (%)	Valor do Swap no Horizonte de Um Ano ($)
AAA	0,7	FV –1
AA	90,65	FV –6
A	7,65	FV –46
BBB	0,77	FV –148
BB	0,06	FV –797
B	0,14	FV –3.209
CCC	0,02	FV –10.304
D	0,01	FV –50.860
	100	Valor Esperado FV –21,8
		99% Valor FV –148

99% perda inesperada de valor = [Valor esperado – valor de 99%] = $126,2.

Resumo

Neste capítulo, analisamos a maneira pela qual uma metodologia do tipo VAR pode ser estendida ao risco de crédito de instrumentos derivativos. O modelo BIS utiliza uma abordagem de bucket embasada no tipo de contrato e em seu prazo até o vencimento, mas modelos mais novos do setor privado, como CreditMetrics, têm procurado estender ao cálculo do VAR de crédito de instrumentos derivativos, uma metodologia similar à utilizada na valoração de empréstimos e no cálculo de VAR.

APÊNDICE 13.1

Modelo do BIS

Passos da Simulação[10]

1. Escolha um número aleatório entre 0 e 1. Determine que será igual a φ (z), a área sob a função normal de densidade acumulada padrão (c.d.f.) à esquerda do nível z.
2. Procure z para este valor de φ (z) na tabela de c.d.f. normal padrão.
3. $\Delta(\log r) = z\frac{s}{\sqrt{2}}$, ou seja, processo log-normal presumido de taxas de juros.
4. $\log R_{i+1} = \log R_i + \Delta(\log r)$.
5. $R_{i+1} = \exp(\log R_{i+1})$.
6. Fluxos de caixa semestrais.

Exemplo

$$\Delta \log r \sim N(0, s^2/2)$$

$$\frac{\sqrt{2}}{s} \Delta \log r \sim N(0,1)$$

$$\phi(z) = P_r\left(\frac{\sqrt{2}}{s}\Delta \log r \leq z\right) = P_r\left(\Delta \log r \leq z\frac{s}{\sqrt{2}}\right)$$

Condições iniciais: $R_0 = 0{,}09$, $s = 0{,}182$, onde s = desvio-padrão anual das mudanças de taxas de juros.

---

[10] Para informações adicionais, veja Banco da Inglaterra e Conselho Diretor do Federal Reserve System, *Potential Credit Exposure on Interest Rate and Foreign Exchange Rate Related Instruments*, março de 1987.

Passo 1, Simulação 1

$$\log R_{i+1} = \log R_i + \Delta \log r$$

$$= \log(0{,}09) + z\left(\frac{s}{\sqrt{2}}\right)$$

$$= -2{,}407 + \left[1{,}127\left(\frac{0{,}182}{1{,}414}\right)\right]$$

$$= -2{,}407 + 0{,}1449$$

$$= -2{,}26$$

$$R_{i+1} = \exp[\log R_{i+1}] = e^{-2{,}26}$$

$$= 0{,}1043 \text{ ou } 10{,}4 \text{ por cento}$$

Veja linha 1, Simulação 1, na Tabela 13.1A.

Tabela 13.1A Simulação Monte Carlo de Taxas de Juros Futuras para Swap de Taxas de Juros Fixas/Flutuantes dos EUA

	Simulação 1			
R_i	φ(z) (Número Aleatório)	z	$\Delta \log r_i$	R_{i+1}
$R_0 = 0{,}09$	0,87	1,127	0,1449	0,1043
$R_1 = 0{,}1043$	0,33	–0,44	–0,0566	0,0983
$R_2 = 0{,}0983$	0,18	–0,915	–0,1178	0,0874
$R_3 = 0{,}0874$	0,24	–0,706	–0,0909	0,0798
$R_4 = 0{,}0798$	0,42	–0,202	–0,0260	0,0778
$R_5 = 0{,}0778$	—	—	—	—
	Simulação 2			
R_i	φ(z) (Número Aleatório)	z	$\Delta \log r_i$	R_{i+1}
$R_0 = 0{,}09$	0,28	–0,583	–0,075	0,0835
$R_1 = 0{,}835$	0,91	1,341	0,1726	0,0992
$R_2 = 0{,}0992$	0,66	0,412	0,0530	0,1046
$R_3 = 0{,}1046$	0,15	–1,036	–0,1333	0,0916
$R_4 = 0{,}0916$	0,98	2,054	0,2643	0,1193
$R_5 = 0{,}1193$	—	—	—	—

R_{it}

9%

0   t

(a) Curva das taxas de juros

Fixas   L1   L2   L4

Swap de 2 anos

Flutuantes   L3

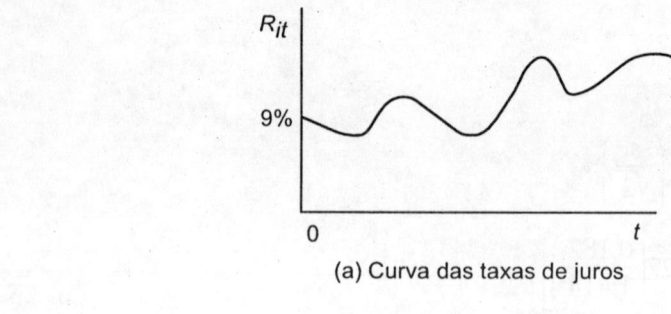

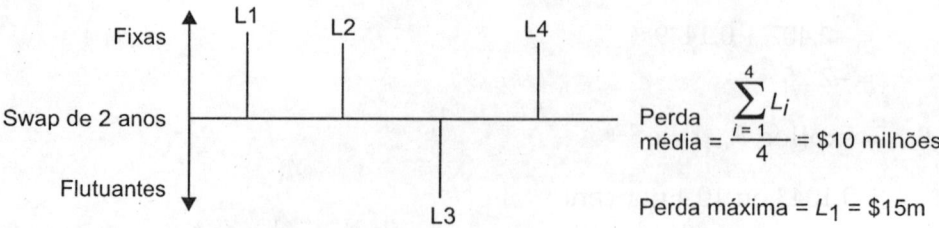

Perda média = $\dfrac{\sum_{i=1}^{4} L_i}{4}$ = $10 milhões

Perda máxima = L_1 = $15m

(b) Perdas líquidas (L_i) em dois swaps de taxas de juros back-to-back de 2 anos (fluxos de caixa semestrais)

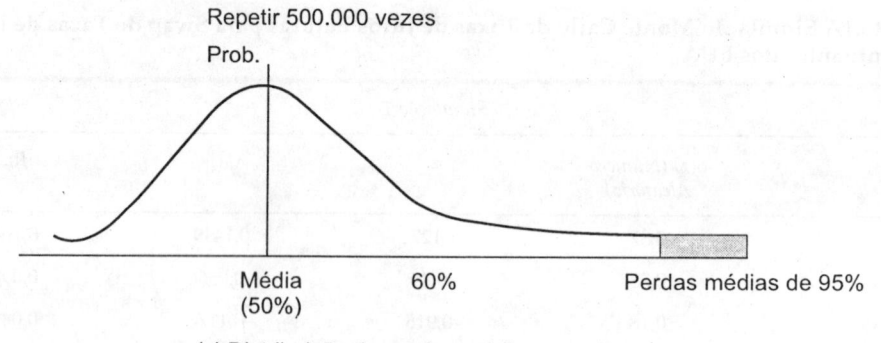

Repetir 500.000 vezes

Prob.

Média (50%)   60%   Perdas médias de 95%

(c) Distribuição de perdas médias

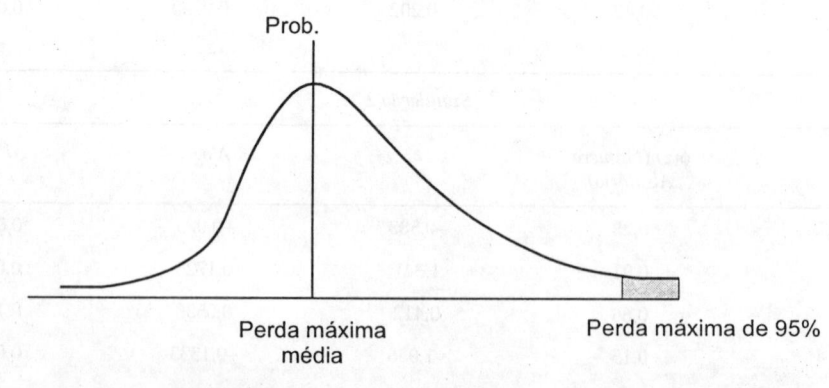

Prob.

Perda máxima média   Perda máxima de 95%

(d) Distribuição de perdas máximas

Figura 13.1A Simulando Distribuições de Perdas: Simulação 1.

APÊNDICE 13.2

Os Efeitos da Diversificação sobre o Risco de uma Carteira de Swaps

Um exemplo simples, segundo Hendricks (1994), pode demonstrar o risco de uma carteira de swaps e os efeitos da diversificação.

Suponha que haja N contratos na carteira e que o risco (σ_i) de cada um seja o mesmo. De acordo com MPT, o risco de uma carteira (σ_p) é:

$$\sigma_P = \sigma_i \sqrt{N + 2 \sum_{\substack{i=1 \\ i \neq j}}^{N} \sum_{j=1}^{N} \rho_{ij}} \tag{13.1A}$$

Defina um coeficiente médio de correlação ($\bar{\rho}$):

$$\bar{\rho} = \frac{\sum_{i=1}^{N} \sum_{j=1}^{N} \rho_{ij}}{(N^2 - N)/2} \tag{13.2A}$$

Então:

$$\sigma_p = \sigma_i \sqrt{N + (N^2 - N)\bar{\rho}} \tag{13.3A}$$

Da equação (13.3A), quanto maior o risco (σ_i) de cada contrato de swap, maior será o risco de uma carteira de swaps; quanto maior o número de contratos (N) na carteira, maior será o risco da carteira; e quanto menor o coeficiente médio de correlação ($\bar{\rho}$), menor o risco da carteira. Como uma carteira de swaps mais diversificada terá um $\bar{\rho}$ menor (ou seja, um mix igual de pagar fixo/receber flutuante e pagar flutuante/receber fixo), a composição da carteira de swaps pode ser tão importante quanto seu tamanho na determinação do risco de crédito de uma carteira de derivativos OBS.

Capítulo 14

Derivativos de Crédito

Introdução

Em anos recentes, tem havido crescimento explosivo no uso de derivativos de crédito. Uma pesquisa realizada pelo Canadian Imperial Bank of Commerce (CIBC), de maio de 1996, situou o mercado em cerca de $40 bilhões em termos de valor teórico. A crise recente nos mercados emergentes e seu efeito adverso sobre os bancos aparentemente resultaram em um aumento adicional no uso destes instrumentos. De acordo com o *Financial Times*,[1] uma pesquisa da Associação Britânica de Banqueiros (British Bankers Association) previu que o valor teórico de derivativos de crédito em circulação seria de mais de $700 bilhões até o ano 2000.

Neste capítulo, primeiro documentaremos o tratamento de derivativos de crédito sob as normas de capital do BIS e o uso destes instrumentos para solucionar o "paradoxo do crédito". Depois examinaremos os instrumentos individuais: (1) opções de crédito, (2) swaps de crédito, (3) contratos de crédito a termo e (4) securitizações de crédito.

Derivativos de Crédito e as Exigências de Capital do BIS

O papel dos derivativos de crédito na gestão do risco de crédito pode ser mais bem considerado no contexto do paradoxo do crédito, discutido no Capítulo 9 (ver Figura 9.1). Dada uma carteira de empréstimos concentrada, há pelo menos duas maneiras de se chegar à fronteira eficiente e/ou melhorar seu desempenho de risco/retorno. A primeira, como discutido nos Capítulos 9 e 10, é gerenciar a carteira de empréstimos mais ativamente através da negociação de empréstimos. Entretanto, como observamos no Capítulo 9, isto tende a impactar relacionamentos com clientes de forma adversa, especialmente se um tomador de longo prazo de um banco descobrir que seu empréstimo foi vendido.

---

[1] "The Growth of Credit Derivatives?", Financial Times, Londres, 7 de outubro de 1998, p. 1.

Uma maneira alternativa de melhorar uma compensação de risco/retorno em uma carteira de empréstimos é assumir uma posição extrabalanço anual em derivativos de crédito. Como discutiremos abaixo, derivativos de crédito permitem que um banco altere a relação risco/retorno de uma carteira de empréstimos sem que seja necessário vender ou retirar empréstimos do balanço. Além de evitar um efeito adverso no relacionamento com clientes, a utilização de derivativos de crédito (em vez de venda de empréstimos) pode permitir a um banco evitar o *timing* adverso de pagamento de impostos, além de problemas de liquidez relativos à recompra de empréstimo semelhante em data posterior se as considerações de risco/retorno assim ditarem. Assim, por motivos de relacionamento com clientes, de impostos, custos de transação e de liquidez um banco poderá preferir a solução de derivativos de crédito para a otimização da carteira de empréstimos, ao invés da solução mais direta (negociação de empréstimos) para a gestão dessa carteira.

Apesar de seu valor aparente como ferramentas de gestão de risco de crédito, derivativos de crédito não têm sido bem tratados sob as exigências de capital do BIS. De acordo com Wall e Shrikhande (1998), a atual abordagem dos EUA é tratar derivativos de crédito como garantias de empréstimos, desde que o resultado do derivativo de crédito seja mais do que suficientemente correlacionado com o empréstimo. Se a contraparte não for um banco ou uma entidade governamental, o peso de risco é de 100 por cento; não se reconhece qualquer redução de risco. Se a contraparte for um banco, o peso de risco sobre o empréstimo para o comprador da garantia é de 20 por cento; entretanto, para o banco que emite a garantia à contraparte, o peso de risco da garantia é de 100 por cento (isto é, é como se fosse concedido um empréstimo à contraparte). Assim, no agregado, as exigências de capital baseado em risco combinadas dos dois bancos poderiam aumentar, como resultado do uso do derivativo. (Sob determinadas condições, entretanto, este encargo de capital pode ser reduzido.[2])

Em seguida, examinaremos como diversos tipos de derivativos podem ser utilizados como hedge para o risco de crédito de empréstimos ou carteiras de empréstimos.

HEDGING DE RISCO DE CRÉDITO COM OPÇÕES

O raciocínio para o uso de contratos de opções foi detalhado no Capítulo 3, onde argumentamos que um banqueiro, ao conceder um empréstimo, recebe um

---

[2] Wall e Shrikhande (1998) observam que "as exigências regulamentares de capital combinadas podem ser reduzidas se forem atendidas três condições: (1) se o banco vendedor do risco de crédito está limitado pelas diretrizes baseadas em risco; (2) se a exigência de capital da contraparte (compradora do risco de crédito) sob a norma de alavancagem excede seu capital exigido sob a norma baseada em risco e (3) se a contraparte já não tiver um alto nível de compromissos extrabalanço tal que os reguladores imponham um aumento, a seu próprio critério, a sua exigência de alavancagem. Neste caso, o banco detentor do empréstimo e que está vendendo seu risco reduziria sua exigência de capital de um peso de 100 por cento para um peso de 20 por cento. Além disso, a contraparte poderá não experimentar qualquer aumento de suas exigências de capital, já que o derivativo de crédito não seria incluído no cálculo de seu coeficiente de alavancagem" (p. 10).

DERIVATIVOS DE CRÉDITO

rendimento semelhante ao de lançador de uma opção de venda sobre os ativos de uma empresa. O retorno superior sobre o empréstimo é relativamente fixo (como é o prêmio para um lançador de opções de venda) e tem um risco de queda ampliado (como a exposição potencial a pagamento de um lançador de uma opção de compra; ver Figura 14.1). Se um banqueiro concedendo um empréstimo enfrenta um risco equivalente ao de lançar uma opção de venda sobre os ativos de uma empresa, ele poderá procurar fazer o hedging daquele risco através da compra de uma opção de venda sobre os ativos daquela empresa, de forma a diminuir ou limitar parte ou todo o risco de queda do empréstimo (ou de uma carteira de empréstimos).

Um dos primeiros usos de opções neste contexto foi para empréstimos agrícolas no Meio-Oeste (dos EUA). Em troca de um empréstimo, um triticultor era obrigado a dar garantias reais na forma de opções de venda sobre trigo comprado de uma importante bolsa de opções de Chicago. Se o preço do trigo caísse, o valor de mercado do empréstimo caía devido ao declínio da probabilidade do agricultor quitar integralmente o empréstimo (e o LGD aumentava). Compensando este declínio do valor de mercado implícito do empréstimo, havia o aumento no valor das opções de venda sobre trigo dados em garantia pelo tomador. O efeito compensatório do aumento das opções de venda sobre trigo é demonstrado na Figura 14.1.

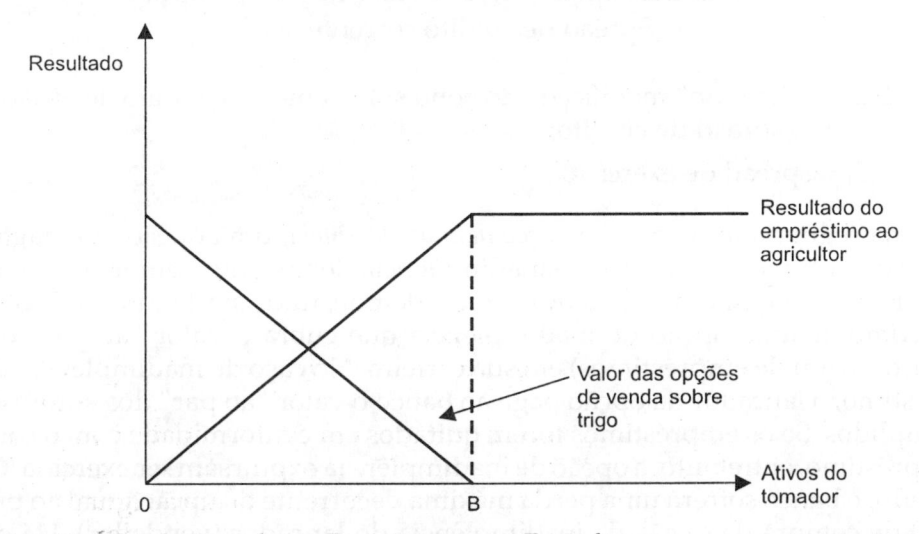

Figura 14.1 Hedging do Risco de um Empréstimo a um Triticultor.

Há dois problemas com este tipo de veículo de hedging:

1. O agricultor pode inadimplir por motivos idiossincráticos (por exemplo: divórcio, invalidez, e assim por diante) em vez de fazê-lo devido à queda no preço da safra. Como resultado, um grande "risco-base" está presente no hedge.
2. A exigência de que o agricultor dê garantias reais (e, portanto, pague um prêmio sobre opções à bolsa) pode tornar o contrato de empréstimo dema-

siadamente caro — especialmente se o agricultor tiver a obrigação de comprar opções próximas ao preço de mercado — e poderá prejudicar o relacionamento do banco com o agricultor.

Nos anos recentes, foram desenvolvidos métodos mais diretos de realizar o hedging de risco de crédito através de opções. Uma *opção de compra de spread de crédito* é uma opção de compra na qual o resultado aumenta à medida que o spread de crédito, referente a um bond benchmark especificado de um tomador, aumenta acima de algum spread de exercício, S_T. Se um banco está preocupado com um aumento do risco de um empréstimo, poderá comprar uma opção de compra de spread de crédito para fazer o hedging de seu risco de crédito aumentado. (Ver Figura 14.2.) À medida que a qualidade de crédito de um tomador declina, o spread de crédito de seu bond aumenta e os resultados potenciais advindos da opção aumentam. Na medida em que os valores dos empréstimos (não-negociados) e bonds negociados publicamente são altamente correlacionados, o declínio do valor do empréstimo (à medida que a qualidade de crédito declina) é compensado pelo aumento no valor da opção.[3] Especificamente, o resultado da opção de spread será:

$$\text{Resultado da opção} = MD \times \text{Valor de face da opção} \times [\text{Spread de crédito corrente} - S_T] \quad (14.1)$$

onde MD = "duration" modificada do bond subjacente no contrato de opção sobre o spread de crédito;

S_T = spread de exercício.[4]

Uma segunda inovação é a *opção de inadimplência*, uma opção que paga uma quantia determinada no evento de inadimplência de um empréstimo (o caso extremo de risco de crédito aumentado). Como demonstrado na Figura 14.3, o banco pode comprar uma opção de inadimplência que cubra o valor "ao par" de um empréstimo (ou de empréstimos) em sua carteira. No caso de inadimplência de um empréstimo, o lançador da opção paga ao banco o valor "ao par" dos empréstimos inadimplidos. Se os empréstimos forem quitados em conformidade com o contrato de empréstimo, entretanto, a opção de inadimplência expira sem ser exercida. Como resultado, o banco sofrerá uma perda máxima decorrente da opção igual ao prêmio (custo) de compra da opção de inadimplência do lançador (vendedor). Há outras variantes dessas opções simples; por exemplo, um "atributo de defesa" poderá ser incluído na opção de spread de crédito. Se a qualidade do crédito de um tomador melhorar e os spreads caírem para abaixo de algum spread "limite", a opção deixará de existir. Em troca, o comprador da opção de spread de crédito pagará um prêmio menor do que o que seria exigido para a opção de spread de crédito convencional considerada acima.

---

[3] Mostramos resultados de pagamentos do empréstimo como segmentos lineares. Na realidade o resultado do empréstimo terá alguma convexidade.

[4] Para discussão adicional, ver Finnerty (1996).

DERIVATIVOS DE CRÉDITO

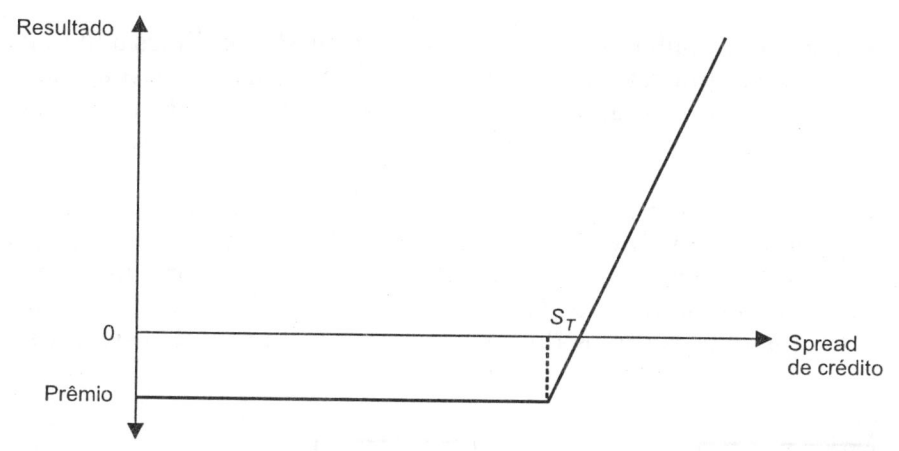

Figura 14.2 O Resultado de uma Opção de Spread de Crédito.

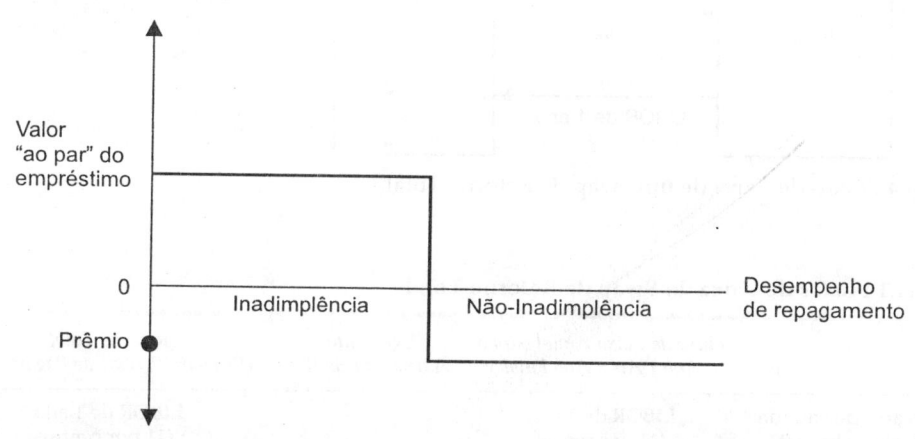

Figura 14.3 Uma Opção de Inadimplência.

HEDGING DE RISCO DE CRÉDITO COM SWAPS

Opções de crédito estão sendo cada vez mais utilizadas, mas o derivativo de crédito dominante tem sido o swap de crédito. Há dois tipos principais de swap de crédito: (1) swap de retorno total e (2) swap de crédito puro ou de inadimplência.

O Swap de Retorno Total

Um swap de retorno total envolve realizar o swap de uma obrigação de pagar juros a uma taxa especificada, fixa ou flutuante, por pagamentos que representam o retorno total sobre um empréstimo ou bonds. (Juros, encargos e mudanças de valor de mercado.)

Por exemplo, suponha que um banco empreste $100 milhões a uma indústria a uma taxa fixa de 10 por cento. Se o risco de crédito aumentar inesperadamente ao longo da vida do empréstimo, o valor de mercado do empréstimo cairá. O banco poderá procurar fazer o hedging do aumento inesperado no risco de crédito do tomador através de um swap de retorno total no qual concorda em pagar a uma contraparte o retorno total, com base em uma taxa anual ($\bar{F}$) igual aos juros (e encargos) do empréstimo, mais a mudança de valor de mercado do empréstimo. Em troca, o banco recebe um pagamento anual de juros a uma taxa variável de mercado [ex.: LIBOR de um ano (Taxa Interbancária de Londres)]. A Figura 14.4 e a Tabela 14.1 ilustram os fluxos de caixa associados a um típico swap de retorno total.

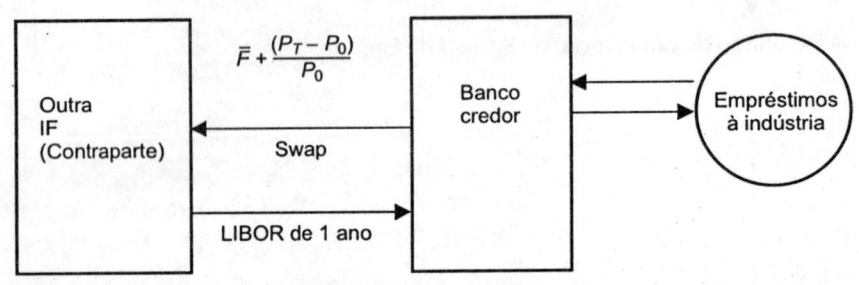

Figura 14.4 Fluxos de Caixa de um Swap de Retorno Total.

Tabela 14.1 Fluxos de Caixa do Swap de Retorno Total

	Fluxo de Caixa Anual para o Ano 1 Até o Ano Final	Pagamento Adicional pela IF	Retorno Total (Primeiro Período de Pagamento)
Fluxo de caixa de entrada (do swap para o banco)	LIBOR de 1 ano (11 por cento)	—	LIBOR de 1 ano (11 por cento)
Fluxo de caixa de saída (do swap para a IF)	Taxa fixa ($\bar{F}$) (12 por cento)	$\dfrac{P_T - P_0}{P_0}$	$\bar{F} + \left[\dfrac{P_T - P_0}{P_0}\right]$
			12 por cento + $\dfrac{90 - 100}{100}$ =
			12 por cento − 10 por cento = 2 por cento
			Lucro líquido = 11 por cento − 2 por cento = 9 por cento

Utilizando o swap de retorno total, o banco concorda em pagar uma taxa de juros anual fixa, mais os ganhos ou perdas de capital do valor de mercado do empréstimo durante o período do swap. Na Figura 14.4, P_0 denota o valor de mercado do empréstimo no início do período de pagamento do swap, e P_T representa o valor de mercado no final do período de pagamento do swap (aqui, de um ano). Se o empréstimo diminuir de valor ao longo do período de pagamento, o banco

DERIVATIVOS DE CRÉDITO

paga à contraparte um montante relativamente pequeno (possivelmente negativo) igual ao pagamento fixo do swap menos a perda de capital[5] do empréstimo. Por exemplo, suponha que o empréstimo tivesse seu preço fixado "ao par" ($P_0 = 100$) no início do período do swap. No final do período do swap (ou na primeira data de pagamento), o empréstimo tem um valor de mercado estimado de 90 ($P_T = 90$) devido ao aumento do risco de crédito do tomador. Suponha que o pagamento a taxa fixa ($\overline{F}$)] como parte do swap de retorno total seja de 12 por cento. O banco enviaria à contraparte do swap esta taxa fixa de 12 por cento menos 10 por cento (a perda de capital do empréstimo), ou um total de 2 por cento, e receberia em troca um pagamento flutuante (ex.: LIBOR = 11 por cento) da contraparte do swap. Assim, o lucro líquido do swap para o banco/credor é de 9 por cento (11 por cento menos 2 por cento) vezes o valor teórico do contrato de swap. Este ganho pode ser usado para compensar a perda de valor de mercado do empréstimo ao longo daquele período. Este exemplo é resumido na Tabela 14.1.[6]

Swaps de Crédito Puro ou de Inadimplência

Swaps de retorno total podem ser utilizados para fins de hedging de exposição a risco de crédito, mas contêm um elemento de risco de juros (ou de mercado) além de risco de crédito. Por exemplo, na Tabela 14.1, se a taxa LIBOR mudar, então os fluxos de caixa *líquidos* do swap de retorno total também mudarão, mesmo que o risco de crédito dos empréstimos subjacentes não tenha necessariamente mudado.

Para eliminar o elemento sensível às taxas de juros dos swaps de retorno total, foi desenvolvido um swap alternativo, denominado swap de crédito "puro" ou swap de inadimplência.

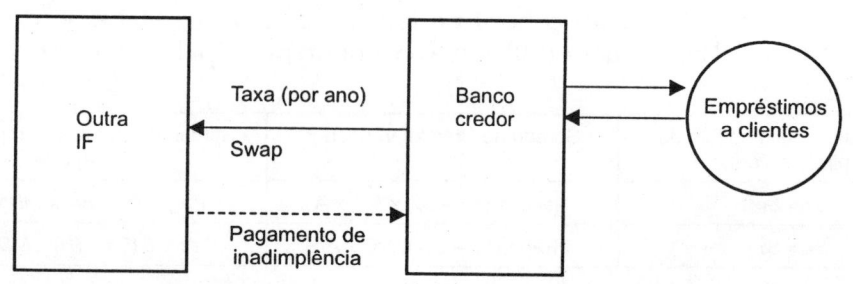

Figura 14.5 Um Swap de Crédito Puro.

Como demonstrado na Figura 14.5, o banco credor enviará (a cada período do swap) uma taxa ou pagamento fixo (semelhante a um prêmio de opção) ao banco ou à IF contraparte. Se o empréstimo (ou empréstimos) do banco credor não inadim-

---

[5] Swaps de retorno total são tipicamente estruturados de forma que o ganho ou a perda de capital seja pago no final do swap. Entretanto, na estrutura alternativa utilizada neste exemplo, o ganho ou a perda de capital é pago ao final de cada período de juros durante o swap.

[6] Para discussão adicional, ver Finnerty (1996).

plir, nada receberá em troca da contraparte do swap. Entretanto, se o empréstimo (ou empréstimos) inadimplir, a contraparte cobrirá a perda decorrente da inadimplência realizando um pagamento de inadimplência igual ao valor "ao par" do empréstimo original (ou seja, $P_0 = \$100$) menos o valor de mercado secundário do empréstimo inadimplido (ou seja, $P_T = \$40$); isto é, a contraparte pagará ao banco $P_0 - P_T$ ($60 neste exemplo).[7,8] Um swap de crédito puro é como comprar seguro de crédito e/ou uma opção de crédito multiperíodo.

HEDGING DE RISCO DE CRÉDITO COM CONTRATOS A TERMO DE CRÉDITO

Um *contrato a termo de crédito* é um contrato a termo que serve como hedge do risco de inadimplência de um empréstimo (declínio de qualidade de crédito de um tomador) depois de determinada a taxa do empréstimo e depois que o empréstimo tenha sido emitido. O contrato a termo de crédito especifica um spread de crédito (um prêmio de risco acima da taxa livre de risco, para compensar o risco de inadimplência) para um bond benchmark emitido pelo tomador de empréstimo. Por exemplo, suponha que o bond benchmark do tomador seja classificado como BBB no momento de originação do empréstimo por um banco, e que tenha um spread de juros 2 por cento acima de um bond do Tesouro dos EUA de igual prazo até o vencimento. Então $S_F = 2$ por cento define o spread de crédito pelo qual o contrato a termo de crédito é firmado. A Figura 14.6 ilustra o padrão de pagamentos de um contrato a termo de crédito. S_T é o spread de crédito efetivo do bond no vencimento do contrato a termo de crédito (ou seja, um ano após a originação do empréstimo e a assinatura do contrato a termo de crédito); MD é a "duration" modificada do bond benchmark BBB; e A é o valor do principal do contrato a termo.

Spread de Crédito no Fim do Contrato a Termo	Spread de Crédito: Vendedor (Banco)	Spread de Crédito: Comprador (Contraparte)
$S_T > S_F$	Recebe $(S_T - S_F) \times MD \times A$	Paga $(S_T - S_F) \times MD \times A$
$S_F > S_T$	Paga $(S_F - S_T) \times MD \times A$	Recebe $(S_F - S_T) \times MD \times A$

Figura 14.6 Padrão de Pagamentos de um Contrato a Termo de Crédito.

---

[7] Um swap de crédito puro é como uma opção de inadimplência (veja discussão anterior), mas uma diferença-chave é que os pagamentos da taxa (ou prêmio) do swap são feitos ao longo da vida do swap, enquanto no caso de uma opção de inadimplência, a taxa (prêmio) é paga antecipada e integralmente.

[8] Pagamentos de inadimplência são geralmente calculados de uma de três maneiras: (1) "ao par" menos um preço final do empréstimo como determinado por uma pesquisa entre distribuidoras; (2) pagamento "ao par" pela contraparte em troca da entrega física do empréstimo inadimplido; e (3) um montante fixo em dólares contratualmente acordado na originação do swap. O método (2) é cada vez mais o preferido para liquidação, devido à dificuldade de obtenção de preços precisos em torno de datas de eventos de crédito no mercado secundário de empréstimos.

DERIVATIVOS DE CRÉDITO

O padrão de pagamentos estabelecido em um contrato a termo de crédito é detalhado na Figura 14.6. O comprador do contrato a termo de crédito assume o risco de um aumento de risco de inadimplência do bond benchmark da empresa tomadora, e o vendedor do contrato de crédito a termo (o banco credor) faz o hedging contra um aumento do risco de inadimplência do tomador. Suponha que o risco de inadimplência do tomador aumente de forma que, quando o contrato a termo vencer, o mercado exija um maior spread de crédito sobre o bond benchmark do tomador (S_T) do que o originalmente acordado (S_F) (ou seja, $S_T > S_F$). O comprador do contrato a termo de crédito então paga ao vendedor do contrato a termo de crédito (o banco): ($S_T - S_F$) × MD × A. Por exemplo, suponha que o spread de crédito entre bond BBB e bond do Tesouro dos EUA aumente de 2 por cento para 3 por cento ao longo do ano, que a "duration" modificada (MD) do bond benchmark BBB seja de 5 anos e que o montante do contrato a termo (A) seja de $10.000.000. O ganho realizado sobre o contrato a termo de crédito pelo vendedor (banco) seria, então, de (3% − 2%) × 5 × $10.000.000 = $500.000. O montante poderia ser utilizado para compensar a perda de valor de mercado do empréstimo devido ao aumento do risco de crédito do tomador. Se o risco de inadimplência e o spread de crédito declinarem ao longo do ano, o vendedor do contrato a termo de crédito paga ao comprador do contrato de crédito a termo: ($S_F - S_T$) × MD × A. [Entretanto, a perda máxima decorrente do contrato a termo (para o banco vendedor) é limitada, como explicaremos abaixo.]

A Figura 14.7 ilustra o impacto decorrente do hedging do empréstimo sobre o banco.[9] Se o risco de inadimplência do empréstimo aumenta, o valor do empréstimo cai abaixo de seu valor no início do período do hedge. Entretanto, o banco fez o hedging do risco de mudança de risco de inadimplência vendendo um contrato a termo de crédito. Supondo que o spread de crédito do bond benchmark do tomador também aumente (de forma tal que $S_T > S_F$), o banco recebe ($S_T - S_F$) × MD × A do contrato a termo. Se as características do bond benchmark (ou seja, spread de crédito, "duration" modificada e valor do principal) forem as mesmas das do empréstimo concedido ao tomador, a perda de valor de mercado no balanço anual do banco será totalmente compensada pelo ganho advindo do contrato a termo de crédito. (Em nosso exemplo, uma perda de valor de mercado do empréstimo de $500.000 seria compensada por um ganho de $500.000 decorrente da venda do contrato a termo de crédito.)

Se o risco de inadimplência não aumentar ou diminuir (de forma tal que $S_T < S_F$), o banco vendedor do contrato a termo pagará ($S_F - S_T$) × MD × A ao comprador do contrato a termo de crédito. Entretanto, *este pagamento pelo banco é limitado a um máximo*. Quando S_T cai a zero — ou seja, o spread de inadimplência de bond BBB cai a zero, ou os bonds BBB originais do tomador forem vistos como tendo o mesmo risco de inadimplência que bonds do governo (a taxa do bond benchmark é igual à taxa livre de risco) — a perda máxima decorrente do contrato a termo, [$S_F - (0)$] × MD × A, compensa o ganho (retorno) máximo e limitado de alta do empréstimo. Qualquer um que esteja familiarizado com opções reconhecerá que, ao vender um

---

[9] Para discussão adicional, ver Finnerty (1996).

contrato a termo de crédito, o resultado é semelhante à compra de uma opção de venda.

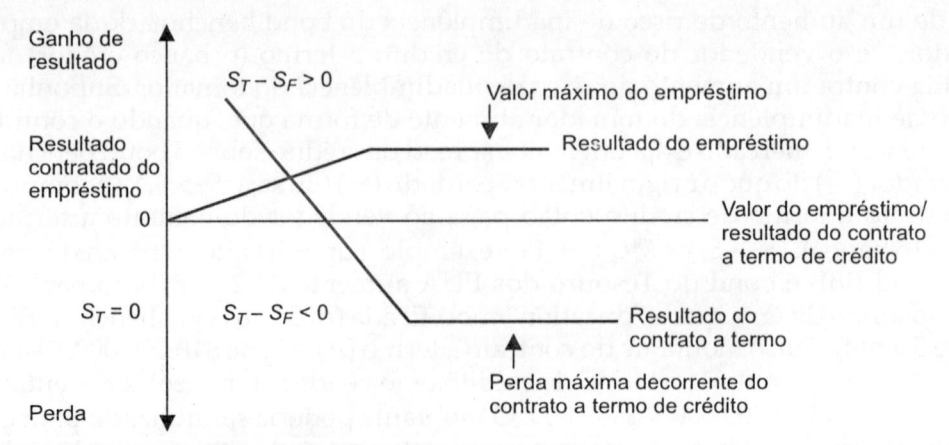

Figura 14.7 Resultados de um Contrato a Termo de Crédito.

Securitizações de Crédito

Até recentemente, o crescimento da securitização de crédito comercial ou de empréstimos (como no caso de vendas e negociação de empréstimos), era prejudicado por preocupações com os efeitos negativos sobre o relacionamento com clientes se os empréstimos fossem retirados dos balanços anuais e empacotados e vendidos como CLO (títulos de empréstimos garantidos) para investidores externos. Em vez disso, tais mecanismos se provaram populares para créditos mais comoditizados como hipotecas, financiamentos através de cartões de crédito e financiamentos para compra de automóveis. Assim, até recentemente, muitas securitizações de empréstimos eram realizadas com a manutenção dos empréstimos no balanço anual, e títulos lastreados por ativos (notas ligadas a crédito, ou CLN) eram emitidos contra a carteira de empréstimos. Uma enorme variedade desses produtos emergiu, mas as diferenças entre eles referem-se à maneira pela qual o risco de crédito é transferido do banco originador do empréstimo para o investidor no título. De modo geral, uma subcarteira de empréstimos comerciais é separada do lado dos ativos do balanço, e uma emissão de CLN é realizada. O retorno e o risco para os investidores variam por tipo de emissão. Alguns investidores recebem promessas de rendimentos elevados sobre os empréstimos subjacentes em troca de assumirem todo o risco de inadimplência; a outros investidores são prometidos rendimentos menores em troca de proteção parcial contra inadimplência (ou seja, um risco de crédito compartilhado com o banco). De forma geral, o banco emitente assume a primeira tranche de risco de inadimplência mas é protegido contra o risco catastrófico (assumido pelo investidor em CLN).

Em arranjos mais complexos, ocorre uma forma de dupla securitização. Empréstimos da carteira do banco são segregados e CLN são emitidos contra eles. Então, como na operação de $1,5 bilhão montada em agosto de 1997 pelo Swiss Bank

DERIVATIVOS DE CRÉDITO

Corporation (SBC), as CLN são securitizadas através de sua venda a um veículo para fins especiais (SPV; a Glacier Funding no caso da SBC), que emite bonds lastreados por CLN para os investidores finais. Uma estrutura simplificada da dupla securitização de $1,5 bilhão da SBC para sua carteira de empréstimos é mostrada na Figura 14.8. Cada CLN era lastreada por um pool diversificado de empréstimos. As CLN foram vendidas para o SPV (a Glacier Funding) e foi emitido um montante equivalente em bonds para os investidores no mercado. O banco realizou um hedging do risco de inadimplência de empréstimos já que, se os empréstimos na subcarteira do banco que lastreava as CLN inadimplissem, ele poderia resgatar as CLN vendidas ao SPV ou a 51 por cento do valor de face ou pelo "preço de mercado" do título de referência.[10] Isto efetivamente transferiu o risco de crédito dos empréstimos aos detentores dos bonds emitidos pelo SPV. Como resultado, o risco de crédito (mas não os empréstimos em si) foi em grande parte eliminado do balanço do banco.[11,12]

SBC			Glacier Funding (SPV)			Investidores	
Ativo	Passivo		Ativo	Passivo		Ativo	Passivo
Empréstimos $1,5 bilhão	CLN $1,5 bilhão	→ ← Caixa	CLN $1,5 bilhão	Bônus $1,5 bilhão	→ ← Caixa	Bônus	

Se os empréstimos inadimplirem, a SBC resgata as CLN por 51 por cento do valor de face ou pelo preço de mercado do título de referência

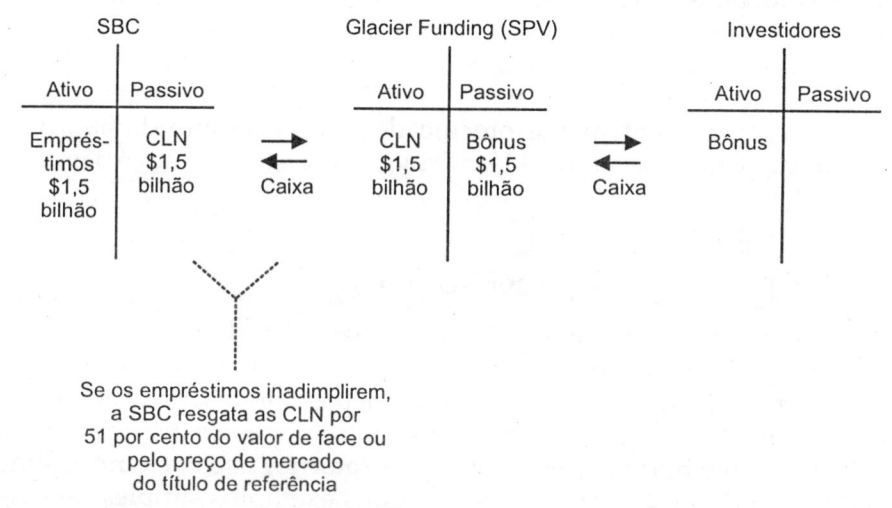

Figura 14.8 Estrutura Básica de uma Securitização com CLN.

QUESTÕES DE PRECIFICAÇÃO

Uma questão fundamental é: Qual o papel desempenhado pelos novos modelos no mercado de derivativos de crédito? Além de identificar o risco das contra-

---

[10] Os empréstimos subjacentes às CLN foram mantidos em confidencialidade pela SBC.
[11] Ver *Press Release*, SBC Warburg, Dillon, Read, "Swiss Bank Corporation launches $1,5 billion securities-backed credit linked notes to securitize part of its credit portfolio risk", 27 de agosto de 1997.
[12] Muitas securitizações de crédito ou empréstimos parecem ser impelidas por arbitragem regulatória, dependendo do tratamento regulamentar de tais securitizações além da diferença entre as visões regulatória e de mercado da suficiência de capital.

partes, desempenham um papel na precificação. Considere o caso do swap de crédito puro, discutido anteriormente. Na originação, o NPV do swap deve ser zero; ou seja, o valor presente dos prêmios anuais (semi-anuais) pagos pelo comprador de seguro de crédito deve ser igual ao valor presente das perdas por inadimplência esperadas (probabilidade de inadimplências × LGD) durante o período do swap. Várias abordagens diferentes parecem ser utilizadas na prática. Uma abordagem é a utilização de um modelo tipo KMV para gerar EDF para cada data futura do swap e (combinadas com os LGD) uma série de perdas esperadas do swap. Dado um conjunto apropriado de datas de desconto, o prêmio anual teoricamente justo (anuidade) a ser pago pelo vendedor de risco de crédito pode ser estabelecido. Infelizmente, isto provavelmente causaria uma precificação errada do swap, já que EDF são baseados em dados históricos, enquanto que para fins de precificação, necessitamos de expectativas de índices de inadimplência futuros, utilizando probabilidades neutras de risco (ver Capítulo 6). Como o prêmio é semelhante a um spread de crédito, pode-se recorrer a modelos de estrutura temporal de spreads de crédito, como Jarrow, Lando e Turnbull (1997). Uma abordagem alternativa é replicar os fluxos de caixa de um swap de inadimplência através da replicação de seus resultados no mercado à vista. Isto pressupõe que instrumentos no mercado à vista (bonds) sejam eficientemente precificados. Um exemplo da abordagem de replicação do mercado à vista da Merrill Lynch é discutido no Apêndice a este capítulo.[13]

RESUMO

Este capítulo examinou o papel desempenhado por derivativos de crédito ao permitirem que bancos façam o hedging do risco de crédito de suas carteiras de empréstimos. As exigências de capital do BIS não encorajam ativamente o uso de derivativos de crédito, mas bancos se vêem atraídos por esses instrumentos devido a seu potencial na melhoria das compensações retorno/risco de empréstimos sem prejudicar relacionamentos com clientes. Alguns exemplos simples de opções de crédito, swaps de crédito, contratos a termo de crédito e securitizações de crédito foram discutidos, assim como foi a questão da precificação de derivativos de crédito.

---

[13] Atualmente, a abordagem de replicação do mercado à vista parece ser a mais utilizada. Modelos de spreads de crédito parecem ser mais utilizados para estabelecer o "benchmark" de prêmio, calculado via modelos de replicação de mercado à vista.

APÊNDICE 14.1

Replicação de Mercado à Vista para Precificar/Valorar um Swap de Crédito Puro ou de Inadimplência

A idéia aqui é que o valor esperado do risco de crédito (em um swap de crédito[14]) já está capturado por spreads de crédito no mercado à vista de bonds e no mercado de swaps de taxas fixas/flutuantes. A Figura 14.1A (da Merrill Lynch) demonstra como o risco de um swap de crédito puro pode ser replicado através de transações no mercado à vista e transações de swaps convencionais, nas quais o "investidor" vende proteção sob um swap de crédito puro.

Nesta replicação, o investidor (vendedor de risco de swap):

1. Compra um bonds à vista com um spread de $T + S_C$ para "ao par".
2. Paga fixo sobre um swap $(T + S_S)$ com o vencimento do bond e recebe LIBOR (L).
3. Financia a posição no mercado de recompra (contratos de recompra) [a taxa de recompra é cotada a um spread para LIBOR $(L - x)$].
4. Cauciona o bond corporativo como garantia real e paga uma "provisão para perdas" à contraparte da recompra.

As transações 1 e 2 fazem o hedging do risco subjacente de "taxas de juros" envolvido na compra do bond corporativo (como estamos interessados apenas na exposição a risco de crédito). As transações 3 e 4 refletem o custo de financiamento da compra de um bond corporativo de risco através do mercado de recompra, no qual um credor cobra uma garantia de "provisão para perdas" sobre o montante tomado e $L - x$ reflete o custo de financiamento da recompra. A Tabela 14.1A mostra os fluxos de caixa líquidos das quatro transações (com a garantia de "provisão de perdas" estabelecida em zero para fins de simplicidade).

---

[14] Para mais detalhes sobre este tópico, veja Merrill Lynch, Credit Default Swaps, Global Fixed Income Research, outubro de 1998.

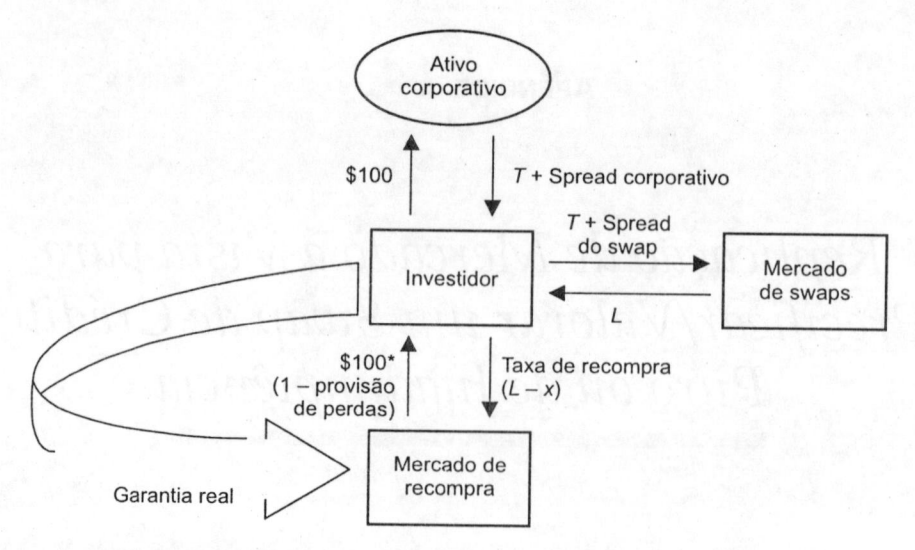

Fonte: Credit Default Swaps, Merrill Lynch, Pierce, Fenner and Smith, Inc., outubro de 1998, p. 12

Figura 14.1A Replicação de Exposição de Swap de Inadimplência, Proteção para o Vendedor do Swap.

Tabela 14.1A Fluxos de Caixa da Replicação do Swap de Inadimplência

	Recebe	Paga
Bonds à vista	$T + S_C$	$100
Hedge do swap	L	$T + S_S$
Transação de recompra	$100	$(L - x)$
	$S_C - S_S + x$	

S_C = spreads corporativos; S_S = spread do swap. Presume-se nenhuma provisão para perdas.
Fonte: Credit Default Swaps, Merrill Lynch, Pierce, Fenner and Smith, Inc., outubro de 1998, p. 13.

A exposição a risco de crédito do vendedor do swap (via replicação) é igual a $(S_C - S_S) + x$, ou seja, o spread entre o prêmio de risco do bond corporativo e o spread do swap no mercado de swaps fixos/flutuantes, mais um montante x que reflete o nível até o qual o investidor pode tomar abaixo do LIBOR no mercado de recompra. Se $x = 0$, então a exposição de crédito é $S_C - S_S$, que é analiticamente equivalente ao prêmio (justo) ou taxa que tem que ser pago ao vendedor de seguro de risco de crédito em uma transação de swap de crédito puro (ou de inadimplência), em troca do fornecimento de seguro contra risco de inadimplência.

Bibliografia

Acharya, V.V., e J.N. Carpenter, "Callable Defautable Bonds: Valuation, Hedging and Optimal Exercise Boundaries", Working Paper, Depto. de Finanças da New York University, 15 de março, 1999.

Aguais, S.D., L. Forest, S. Krishnamoorthy, e T. Mueller, "Creating Value from Both Loan Structure and Price". *Commercial Lending Review*, 1997, pp. 1-10 (inverno).

Altman, E.I., "Financial Ratios, Discriminant Analysis and the Prediction of Corporate Bankruptcy". *Journal of Finance*, setembro, 1968, pp. 589-609.

Altman, E.I., "Measuring Corporate Bond Mortality and Performance". *Journal of Finance*, Setembro, 1989, pp. 909-922.

Altman, E.I., "Predicting Financial Distress of Companies: Revisiting the Z-Score and Zeta Models". Working Paper, New York University, Salomon Center, junho, 1995.

Altman, E.I., T.K.N. Baidya, e L.M.R. Dias, "Assessing Potential Financial Problems for Firms in Brazil". Working Paper 125, New York University, Salomon Center, setembro, 1977.

Altman, E.I., e D.L. Kao, "The Implications of Corporate Bond Ratings Drift". *Financial Analysts Journal*, maio-junho, 1992, pp. 64-75.

Altman, E.I., e V.M. Kishore, "Defaults and Returns on High-Yield Bonds: Analysis Through 1997". Working Paper, New York University, Salomon Center, janeiro, 1998.

Altman, E.I., e P. Narayanan, "An International Survey of Business Failure Classification Models". *Financial Markets, Instruments and Institutions*, Vol. 6, Nº 2, 1997.

Altman, E.I., e A. Saunders, "Credit Risk Measurement: Developments over the Last Twenty Years". *Journal of Banking and Finance*, dezembro, 1997, pp. 1721-1742.

Altman, E.I., e H.J. Suggitt, "Default Rates in the Syndicated Loan Market: A Mortality Analysis". Working Paper S-97-39, New York University Salomon Center, dezembro, 1997.

Anderson, R., e S. Sunderesan, "A Comparative Study of Structural Models of Corporate Bond Yields". Paper apresentado na Conferência no Center for Economic Policy Research (CEPR), Londres, 20 de setembro, 1998.

Anderson, R., S. Sunderesan, e P. Tychon, "Strategic Analysis of Contingent Claims". *European Economic Review*, 1996, pp. 871-881.

Angbazo, L., J-P. Mei, e A. Saunders, "Credit Spreads in the Market for Highly Leveraged Transaction Loans", *Journal of Banking and Finance*, dezembro, 1998, pp. 1249-1282.

Arrow, K.K., "Le Rôle des Valeurs Boursieres pour la Repartition de la Meilleure des Risques". Econometrie Colloq. ICNRS, 40, 1953, pp. 41-47.

Asarnow, E., "Managing Bank Loan Portfolios for Total Return", Paper apresentado em uma conferência sobre "Um Novo Equilíbrio de Mercado para Negócios de Crédito", Frankfurt, Alemanha, 11 de março, 1999.

Asarnow, E., e J. Marker, "Historical Performance of the U.S. Corporate Loan Market 1988-1993". *Journal of Commercial Lending*, primavera de 1995, pp. 13-22.

Asquith, P., D.W. Mullins, e E.D. Wolff, "Original Issue High Yield Bonds: Aging Analysis of Defaults, Exchanges and Calls". *Journal of Finance*, setembro, 1989, pp. 923-952.

Babbel, D.F., "Insuring Banks Against Systematic Credit Risk". *Journal of Futures Markets*, 6 de novembro, 1989, pp. 487-506.

Banco para Compensações Internacionais, *Standardized Model for Market Risk*. Basiléia, Suíça: Banco para Compensações Internacionais, 1996.

Belkin, B., L.R. Forest, S.D. Aguais, e S.J. Suchower, "Credit Risk Premiums in Commercial Lending (I)". KPMG, Nova York, agosto, 1998a (mimeografado).

Belkin, B., L.R. Forest, S.D. Aguais, e S.J. Suchower, "Credit Risk Premiums in Commercial Lending (II)". KPMG, Nova York, agosto, 1998b (mimeografado).

Belkin, B., S. J. Suchower, e L.R. Forest, "The Effect of Systematic Credit Risk on Loan Portfolio Value at Risk and Loan Pricing". *CreditMetrics Monitor*, 1998c, pp. 17-28.

Belkin, B., S.J. Suchower, D.H. Wagner, e L.R. Forest, "Measures of Credit Risk and Loan Value in LAS^{SM}". KPMG Risk Strategy Practice, 1998d (mimeografado).

Black, F., e M. Scholes, "The Pricing of Options and Corporate Liabilities". *Journal of Political Economy*, maio-junho, 1973, pp. 637-654.

Boudoukh, J., M. Richardson, e R. Whitelaw, "Expect the Worst". *Risk Magazine*, setembro, 1995, pp. 101-105.

Brenner, M., e Y.H. Eom, "No Arbitrage Option Pricing: New Evidence on the Validity of the Martingale Property". Working Paper 97-10, New York University Salomon Center, 1997.

Caouette, J.B., E.J. Altman, e P. Narayanan, *Managing Credit Risk: The Next Great Financial Challenge*. John Wiley & Sons, Nova York, 1998.

Carey, M., "Credit Risk in Private Debt Portfolios". *Journal of Finance*, agosto 1998, pp. 1363-1387.

Carey, M., M. Post, e S.A. Sharpe, "Does Corporate Lending by Banks and Finance Companies Differ? Evidence on Specialization in Private Debt Contracting". *Journal of Finance*, Vol. 53, junho, 1998, pp. 845-878.

Carty, L.V., e D. Lieberman, "Corporate Bond Defaults and Default Rates 1938-1995". Moody's Investors Service, Global Credit Research, janeiro, 1996.

Carty, L.V., e D. Lieberman, "Defaulted Bank Loan Recoveries". Moody's Investors Service, Global Credit Research (Relatório Especial), 1996.

Choudhury, S.P., "Choosing the Right Box of Credit Tricks". *Risk Magazine*, novembro, 1997, pp. 17-22.

Coates, P.K., e L.F. Fant, "Recognizing Financial Distress Patterns Using a Neural Network Tool". *Financial Management*, verão, 1993, pp.142-155.

Crédit Suisse Financial Products, "Credit Risk Plus". Documento Técnico, Londres/Nova York, outubro, 1997.

Crouhy, M., e R. Mark, "A Comparative Analysis of Current Credit Risk Models". Paper apresentado na Conferência sobre Modelagem de Risco de Crédito e Implicações Regulamentares do Banco da Inglaterra em Londres, 21-22 de setembro, 1998.

Crouhy, M., S.M. Turnbull, e Lee M. Wakeman, "Measuring Risk-Adjusted Performance". Paper apresentado na Conferência no Center for Economic Policy Research (CEPR), Londres, 20 de setembro, 1998.

Delianedis, G., e R. Geske, "Credit Risk and Risk-Neutral Default Probabilities: Information About Rating Migrations and Defaults". Paper apresentado na Conferência sobre Modelagem de Risco de Crédito e Implicações Regulamentares do Banco da Inglaterra em Londres, 21-22 de setembro, 1998.

Dermine, J., "Pitfalls in the Application of RAROC in Loan Management". *The Arbitrageur*, primavera, 1998, pp. 21-27.

Diebold, F., e R. Mariano, "Comparing Predictive Accuracy". *Journal of Business and Economic Statistics*, maio, 1995, pp. 253-264.

Duffee, G., "Estimating the Price of Default Risk". *The Review of Financial Studies*, primavera, 1999, pp. 197-226.

Duffie, D., e D. Lando, "Term Structures of Credit Spreads with Incomplete Accounting Information". Working Paper, Graduate School of Business, Stanford University, 1997.

Duffie, D., e M. Huang, "Swap Rates and Credit Quality". *Journal of Finance*, julho, 1996, pp. 921-950.

Duffie, D., e K. Singleton, "Simulating Correlated Defaults". Paper apresentado na Conferência sobre Modelagem de Risco de Crédito e Implicações Regulamentares do Banco da Inglaterra em Londres, 21-22 de setembro, 1998.

Elton, E.J., e M.J. Gruber, *Modern Portfolio Theory and Investment Analysis*, 5ª ed. Nova York: John Wiley & Sons, Inc., 1998.

Estrella, A., "Formulas or Supervision? Remarks on the Future of Regulatory Capital". Paper apresentado na Conferência sobre Serviços Financeiros na Encruzilhada: Regulação de Capital no Século XXI do Federal Reserve Bank of NY. (Conference on Financial Services at the Crossroads: Capital Regulation in the 21st Century, Federal Reserve Bank of NY), 26-27 de fevereiro, 1998.

Fadil, M.W., "Problems with Weighted-Average Risk Ratings: A Portfolio Management View". *Commercial Lending Review*, janeiro, 1997, pp. 23-27.

Fehle, F., "Market Structure and Swap Spreads: International Evidence". Working Paper, Universidade do Texas em Austin, 13 de setembro, 1998.

Financial Times, "Fears over Banks Prompt Surge in Credit Derivatives", 7 de outubro, 1998, p. 1.

Finnerty, J.D., "Credit Derivatives, Infrastructure Finance and Emerging Market Risk". *The Financier*, fevereiro, 1996, pp. 64-78.

Flannery, M.J., e S. Sorescu, "Evidence of Bank Market Discipline in Subordinated Debenture Yields: 1983-1991". *Journal of Finance*, setembro, 1996, pp. 1347-1377.

Fons, J., "Using Default Rates to Model the Term Structure of Credit Risk". *Financial Analysts Journal*, setembro-outubro, 1994, pp. 25-32.

General Accounting Office, "Risk-Based Capital: Regulatory and Industry Approaches to Capital and Risk". Washington, DC, General Accounting Office 1998, Relatório nº 98-153.

Geske, R., "The Valuation of Corporation Liabilities as Compound Options". *Journal of Financial and Quantitative Analysis*, novembro, 1977, pp. 541-552.

Ginzberg, A., K. Maloney, e R. Wilner, "Risk Rating Migration and Valuation of Floating Rate Debt". Working Paper, Citicorp, março, 1994.

Gordy, M.B., "A Comparative Anatomy of Credit Risk Models". Paper apresentado na Conferência sobre Modelagem de Risco de Crédito e Implicações Regulamentares do Banco da Inglaterra em Londres, 21-22 de setembro, 1998.

Gorton, G., e A. Santomero, "Market Discipline and Bank Subordinated Debt". *Journal of Money, Credit and Banking*, fevereiro, 1990, pp. 117-128.

Granger, C.W.J., e L.L. Huang, "Evaluation of Panel Data Models: Some Suggestions from Time-Series". Paper para discussão, 97-10, Depto. de Economia, Universidade da Califórnia, San Diego, 1997.

Harrison, J.M., e S.R. Pliska, "Martingales and Stochastic Integrals". *Stochastic Processes and Their Applications*, agosto, 1981, pp. 215-260.

Harrison, M., *Brownian Motion and Stochastic Flow Systems*. Nova York: John Wiley & Sons, Inc., 1985.

Harrison, M., e D. Kreps, "Martingales and Arbitrage in Multi-Period Security Markets". *Journal of Economic Theory*, 1979, pp. 381-408.

Hendricks, D., "Netting Agreements and the Credit Exposures of OTC Derivatives Portfolios". *Federal Reserve Bank of New York, Quarterly Review*, primavera, 1994, pp. 36-69.

International Swaps and Derivatives Association (ISDA), *Credit Risk and Regulatory Capital*, Nova York/Londres, março, 1998.

James, C., "RAROC-Based Capital Budgeting and Performance Evaluation: A Case Study of Bank Capital Allocation". Universidade da Flórida, 1996 (mimeografado).

Jarrow, R., D. Lando, e S. Turnbull, "A Markov Model for the Term Structure of Credit Spreads". *Review of Financial Studies*, 1997, pp. 481-523.

Jarrow, R.A., e S.M. Turnbull, "The Intersection of Market and Credit Risk". Paper apresentado na Conferência sobre Modelagem de Risco de Crédito e Implicações Regulamentares do Banco da Inglaterra em Londres, 21-22 de setembro, 1998.

Jarrow, R.A., e D.R. van Deventer, "Practical Usage of Credit Risk Models in Loan Portfolio and Counterparty Exposure Management". The Kamakura Corporation, 15 de março, 1999 (mimeografado).

Jones, D., "Emerging Problems with the Accord: Regulatory Capital Arbitrage and Related Issues". Federal Reserve Board of Governors, julho, 1998 (mimeografado).

Jones, E.P., S.P. Mason, e E. Rosenfeld, "Contingent Claims Analysis of Corporate Capital Structures: An Empirical Investigation". *Journal of Finance*, julho, 1984, pp. 611-625.

Kealhofer, S., "Managing Default Risk in Derivative Portfolios", em *Derivative Credit Risk: Advances in Measurement and Management*. Londres: Renaissance Risk Publications, 1995.

KMV, "Credit Monitor Overview". San Francisco: KMV Corporation, 1993 (mimeografado).

KMV, "Global Correlation Factor Structure". San Francisco: KMV Corporation, agosto, 1996 (mimeografado).

KMV, "KMV and CreditMetrics". San Francisco: KMV Corporation, 1997 (mimeografado).

KMV, "Portfolio Management of Default Risk". San Francisco: KMV Corporation, 15 de novembro, 1993 (mimeografado).

KMV, "Portfolio Manager Model". San Francisco: KMV Corporation, sem data.

Koyluoglu, H.U., e A. Hickman, "A Generalized Framework for Credit Risk Portfolio Models". Oliver, Wyman and Co., Nova York, 14 de setembro, 1998.

KPMG, "Loan Analysis System". Nova York: KPMG Financial Consulting Services, 1998.

KPMG Peat Marwick, *VAR: Understanding and Applying Value-At-Risk*. Nova York: Risk Publications, 1997.

Kreps, D., "Multiperiod Securities and the Efficient Allocation of Risk: A Comment on the Black-Scholes Option Pricing Model", em J.J. McCall (org.), *The Economics of Uncertainty and Information*. Chicago: University of Chicago Press, 1982.

Kuritzkes, A., "Transforming Portfolio Management". *Banking Strategies*, julho/agosto 1998.

Leland, H., "Agency Costs, Risk Management and Capital Structure". *Journal of Finance*, julho 1998, pp. 1213-1242.

Leland, H., "Corporate Debt Value, Bond Covenants and Optimal Capital Structure". *Journal of Finance*, setembro, 1994, pp. 1213-1252.

Leland, H., e K. Toft, "Optimal Capital Structure, Endogenous Bankruptcy, and the Term Structure of Credit Spreads". *Journal of Finance*, julho, 1996, pp. 987-1019.

Litterman, R., e T. Iben, "Corporate Bond Valuation and the Term Structure of Credit Spreads". *Journal of Portfolio Management*, 3 de novembro, 1989, pp. 52-64.

Longstaff, F.A., e E.F. Schwartz, "A Simple Approach to Valuing Risky Fixed and Floating Rate Debt". *Journal of Finance*, julho 1995, pp. 789-819.

Lopez, J.A., e M.R. Saidenberg, "Evaluating Credit Risk Models". Paper apresentado na Conferência sobre Modelagem de Risco de Crédito e Implicações Regulamentares do Banco da Inglaterra em Londres, 21-22 de setembro, 1998.

Madan, D.B., e H. Unal, "Pricing the Risks of Default". Universidade de Maryland, College Park, Depto. de Finanças, 1994 (mimeografado).

McAllister, P.M., e J.J. Mingo, "Commercial Loan Risk Management, Credit Scoring and Pricing: The Need for a New Shared Database". *Journal of Commercial Lending*, maio, 1994, pp. 6-20.

McKinsey and Co., *Credit Portfolio View*. Nova York: McKinsey and Co., 1997.

McQuown, J.A., "The Illuminated Guide to Portfolio Management". *Journal of Lending and Credit Risk Management*, agosto 1997, pp. 29-41.

BIBLIOGRAFIA

McQuown, J.A., "Market *vs*. Accounting-Based Measures of Default Risk". San Francisco: KMV Corporation, 1995.

McQuown, J.A., e S. Kealhofer, "A Comment on the Formation of Bank Stock Prices". San Francisco: KMV Corporation, abril, 1997.

Mella-Barral, P., e W. Perraudin, "Strategic Debt Service". *Journal of Finance*, junho, 1997, pp. 531-556.

Merrill Lynch, "Credit Default Swaps". Nova York: Global Fixed Income Research, outubro, 1998.

Merton, R.C., "On the Pricing of Corporate Debt: The Risk Structure of Interest Rates". *Journal of Finance*, junho, 1974, pp. 449-470.

Miller, R., "Refining Ratings". *Risk Magazine*, agosto, 1998.

Mingo, J.J., "Policy Implications of the Federal Reserve Study of Credit Risk Models at Major Banking Institutions". Paper apresentado na Conferência sobre Modelagem de Risco de Crédito e Implicações Regulamentares do Banco da Inglaterra em Londres, 21-22 de setembro, 1998.

Morgan, J.P., *CreditMetrics*. Nova York: Documento Técnico, 2 de abril, 1997.

Nickell, P., W. Perraudin, e S. Varotto, "Stability of Rating Transitions". Paper apresentado na Conferência sobre Modelagem de Risco de Crédito e Implicações Regulamentares do Banco da Inglaterra em Londres, 21-22 de setembro, 1998.

Oda, N., e J. Muranaga, "A New Framework for Measuring the Credit Risk of a Portfolio: The 'ExVAR' Model". Estudos Monetários e Econômicos, Banco do Japão, Tóquio, dezembro, 1997.

Rajan, R., "Insiders and Outsiders: The Choice Between Informed and Arm's Length Debt". *Journal of Finance*, setembro, 1992, pp. 1367-1400.

Relatório da Força-tarefa do Federal Reserve System, "Credit Risk Models at Major U.S. Banking Institutions: Current State of the Art and Implications for Assessments of Capital Adequacy". Washington, DC, 1998.

Ronn, E., e A. Verma, "Pricing Risk-Adjusted Deposit Insurance: An Option-Based Model". *Journal of Finance*, setembro, 1986, pp. 871-896.

Sanvicente, A.S., e F.L.C. Bader, "Filing for Financial Reorganization in Brazil: Event Prediction with Accounting and Financial Variables and the Information Content of the Filing Announcement". Working paper, Universidade de São Paulo, São Paulo, Brasil, março, 1996.

Saunders, A., *Financial Institutions Management: A Modern Perspective*, 2ª ed. BurrRidge, IL: Irwin/McGraw-Hill, 1997.

Saunders, A., A. Srinivasan, e I. Walter, "Price Formation in the OTC Corporate Bond Markets: A Field Study of the Inter-Dealer Market". Working Paper nº 98-89, Dept. de Finanças, Universidade de Nova York, 1998.

Shearer, A., "Pricing for Risk Is the Key in Commercial Lending". *American Banker*, 21 de março de 1997, p. 1.

Shepheard-Walwyn, T., e R. Litterman, "Building a Coherent Risk Measurement and Capital Optimization Model for Financial Firms". Paper apresentado na Conferência sobre Serviços Financeiros na Encruzilhada: Regulação de Capital no Século XXI (Financial Services at the Crossroads: Capital Regulation in the 21st Century), Nova York, 26-27 de fevereiro, 1998.

Shimko, D., N. Tejima, e D.R. van Deventer, "The Pricing of Risky Debt when Interest Rates Are Stochastic". *Journal of Fixed Income*, setembro, 1993, pp. 58-66.

Smith, C.W., W. Smithson, e D.S. Wilford, *Managing Financial Risk*. Cambridge, MA: Ballinger, 1990.

Society of Actuaries, (Sociedade dos Atuários) "1986-1992 Credit Loss Experience Study: Private Placement Bonds". Schaumburg, IL: 1996.

Stahl, G., "Confidence Intervals for Different Capital Definitions in a Credit Risk Model". Paper apresentado na Conferência do Center for Economic Policy Research (CEPR) Londres, 20 de setembro, 1998.

Standard and Poor's, "Rating Performance 1997-Stability and Transition". Nova York: Relatório de Pesquisa da Standard and Poor's, 1998.

Stiglitz, J., e A. Weiss, "Credit Rationing in Markets with Imperfect Information". *American Economic Review*, junho 1981, pp. 393-410.

Sundaram, R.K., "Equivalent Martingale Measures and Risk-Neutral Pricing: An Expository Note". *Journal of Derivatives,* outono, 1997, pp. 85-98.

Taylor, J.D., "Cross-Industry Differences in Business Failure Rates: Implications for Portfolio Management". *Commercial Lending Review,* janeiro, 1998, pp. 36-46.

Treacy, W., e M. Carey, "Internal Credit Risk Rating Systems at Large U.S. Banks". *Federal Reserve Bulletin,* novembro, 1998.

Vasicek, O., "Probability of Loss on a Loan Portfolio". San Francisco: KMV Corporation, sem data (mimeografado).

Wall, L., e M.M. Shrikhande, "Credit Derivatives". Paper apresentado na Conferência do FMA, Chicago, outubro, 1998.

Wilson, T., "Credit Risk Modeling: A New Approach". Nova York: McKinsey Inc., 1997a (mimeografado).

Wilson, T., "Portfolio Credit Risk (Parts I and II)". *Risk Magazine,* setembro e outubro, 1997b.

Zaik, E., J. Walter, e J.G. Kelling, "RAROC at Bank of America: From Theory to Practice". *Journal of Applied Corporate Finance,* verão, 1996, pp. 83-93.

Zhou, C., "A Jump Diffusion Approach to Modeling Credit Risk and Valuing Defaultable Securities". Working Paper, Federal Reserve Board of Governors, 1997.

Índice

A

Abordagem de fator de retorno sobre ações à correlação, 98
Abordagem de seguros, 69-82
   análise de mortalidade, 69-70
   Credit Risk Plus da CSFP, 69, 73-76
      exemplo, 77-82
      exigências de capital (Figura 7.4), 77
Abordagem de valoração neutra ao risco (RN), 55-67
   derivando a medida de probabilidades RN de preços de títulos, 57-58
   derivando medida RN de spreads sobre bonds de cupom zero, 56-58
   derivando probabilidades RN de valores de capital próprio (Apêndice 6.2), 65
   derivando probabilidades RN para Ano 2 ... Ano N (Apêndice 6.1), 63-64
   probabilidades neutras de risco e valoração, 60-61
   relação entre a medida RN e a medida natural da probabilidade de inadimplência, 58-60
   valoração de empréstimos em uma estrutura de modo de inadimplência (DM) (Apêndice 6.3), 66-67
Abordagem numérica (modelos comparados), 86-87
AE. *Ver* exposição média (AE)
Agências de Rating, 156

Análise de mortalidade, 69-70
Argentina, 73
Associação dos Banqueiros Britânicos (British Bankers Association), 153
Ativos derivativos, precificação, 55
Avanços em sistemas de computadores, 2

B

Banco Central da Argentina, 73
Banco para Compensações Internacionais (BIS), 2, 3-4, 31, 93, 112, 115, 118
   e derivativos de crédito, 153-154
      exigências de capital (motivo de novas abordagens à medição de risco), 3-4
Bank for International Settlements (BIS):
   modelo, risco de crédito para swaps, 136-140, 142, 147
      exemplos, 138-140, 148-150
      fatores de conversão de crédito para contratos de taxas e de taxas de câmbio no cálculo de exposição corrente (Tabela 13.1), 137
      passos de simulação (Apêndice 13.1), 148-150
Bank of America, 33, 126, 128, 131
Bankers Trust, 125, 128
BIS. *Ver* Banco para Compensações Internacionais (BIS)
Bonds de cupom zero, 17
   derivando medidas RN de spreads sobre, 56-58
Bonds, 4, 20, 35
   envelhecimento, 41

mapeamento de classificação (Tabela 2.1), 11-12
matriz de alteração, 41
modelos de valoração, 61
Brasil, 14
Bridge and Company, 35
BSM. *Ver* Modelo Black-Scholes-Merton (BSM) e OPM

C

Cálculos de perdas inesperadas, 12, 42, 52, 53
Canadian Imperial Bank of Commerce (CIBC), 87
Cap, 146
Capacidade (nos cinco "C" do crédito), 8
Capital (nos cinco "C" do crédito), 8
Capital Baseado em Risco (RBC) para carteiras de risco selecionadas (Apêndice 1.1), 6
Capital baseado no risco (RBC), 2, 3. *Ver também* Banco para Compensações Internacionais (BIS)
Capital como opção de compra sobre uma empresa (Figura 3.3), 21
CAPM. *Ver* Modelo de precificação de ativos de capital (CAPM)
Caráter (nos cinco "C" do crédito), 7
Carteira livre de risco, 55
CE. *Ver* Comunidade Européia (CE)
CIBC. *Ver* Canadian Imperial Bank of Commerce (CIBC)
Ciclo de negócios. *Ver* Fatores/efeitos cíclicos
Citibank, 36
Classificação de risco média ponderada (WARR), 15
CLN. *Ver* Títulos ligados a crédito (CLNs)
CLO. *Ver* Títulos de empréstimos garantidos
CMR. *Ver* Índice acumulado de mortalidade (CMR)
Coeficiente de Sharpe, 92
    para unidades de negócios (RAROC), 125
Coeficiente risco/retorno (coeficiente de Sharpe), 92
Comunidade Européia (CE), 3, 31
Contrato de recompra (repo), 202-204
Contratos a termo:
    hedging de risco de crédito com, 160-162
    mercado de balcão, 2
    swaps vistos como sucessão de, 146
Contratos a termo de crédito, 4, 160-162
    padrão de pagamento de (Figura 14.6), 160
    resultado de (Figura 14.7), 162
Correlação de eventos de crédito (modelos comparados), 86
Credit Portfolio View da McKinsey
Credit Portfolio View, 83-87
Credit Portfolio View, da McKinsey, 40, 47-53
    abordagem da simulação macro, 48-53
    antecedentes: duas maneiras de abordar fatores cíclicos, 47
    comparação de modelos, 83-87
    seis dimensões-chave comparadas a outros modelos (Tabela 8.1), 83
    seleção de carteira de empréstimos e medindo o risco, 110-112
Credit Risk Plus da CSFP, 69, 73-77
    comparação de modelos, 83-87
    exigências de capital (Figura 7.4), 77
Credit Risk Plus da CSFP, 73-77, 82, 83-87
Crédit Suisse Financial Products (CSFP), 69
    Ver também Credit Risk Plus da CSFP
CreditMetrics da J.P. Morgan: comparações a outros modelos, 83-87
CreditMetrics e crédito de swaps: VAR, 141-147
    exemplo, 145-147
    exposição média, 142
    perda decorrente de inadimplência (LGD), 144-145
    probabilidade acumulada de inadimplência, 144
    medindo o risco de crédito e o VAR de swaps de taxas de juros, 135-136
CreditMetrics, 73-77, 82, 83-86
    abordagem de seguros, 69-82
    e VAR, 73
    exemplo, 77-82
    explicação, 73-77
    modelo de inadimplência (não com reajuste pelo valor de mercado), 73, 82

seis dimensões para comparação dos modelos 83-84
CreditMetrics, da J.P. Morgan, 31-46, 83-87, 99-110
   e a abordagem de simulação macro, 52, 53
   e exigências de capital, 39
   e o risco de crédito extrabalanço, 135-147
   específico a um empréstimo *vs.* específico a uma classe de crédito, 58-59
   explicação de, 33-38
   migração de classificação, 34, 40-41
   modelo de reajuste a preço de mercado (MTM) *versus* modelo de inadimplência (DM), 42-43
   questões e problemas técnicos, 40-43
   valoração, 34-36
   VAR, cálculo do, 37-38
   VAR, conceito de, 32-33
CreditMetrics, da J.P. Morgan: seleção de carteira de empréstimos e medida de risco, 94, 99-110
   exemplo de cálculo de correlação, 103-104
   exemplo de ligação entre volatilidades de ativos e alterações de classificação, 101-103
   limites de crédito e seleção de empréstimos (Figura 10.3), 110
   probabilidades de migração conjunta, 100-101
   solução simplificada de subcarteira de dois ativos para o caso da carteira de N ativos (Apêndice 10.1), 139
   valores de empréstimos conjuntos, 104-105
   VAR da carteira, distribuição efetiva, 105
   VAR de carteira, distribuição normal, 100-105
CreditMetrics, da J.P. Morgan:
   swap crédito de: VAR, 141-147
   exemplo, 145-146
   exposição média, 142
   perda decorrente de inadimplência (LGD), 144-147
   probabilidade acumulada de inadimplência, 144
Crédito, cinco "C" de, 7-8
Crise asiática, recente, 2, 14

CSFP Credit Risk Plus. *Ver* Credit Risk Plus, da CSFP
CSFP. *Ver* Crédit Suisse Financial Products (CSFP)
Curva de rendimento zero (ZYC), 45-46
Curva de rendimentos correntes (CYC), 44, 45
Curva de rendimento zero a termo, cálculo da (Apêndice 4.1), 44-46, 141
Curva, zero futura; cálculo para valoração de empréstimos (Apêndice 4.1), 44-46
   cálculo da ZYC sem arbitragem, 44
   comparação entre ZYC e CYC, 45
   curva de rendimento corrente (CYC), 44, 45
   derivação das taxas a termo de um ano
   taxa de rendimento zero corrente, 45
CYC. *Ver* Curva de rendimentos correntes (CYC)

D

Deflação, 2
Derivativo, de crédito. *Ver* Derivativos de crédito
Derivativos de crédito, 3, 4, 153-166. *Ver também* Risco de crédito extrabalanço (OBS)
   e Exigências de capital do BIS, 153-154
   hedging de risco de crédito com contratos a termo de crédito, 160-162
   hedging de risco de crédito com opções, 154-156
   hedging de risco de crédito com swaps, 157-160
   swap de retorno total, 157-159
   swaps de crédito puro ou de inadimplência, 159-160
   questões de precificação, 163-164
   securitizações de crédito, 162-163
Desintermediação, 1
   derivativos extrabalanço, o crescimento de, 2
   margens, mais competitivas, 2
   tecnologia, 2-3
Deslocamento de risco, 8
Distribuição Poisson, 73-74, 78, 79, 111, 112
Diversificação sobre o risco de uma carteira de swaps (Apêndice 13.2), 151

DM. *Ver* Modo/modelo de inadimplência (DM)
Dun and Bradstreet, 8
Dupla securitização, 163

E

EDF. *Ver* Freqüência esperada de inadimplência (EDF)
Empréstimos agrícolas, 155-156
Financiamentos através de cartões de crédito, 162
Empréstimos para aquisição de automóveis utilizando a, 162
Entidades classificadoras de crédito, 128-129
Erros do tipo 1 e tipo 2, 14
EVA. *Ver* Valor econômico adicionado (EVA)
Exigências de capital, 3. *Ver também* Banco para Compensações Internacionais (BIS)
Exposição corrente/futura, 2
Exposição média (AE), 142, 173

F

Falência, 3
　aumento estrutural de, 1
　e o modelo de pontuação Z, 13
Fatores /efeitos de ciclo, 40, 53
　duas maneiras de lidar com, 47
　nos cinco "C" do crédito, 7
Federal Reserve 5, 33, 39, 83
Ferramentas de gerência de risco. *Ver* Derivativos de crédito
Financiamentos através de cartões de crédito, 162
Fitch Investor Service, 36
Ford, 97
Freqüência esperada de inadimplência (EDF), 20, 23-27, 85-86
　fórmula empírica, 24-25
Fronteira eficiente, 89
Função de densidade normal bivariada, 102
Função de pagamento:
　empréstimos (Figura 3.1), 18
　opção de venda sobre uma ação (Figura 3.2), 18

G

Garantias reais:
　nos cinco "C" do crédito, 7
　valores declinantes e voláteis de (motivo para novas abordagens), 2
General Motors, 97
Gestão de carteiras. *Ver* Seleção de carteira de empréstimos e medindo o risco; Teoria moderna de (MPT)
Glacier Funding, 162-163
Goldman Sachs, 56
Grandes empréstimos, 105-110

H

Hipotecas, 161-162
Horizonte de tempo, 74

I

Impulsionadores de risco (modelos comparados), 84-85
Inadimplência, distância de (fórmula), 23
Incerteza sobre o índice de inadimplência, 74
Incerteza, graus/tipos de, 74, 75, 76
Taxa de mortalidade acumulado (CMR), 69, 70, 144
Índices de recuperação (modelos comparados), 86
Isoquântico, 109

J

J.P. Morgan, 24, 102. *Ver também* CreditMetrics, da J.P. Morgan
Japão, 2, 40

K

KMV Corporation de San Francisco, 17, 33
KMV, 24, 83-87, 98, 99, 101
　abordagem de simulação macro, 52
　específico a um empréstimo *vs.* específico a classificação de crédito (RN), 57-58
　medidas neutras de risco, 58

visão geral (quatro modelos, seis dimensões-chave) (Tabela 8.1), 83

L

Lançamento de opções de venda, 5
Ligação entre empréstimos e opcionalidade, 17-20
   abordagem estrutural, 27
   e modelos RAROC, 128
   matriz de alteração de classificação, 41
   probabilidade de inadimplência, 27, 135

M

Martingale, 55
Matriz de recessão/de não-recessão, 47
Matriz de alteração simulada, 52
Matriz de alteração, 40, 47, 48, 50, 51, 59, 144
Medida da média ponderada do custo de capital (WACC), 126
Medida natural da probabilidade de inadimplência:
   relacionamento entre a medida neutra de risco e, 58-60
Medindo o risco de crédito, novas abordagens a,: comparações em seis dimensões-chave, 83-88
   abordagem numérica, 83-84, 86-87
   correlação de eventos de crédito, 84, 86
   definição de risco, 84
   impulsionadores de risco, 84-85
   índices de recuperação, 84, 86
   simulações empíricas, 87-88
   volatilidade de eventos de crédito, 85, 86
Medição de risco de crédito, novas abordagens à: motivos para, 1-5
   exigências do BIS para capital baseados no risco, 3-4
   falências, aumento estrutural de, 1
   garantias reais, valores declinantes e voláteis de, 2
Medição de risco de crédito, novas abordagens à:
   abordagem de seguros, 69-82 (*ver também* Credit Risk Plus, da CSFP)
   abordagem de simulação macro, 47-53 (*ver também*, Credit Portfolio View da McKinsey)
   abordagem de valoração neutra ao risco, 55-67 (*Ver também* Sistema de Análise de Empréstimos (LAS) da KPMG
   abordagem VAR, 31-46 (*Ver também*, CreditMetrics da J.P. Morgan; Value at Risk (VAR))
   empréstimos como opções e o modelo Credit Monitor Model da KMV, 17-30
   gestão de carteira (*Ver* Seleção de carteira de empréstimos e aferição de risco; Teoria moderna de carteira (MPT))
Medição de risco de crédito. abordagens tradicionais à, 7-15
   sistemas de classificação, 9-13
   sistemas de pontuação, 13-15
   sistemas especialistas, 7-9
Mercado de balcão (OTC), 2, 20, 136
Merrill Lynch, 164, 165
Migração de classificação (CreditMetrics), 34, 40-41
MMR. *Ver* Índice Marginal de Mortalidade (MMR)
Modelo Black-Scholes-Merton (BSM), 18, 22, 28, 144. *Ver também* Modelo de Precificação de Opções (OPM).
Modelo Credit Monitor da KMV, 17-30, 33, 34, 41, 83-87, 89, 94, 96, 128, 135
   e modelos baseados em intensidade, 27-28
   explicação, 20-27
Modelo Credit Monitor. *Ver* Modelo Credit Monitor da KMV
Modelo de Consenso, 87-88
Modelo de Pontuação Z de Altman. *Ver* modelo de pontuação Z
Modelo de pontuação Z, 13-14
   fórmula, 13-14
Modelo de precificação de ativos de capital (CAPM), 131

Modelo de precificação de opções (OPM), 22, 58, 144. *Ver também* Modelo Black-Scholes-Merton (BSM)
  integrando com modelo baseado em intensidade, 28
Modelo de Wilson, 47, 49
Modelos baseados em intensidade, 27-28, 112
Modelos de relacionamento de longo prazo com clientes, 89, 98
Modelos de risco de crédito, testes retroativos e de estresse de, 115-123
Modelos do tipo KMV: comparações a outros modelos, 83-86
Modelos do tipo Merton, 41, 58. *Ver também* Modelo Black-Scholes-Merton (BSM)
  modelo de valoração (Apêndice 3.1), 29-30
Modelos estruturais e modelos baseados em intensidade, 27-28
Modelos internos *versus* modelos padronizados (regulamentares alternativos), 3-4. *Ver também* Medindo o risco de crédito, novas abordagens a
Modelos multifator, 84
Modo/modelo de (DM), 61, 82, 96-97
  exemplo (*Ver* Credit Risk Plus, da CSFP)
  valoração de empréstimos em estrutura de modo de inadimplência (DM) (Apêndice 6.3), 61, 66-67
  vs. modelo de reajuste a preço de mercado (MTM), 42-43, 73, 83-84, 86-89
Moeda estrangeira (FX),
  exemplo de teste retroativo: modelos de VAR e de risco de mercado, abordagem de simulação histórica (Apêndice 11.1), 120-123
Moody's Investor Service, 26, 34, 36
MPT. *Ver* Teoria moderna de carteiras (MPT)
MRC. *Ver* Contribuição marginal ao risco (MRC)
MTM. *Ver* Modelo de reajuste pelo preço de mercado (MTM)

N

NASD. *Ver* National Association of Securities Dealers (NASD)
National Association of Securities Dealers (NASD), 20
Negociação de empréstimos, 153-154. *Ver também* Seleção de carteira de empréstimos e medindo o risco de crédito

O

OAEM. *Ver* Outros ativos especialmente mencionados (OAEM)
OBS. *Ver* Risco de crédito extrabalanço (OBS)
OECD. *Ver* Organização para Cooperação e Desenvolvimento Econômico (OECD)
Office of the Comptroller of the Currency (OCC), 9-12
  sistema de classificação, 9-13
Opção de compra de spread de crédito, 156
  resultado (Figura 14.2), 157
Opção de compra:
  capital próprio como opção de compra sobre uma empresa (Figura 3.3), 21
  opção de compra de spread de crédito, 156, 157
Opção de inadimplência, 156, 159
Opções, 136
  de crédito, 5, 154-157
  de inadimplência, 156, 159
  capital próprio como opção de compra sobre uma empresa (Figura 3.3), 21
  de taxas de juros, 146
  de venda, 5, 18, 154-155
  empréstimos como; e o modelo KMV, 17-30
  hedging de risco de crédito com, 154-157
OPM. *Ver* Modelo de precificação de opções (OPM)
Organização para Cooperação e Desenvolvimento Econômico (OECD), 5
OTC. *Ver* Mercado de balcão (OTC)
Outros ativos especialmente mencionados (OEAM), 9, 12

P

Pagamentos de inadimplência, métodos de cálculo (três), 159-160
Paradoxo do crédito, 90, 153
  diagrama (Figura 9.1), 90
Portfolio Manager da KMV, 95-98
  correlações, 97-99
  retornos, 95-96
  riscos de empréstimos, 96
  seleção de carteira de empréstimo e medida de risco, 95-114
Portfolio Manager. *Ver* Portfolio Manager da KMV
Preços de títulos; derivando a medida de probabilidades neutras de risco de, 57-58
Probabilidade de inadimplência, natural medidas de; valoração neutra de risco e, 60-62
Probabilidades conjunta de inadimplência, 97
Problemas de consistência, 8
Produto Interno Bruto (PIB), 49

Q

Questões de precificação, derivativos de crédito, 163-164

R

RAROC. *Ver* Retorno sobre capital ajustado para risco (RAROC)
RBC. *Ver* Capital baseado em risco (RBC)
Redes neurais, 14
Retorno padronizado, 102
Retorno sobre ativos (ROA) *vs.* RAROC *vs.* RORAC, 126
Retorno sobre capital ajustado risco (RAROC), 4, 125-133
  denominador e correlações, 131-132
  e valor econômico adicionado (EVA), 133
  explicação, 125-126
  formas alternativas de, 127-131
    o denominador, 128-131
    numerador, 127-128
  vs. ROA *vs.* RORAC, 126-127

Risco de capital ajustado para risco (RORAC *vs.* RAROC *vs.* ROA, 126-127
Risco de crédito extrabalanço (OBS), 2, 135-151. *Ver também* Derivativos de crédito
  exemplo, 138-140
  fatores de conversão de crédito para contratos de taxas de juros e de taxas de câmbio no cálculo de exposição corrente (Tabela 13.1), 137
  modelo do BIS: risco de crédito para swaps, 136-140
  passos da simulação (Apêndice 13.1), 148-150
Risco, definição de (modelos comparados), 83-84
RiskMetrics, 33, 88
RN. *Ver* Abordagem de valoração neutra de risco (RN)
ROA (retorno sobre ativos) *vs.* RAROC *vs.* RORAC, 126-127
RORAC (risco de capital ajustado para risco) *vs.* RAROC *vs.* ROA, 126-127

S

SBC. *Ver* Swiss Bank Corporation (SBC)
Securities and Exchange Commission (SEC), 20
Securitizações, de crédito, 162-163
Seleção adversa, 8
Simulação Monte Carlo, 49, 86, 88, 106, 110, 117
Sistema de classificação OCC. *Ver* Office of the Comptroller of the Currency (OCC)
Sistema "sinal de trânsito", 115
Sistemas de classificação (abordagem tradicional à aferição de risco de crédito), 9-13
Sistemas de pontuação (abordagem tradicional medindo o risco de crédito), 13-15
Sistemas especialistas (abordagem tradicional medindo o risco de crédito), 7-9
Sociedade dos Atuários, 87
Standard and Poor's (S&P), 26, 34, 129
Subjetividade, 8
Suíça, 2, 33
Swaps de crédito, 4

puro, 159-160
    questões de precificação, 163-164
    replicação de mercado à vista para precificar/
        valorar um (Apêndice 14.1), 165-166
Swaps de inadimplência, 159-160, 165-166
    replicação de mercado à vista para precificar/
        valorar um (Apêndice 14.1), 165-166
Swaps de taxas de juros, 135-151. *Ver também*
    Risco de crédito extrabalanço (OBS)
Swaps:
    de crédito puro ou de inadimplência, 159-160
    de crédito, 4
    de mercado de balcão, 2
    de retorno total, 157-159
    de taxas de juros. *Ver* Swaps de taxas de juros
    hedging de risco de crédito com, 157-160
    risco de uma carteira, os efeitos da
        diversificação sobre (Apêndice 13.2), 151
Swiss Bank Corporation (SBC), 162, 163

T

Tabela Nacional de Mortalidade de
    Empréstimos, 71-73
Tabelas Nacionais de Mortalidade de Vida, 73
Taxa de atratividade, 126, 130, 133
Taxa de juros, 8, 41, 146
Taxas de cupom zero, 35
Tecnologia (motivo para novas abordagens), 2-3
Tecnologia da informação, 2
Teoria das expectativas, 45
Teoria de carteiras. *Ver* Moderna teoria de
    carteiras (MPT)
Teoria moderna de carteiras (MPT), 89-94, 125
    uma visão geral, 90-92
    aplicação da MPT a bonds e empréstimos
        não-negociados, 92-94
        correlações não-observáveis, 94
        retornos não-observáveis, 93-94
        retornos não-normais, 93
    carteira ótima de empréstimos de risco
        (Figura 9.2), 93
    explicação, 90-92
    paradoxo do crédito (Figura 9.1), 90, 153

RAROC em termos de, 125
Teste retroativo e de estresse de modelos de
    risco de crédito, 115-123
    abordagem de simulação histórica (modelos
        de VAR e o risco de mercado) (Apêndice
        11.1), 120-123
    testes de estresse de série temporal *vs.* de
        corte transversal, 116-118
Testes de estresse de série temporal *vs.* de
    corte transversal, 116-118
Títulos de empréstimos garantidos, 162

U

U.S. Office of the Comptroller of the Currency
    (OCC), 9-10
    sistema de classificação, 9-13
Union Bank of Switzerland, 33

V

Valor futuro, 142
Valoração de bonds, 61
Valor econômico adicionado (EVA), 133
Valor presente líquido, 61
Valores de capital: derivando probabilidades
    RN de (Apêndice 6.2), 65
Value at Risk (VAR) e modelos de risco de
    mercado, abordagem de simulação histórica
    (Apêndice 11.1), 120-123
    passo 1. medir exposições, 120
    passo 2. medir sensibilidade, 120-121
    passo 3. medir o risco, 122
    passo 4. repetir o passo 3, 122
    passo 5. classificar dias por risco, do pior
        para o melhor, 122
    passo 6. VAR, 122
Value at Risk (VAR), 3, 31-46, 120-123
    abordagem medição de risco, 31-46 (*ver
        também* CreditMetrics, da J.P. Morgan)
    cálculo de, 37-38
    de carteira, 50, 94, 100-104 (*Ver também*
        Moderna teoria de carteiras (MPT))
    de swaps de taxas de juros, 135-136
    de um título negociado (Figura 4.1), 32

e Credit Risk Plus, 73, 74
em RORAC, 125
explicação do conceito, 32-33
modelos MTM *vs.* DM (*Ver* Modelo de reajuste pelo valor de mercado (MTM) *vs.* modelo de inadimplência (DM))
visão futura de, 53
VAR da carteira, 105
VAR. *Ver* Value at Risk (VAR)
Veículo de finalidade especial (SPV), 162-163
Veículos de hedging. *Ver* Derivativos de crédito
Visão de média de ciclo, 25-26
Volatilidade de eventos de crédito (modelos comparados), 85

W

WACC. *Ver* Custo médio ponderado de capital (WACC)
WARR. *Ver* Coeficiente médio ponderado de risco (WARR)

Z

ZYC. *Ver* Curva de rendimento zero (ZYC)

Gestão do Risco de Crédito
O Primeiro Livro da Série Serasa

A obra é leitura obrigatória para banqueiros, agências reguladoras e profissionais do mercado financeiro que se deparam com os grandes e novos desafios no gerenciamento de risco de crédito e que se preocupam em alocar com eficiência os recursos de acordo com o perfil de cada investidor.

Nos primeiros oito capítulos deste livro, os autores descrevem o pano de fundo institucional para o risco de crédito: bancos, seguradoras, fundos de pensão, bolsas, câmaras de compensação e agências de rating. Nos 16 capítulos seguintes apresentam e discutem as ferramentas, técnicas e os veículos disponíveis hoje para administrar o risco de crédito.

Na conclusão integram as tendências emergentes nos mercados financeiros e as novas ferramentas e técnicas dentro do contexto de cultura de crédito. A publicação traz ainda um apêndice com as fontes disponíveis de informações em papel e em meios eletrônicos relacionadas a risco de crédito.

Gestão do Risco de Crédito
John B. Caouette, Edward I. Altman e *Paul Narayanan*
R$ 85,00
500 páginas

Entre em sintonia com o mundo

QualityPhone:

0800-263311
Ligação gratuita

Rua Teixeira Júnior, 441
São Cristóvão
20921-400 – Rio de Janeiro – RJ
Tel.: (0XX21) 3860-8422
Fax: (0XX21) 3860-8424

www.qualitymark.com.br
E-Mail: quality@qualitymark.com.br
quality@unisys.com.br

Dados Técnicos	
Formato:	18 x 25
Mancha:	14 x 21
Corpo:	11
Entrelinhamento:	12,5
Fonte:	Palatino
Total de páginas:	200